리얼러브
조건 없는 사랑을 찾고, 충만한 관계를 만드는 비밀

Real love:
the truth about finding unconditional love
and fulfilling relationships
by Greg Baer.
Copyright © Greg Baer, 2003
All rights reserved
Korean translation copyright © 2022 by Love Ink, Inc

이 책의 한국어판 저작권은 저작권자와 독점 계약한 러브잉크 출판사에 있습니다.
저작권법에 따라 한국 내에서 보호를 받는 저작물이므로 무단 전재와 복제를 금합니다.

조건 없는 사랑을 찾고, 충만한 관계를 만드는 진실

리얼러브

지음 **그레그 베어**

LOVE
러브잉크INK

목차

작가의 말

프롤로그

제1장 **사라진 재료를 찾아서**

행복한 관계에서 가장 필요한 것	17
행복의 필수적인 요소가 사라졌다	19
진정한 사랑과 진실된 행복	20
조건적인 사랑이 남기는 파괴적인 흔적	24
불행의 이유	31

제2장 **얻고 보호하는 행동**

가짜 사랑의 많은 얼굴	37
가짜 사랑의 대가	41
얻고 보호하는 행동들	44
"…해서 너를 사랑해"	53
선택하기	58
새로운 선택	60

제3장 온전히 보이기와 사랑받기

사마귀 왕 이야기	65
진정한 사랑을 찾는 방법	69
관계 안에서 우리의 선택에 대한 진실	73
최악의 선택은 아무것도 선택하지 않는 것이다	77
통제하기의 동생 "기대하기"	78
나머지 세 가지 선택은?	84
요청과 줄곧 기대만 하는 것의 차이	87

제4장 믿음의 도약

지혜로운 사람을 만나는 방법	93
사마귀 왕을 기억하라	94
인내심을 발휘하되 마법 같은 기적을 기대하지 마라	95
변화하려는 의지 보이기	96
믿음을 행동으로 실천하기	99
자신의 진실을 말하기	114
우리에게는 지혜로운 사람이 필요하다	118
지혜로운 사람을 찾을 때 주의할 사항	133
상대를 제대로 보기 위한 규칙	135
진실을 말하는 연습하기	144
얻고 보호하는 행동을 포기하기	153

제5장 진정한 사랑이 지닌 힘

- 진정한 사랑은 통장 잔액과 같다   163
- 진정한 사랑이 우리의 과거와 현재에 미치는 영향   167
- 관계에서 부딪히는 모든 문제의 해결책   172
- 진정한 사랑을 지속적으로 받는 것이 중요한 이유   178
- 감사하는 마음은 진정한 사랑의 효과를 극대화한다   181

제6장 사랑을 나눈다는 것

- 나눔으로 얻게 되는 힘   189
- 사랑을 먼저 받아야 하는 이유   190
- 상대를 제대로 바라보기   194
- 있는 그대로 받아들이기   198
- 결과를 가르치자   214
- 사랑을 돌려주는 것   218

제7장 관계는 듀엣이다

- 자신의 진실 말하기   235
- 상대에게 그들의 진실을 말하는 것   239
- 언제나 진실을 말하는 것   242
- 사랑으로 요청하는 법   244
- 합리적으로 갈등을 해결하는 방법   252
- 서로 사랑을 믿자   255
- 두 사람이 하나가 된다는 것   256

제8장 모든 관계 안에서 진정한 사랑을 만끽하자

결혼이라는 관계에서 진실 마주하기	259
독점적인 관계	270
섹스에 대해	273
자녀를 사랑하며 진실과 마주하기	289
문제의 가장 큰 책임은 언제나 부모에게 있다	293

제9장 진정한 사랑을 찾는 길에서 마주치는 장애물

실망, 분노, 얻고 보호하는 행동들	309
갈등을 없애자	310
요청과 기대	315
차이와 의견 충돌 해결하기	318
실망과 화를 제거하는 5단계	320
얻고 보호하는 행동을 없애자	330
이혼을 포함한 관계를 떠나기	348

작가의 말

이 책은 내가 배워 온 과정을 기록한, 셀 수 없는 발버둥의 결과물입니다. 그 과정은 하나하나 세기에도 너무나 많아서 내가 감사할 겨를도 없이 기억조차 해내지 못할 정도입니다. 더욱이 사랑과 관계에 대해 나에게 가르침을 준 모든 사람의 기여를 인정하는 것은 가능하지 않을 것입니다. 미미하게나마 시도해 보겠지만, 결코 온전히 표현할 수 없을 정도로 많은 감사를 느끼고 있습니다.

제가 불편을 주고 다치게 했던 많은 사람에게 감사드립니다. 우리는 실수를 통해서 배웁니다. 아마도 저는 다른 사람들보다 그런 불편과 상처를 주는 선택을 했을 것입니다. 그리고 그 실수들은 제게 훨씬 더 나은 것을 바라던 많은 사람에게 고통과 고난을 주었을 것입니다.

저를 사랑해 주신 분들께 감사드립니다. 이것을 갚을 방법은 제가 배운 것을 다른 사람들에게 나누는 것뿐일 것입니다.

제가 배우는 과정에서 연습할 수 있도록 허락해 준 분들…. 이 책의 모든 내용은 제가 제안한 것을 기꺼이 시도한 용감한 영혼들이 실천한 것들입니다.

나의 아내 도나에게 감사합니다. 한 인간에게 조건 없는 사랑을 받는 느낌을 상상도 못했을 것입니다. 또한 부모로서 자녀들을 어떻게 사랑할 수 있는지, 셀 수 없을 정도로 실수할 수 있도록 허락해 준 나의 자녀들에게 감사드립니다. 그리고 이 책이 출판되고 개발될 수 있도록 도와준 모든 사람에게 감사합니다.

특히 출판 과정에서 나를 적극적으로 믿고, 내 손을 잡아 주신 문학 대리인 웬디 셔에게 감사드립니다. 아울러 이 아이디어를 가지고 출판할 수 있다는 비전을 제시해 준 고담북스의 빌 쉰커, 로렌 마리노에게 감사드립니다. 마지막으로, 작가가 되는 것이 반드시 글을 써야 한다는 것이 아님을 가르쳐 준 주디 컨에게 감사드립니다.

프롤로그

나는 아주 어린 시절부터 "목표를 높게 설정하고, 열심히 일하고, 규칙을 따르며 올바른 행동을 하면 결국 위대한 일을 성취할 것이다."라는 말을 주변 사람들로부터 자주 들었다. 당신도 그러하리라. 그렇게 산다면 우리가 행복한 어른이 되리라는 것은 보장된 거라고 믿었다. 또한 주변 사람들로부터 이런 말을 반복적으로 듣는다. "좀 더 많은 돈이 있다면, 더 나은 직장을 다닌다면, 더 많은 섹스를 한다면, 더 큰 집에 산다면, 여행할 기회가 더 많다면, 뭔가가 더 많다면 내 인생이 좀 더 행복해질 텐데…." 나 역시 이 모든 것을 충분히, 아니 그보다 더 많이 가질 것이라고 결심했다. 이로써 내 미래의 행복이 보장된 것이라고 여겼다. 그래서 어린 나이부터 이 모든 것을 소유하기 위해 최선을 다해 살았다.

나는 고등학교를 수석으로 졸업했고, 2년 반 만에 대학을 조기 졸업했으며, 의과대학도 최상위 성적으로 졸업했다. 그리고 인턴과 안과 수술 전문의 수련을 마치고, 국내에서 가장 성공한 안과 진료 의사 중 한 사람이 되었다. 이후에는 수천 번의 수술을 하고, 전 지역을 오가며 의사들을 교육했다. 또한 교회와 지역 보이스카우트에서 리더를 맡았다. 마침내 다섯 아이의 아버지이자 훌륭한 남편이었고, 돈으로 살 수 있는 모든 것을 갖고 있었다.

30대 후반이 되었을 때, 어려서부터 내가 목표했던 모든 것을 달성했다. 그러나 그 모든 성공에도 불구하고 보장되리라고 믿었던 행복이 내 삶에 없다는 끔찍한 깨달음의 늪에 서서히 빠져들어 갔다. 수많은 의사를 앞에 두고 강단에 서서 최신 수술 기술을 교육했는데, 모든 사람이 내 지식에 감탄했다. 그 순간만큼은 삶에 만족감을 느꼈다. 더욱이 현실을 벗어나 해외에 나가 이국적인 분위기를 즐기고, 돈을 뿌리며 휴가를 보내는 것 역시 아주 신나는 일이었다. 하지만 아무도 없이 온전히 혼자 남았을 때, 내 삶에서 무언가 빠져 있다는 것을 뼛속 깊이 느꼈다. 하지만 그 무엇이 정작 무엇인지는 알지 못했다. 나는 그 이상 더 열심히 살 수 없었다. 내게 행복을 가져다줄 것이라고 믿었던 모든 것을 했지만, 나는 여전히 무언가를 더 원하고 있었다.

밤이 되면 잠을 이루지 못해 환자들을 위해 병원에서 구비하고 있던 수면제를 복용하기 시작했다. 하지만 수면제도 시간이 지나자 더이상 효과가 없었다. 나는 다른 신경안정제를 복용해야만 했다. 그도 오래 지나지 않아 마약의 일종인 마취 주사를 놓기에 이르렀다. 매일 밤 나는 마취 주사의 도움을 받으며 잠이 들었다. 오랜 시간, 나 자신이 마약중독자라는 사실을 알고 있었다. 하지만 시간이 갈수록 마약은 내 행동과 감정에 영향을 미쳤다.

어느 날 저녁, 나는 우리 집 바로 뒤에 있는 숲에서 머리에 권총을 겨누고 있는 내 모습을 발견했다. 결국 내 스스로 합리적인 사고가 불가능해졌다는 것을 깨닫게 되었다. 그리고 내 삶에 진정으로 필요한 뭔가를 해야만 한다는 것을 직감했다.

마약중독을 치료하기 위해 입원 시설에 들어갔다. 퇴원 후 얼마간 12단계 중독회복 프로그램에 참여했다. 약을 끊는 것으로 생명은 구할 수 있었다. 하지만 마약을 시작하기 직전의 모습으로 돌려놓았을 뿐이다. 나는 간절한 무언가가 여전히 빠져 있다는 걸 알고 있었고, 이번에는 그게 무엇인지 찾아내고야 말겠다고 결단을 내렸다. 개인을 위한 테라피는 물론 그룹 테라피, 서포

트 그룹, 남성 모임, 뉴에이지 치료법 그리고 인디언 영적 단체 등에 참여했다. 제각기 배울 수 있는 것들이 있었지만, 오랜 공허함이 채워진다는 느낌은 없었다.

하지만 내 삶에 진정으로 필요한 것이 뭔지를 찾아가는 여정에서 나와 비슷한 느낌을 경험하는 많은 사람을 만날 수 있었다. 마약에 중독되어 있지는 않았지만, 그들은 바라고 바라던 깊은 행복이 본인들의 삶에서 빠져 있다는 것을 느끼고 있었다. 나는 그들을 집으로 초대해 함께 만나기 시작했고, 이제까지 경험하거나 배워 왔던 다양한 기술을 함께 시도했다. 그러면서 효과가 없는 것들을 하나하나 버렸다. 놀랍게도, 이 과정을 통해 아주 단순하고 효과적인 몇 가지 원칙들을 발견할 수 있었다. 오랜 치유와 상담에도 불구하고 긴 시간 동안 불행을 경험했던 사람들이 이제까지 느껴 보지 못했던 진정한 행복을 찾고 있음을 볼 수 있었다.

무엇이 행복을 가져오는지 알아가기 시작하면서, 우리가 배운 것들을 기록하기 시작했다. 그 기록들을 초창기에 '행복을 찾는 실험'에 참가하고 있던 사람들에게 나눠 주었다. 마침내 나의 인생을 담은 실험일지가 두 권의 책으로 출판되었다. 그리고 수만 명의 독자가 그 책을 읽었다. 이후 나는 전국을 돌아다니며 이 원칙들을 강연했다. 그리고 이를 실천한 사람들은 삶에서 비범한 변화를 경험했다.

나는 내 불행의 공허함을 채우려고 애쓰며 사는 동안, 그 이후 내 삶을 새롭게 변화시키는 법을 배우는 동안 한 인간이자 남편 그리고 아버지로서 많은 실수를 했다. 배움을 위해 비싼 대가를 치러야만 했다. 그 무엇보다, 실수들이 가져온 것은 22년간의 결혼 생활을 이혼이라는 결말로 이끌었다.

내 인생을 걸고 배워 온 결과물들을 당신과 나눌 수 있게 되어 매우 기쁘다. 현재 나는 두 번째 아내와 함께 살며 일곱 명의 자녀를 둔 부모가 되었는데, 우리가 상상할 수 있었던 그 어느 때보다 행복하다.

이 세상에 뭔가 새로운 것이 필요하다는 확실한 증거가 여기 있다. 이 나라(미국)에서 결혼을 한 사람들의 절반이 이혼으로 끝난다. 즉, 세 명 중 한 명의 아이가 한 부모 가정에서 성장한다. 또한 10~20%의 사람들은 술 혹은 마약에 중독되어 있다. 뿐만 아니라 1970년대 5%의 소녀, 1972년 20%의 소년들이 15세 이전에 섹스를 경험한 바 있다. 그러나 지금은 33%의 소녀, 45%의 소년들이 15세 이전에 섹스를 경험한다. 게다가 중학교 3학년의 나이에 있는 아이들 중 21%는 4명 혹은 그 이상의 섹스 파트너가 있으며, 성인 남성들 중 9%는 범죄 전과가 있다.

이러한 통계들을 볼 때 우리가 불행하며, 삶에서 잃어버린 무언가를 찾고 있다는 압도적인 증거들이라고 믿는다. 수천 명에 이르는 사람이 이 책의 원칙을 통해 "삶에 빠져 있는 무언가"를 찾아 왔다. 그리고 당신 역시 이 책을 통해 그것을 찾을 것이며, 당신이 발견한 진실을 삶에 적용하는 경험을 즐길 것이라고 확신한다.

진정한 사랑을 갖고 있다면
다른 무엇도 중요하지 않으며,
진정한 사랑 없이는
그 어떤 것도 충분하지 않다.

제 1 장

사라진 재료를 찾아서
The Missing Ingredient

제1장

사라진 재료를 찾아서

행복한 관계에서 가장 필요한 것

　우리는 수많은 관계가 실패하는 것을 매일같이 보게 된다. 관계가 실패하면 모든 것을 상대방의 탓으로 돌리기 때문에 무엇이 문제인지에 대한 해결책은 나오지 않는다. 해결책이 없기 때문에 같은 실수를 반복하고 또 끝없는 실망과 불행이라는 악순환에서 빠져나오지 못하고 있다.

　리사는 약혼자인 더그와의 문제를 해결하기 위해 나를 만나러 왔다. 그녀는 더그에게 화가 나 있었다.

　"우린 거의 1년을 만났어요. 서로 운명이라고 생각했기에 바로 사랑에 빠졌죠. 처음 한 달 동안은 1분도 떨어져 있지 않으려고 했어요. 하지만 지금은 서로 떨어져 있을 이유를 찾아내려고 애쓰는 것 같아요. 만나기만 하면 싸우는 것 같고요. 저는 변하지 않았는데, 더그는 저를 예전처럼 보지 않는 것 같아요. 왜 그러는지 이해가 안 돼요.

이어서 리사는 전남편 크리스토퍼와의 이야기를 해주었다. 현 남편과 마찬가지로 전남편과 리사는 순식간에 사랑에 빠졌고, 만난 지 6개월 만에 황홀한 여생을 확신하며 결혼식을 올렸다. 하지만 결혼 생활을 시작한 지 1년 만에 사랑의 마법은 사라지기 시작했다. 둘은 작은 것이든 큰 것이든 서로 하나하나 지적했고, 사랑을 담았던 꽃다발과 키스는 기대를 채우지 못한 채 실망하게 되었고, 본연의 가치를 점점 잃었다. 그리고 마음에는 상처만 남겼다. 사랑에 빠져 들떠 있던 시간은 추억이 되었고, 확신했던 행복은 찾을 수 없게 되어 버렸다. 결국 리사와 크리스토퍼는 결혼 8년 만에 이혼을 선택했다.

물론 리사는 전남편과의 관계를 회복하기 위해 다방면으로 노력했다. 희생하거나, 사랑을 달라며 애원이나 불평도 해 가면서 타협점을 찾기도 했다. 또한 관계를 개선하기 위한 책을 읽거나 전문가들을 만나 상담을 받기도 했지만, 어느 것도 해결책이 되지는 못했다. 둘의 관계가 왜 파괴되고 있는지 이해할 수 없었다. 전남편과의 실수들이 더그와의 관계에서도 반복되는 것을 느낀 리사는 불행이 계속될 거라는 생각이 들어 절망에 빠졌다.

리사의 경험은 불행한 관계에서 나타나는 전형적인 패턴이므로, 많은 사람이 각자 가지고 있는 관계를 떠올려 볼 수 있을 것이다. 부부 관계뿐만 아니라 친구, 가족, 직장 동료들과의 관계도 마찬가지다. 찬란한 미래만 있을 것 같은 관계에서 언제 일어났는지 알 수도 없고 이해할 수도 없는 일들로 인해 서로 실망하고 상심한 경험이 있을 것이다. 무슨 일이 일어난 것인지 알아내지 못한다면 그와 같은 상황은 계속 반복될 것이다.

자신이 불행하다고 생각할 때 우리는 자연스럽게 비난의 화살을 상대방에게 돌린다. "~가 나를 화나게 만들어." 살아가면서 이와 같은 말을 아주 많이 들어 왔을 것이다. 이 말은 우리의 기분을 결정하는 힘이 다른 사람에게 있다는 믿음에서 나온다. 누군가 화를 내면 나 혹은 우리의 실수 때문이라고 자연스럽게 인식되어 손가락질을 종종 받아 왔기 때문이다. 사람들은 누구나 실수하므로, 실수한 사람을 탓하고 화를 내도 된다는 합리화를 하기 쉽다.

행복의 필수적인 요소가 사라졌다

당신과 내가 배를 타고 여행을 떠났는데, 험난한 폭풍우를 우연히 만나 무인도에 갇히게 되었다고 상상해 보자. 일주일 정도가 지나 모든 식량이 떨어졌을 때, 나는 당신에게 식량을 찾기 위해 최선을 다하지 않았다고 말하며 불평한다. 굶주리면 굶주릴수록 악에 받쳐 욕을 한다. 굶주림을 잊을 새도 없이 계속해서 당신을 비난한다.

마침내 당신은 내가 미쳤다고 확신할 것이다. 당신이 나를 배고프게 하거나 굶주리게 하지도 않았고, 우리가 굶고 있는 이유는 자연재해로 인해 배가 난파하며 아무런 식량도 없는 무인도에 떨어졌기 때문이니까. 이 사건이 일어나게 된 데에 당신은 아무런 연관이 없다. 내가 당신을 비난하는 것은 잘못된 것이고, 이 상황을 해결하는 데는 아무런 도움이 되지 않기 때문에 효과적이지도 않다. 굶주린 두 사람이 아무것도 없는 무인도에서 서로의 요구를 들어주는 것은 불가능한 일이다. 또한 화를 내고 비난하는 것은 아무런 변화도 만들 수 없다.

관계에서도 마찬가지로, 우리가 불행할 때 느끼는 고통은 상대방의 잘못이 아니다. 상대를 비난하는 것은 시간 낭비이자 어리석은 행동이며, 서로에게 파괴적이다. 우리가 상대방을 탓하고 아무리 요구하더라도 상대방은 우리를 행복하게 만들 수 없을 것이다. 우리가 불행한 근본적인 이유는 관계에서 진실한 행복을 위한 필수적인 재료가 빠져 있기 때문이다. 그 재료는 상대를 만나기 전부터 이미 잃어버린 상태이기 때문에 상대가 채워 줄 수 없다.

충만하고 행복한 관계를 만드는 데 필요한 재료는 바로 '진정한 사랑', 즉 조건 없는 사랑이다. 진정한 사랑만 있으면 행복해지는 것이다. 진정한 사랑이 무엇인지 배우고 또 그것을 찾게 될 때 삶에서 경험하는 다양한 불행은 마치 밥을 먹고 허기가 사라지는 것처럼 사라지게 된다. 어떤 노력을 할 필요도 없이 사랑이 넘치는 관계를 자연스럽게 맺게 되는 것이다. 하지만 사람들 중 대부분이 그 사랑을 경험해 본 적이 없다. 그러므로 감정이 메마르고 또 정신적으로 굶주리게 되는데, 관계를 개선하기 위해 아무리 노력해도 서로 행복감을 안겨 주는 것은 불가능하다.

진정한 사랑과 진실된 행복

진정한 사랑이란 무언가를 얻어 내겠다는 생각을 하지 않고 오직 상대방의 행복에 관심을 갖는 것이다. 당신이 진정한 사랑을 주고 있다면 상대가 무신경하든, 배려가 없든, 감사의 표현을 하지 않는 등 그 무엇이든 되돌려 주지 않아도 화가 나거나 상처를 받지도, 실망을 하지도 않을 것이다. 진정한 사랑을 주고 있을 때 우리는 나의 행복이 아닌 상대의 행복에 관심을 두고 있기 때문이다. 진정한 사랑에는 조건이 없다.

다른 사람이 자기 자신에 대한 걱정이나 염려를 하지 않고 우리의 행복에 관심을 기울이는 것 또한 진정한 사랑이다. 그런 사람들은 우리가 어리석은 실수를 하거나 그들이 원하는 행동을 하지 않을 때 혹은 그들을 불편하게 만들 때조차 실망을 하거나 화를 내지 않는다.

> 🪄 진정한 사랑은 조건 없이 상대의 행복에 관심을 갖는 것이다.

　슬프게도, 오직 극소수만이 진정한 사랑을 주고받는다. 진정한 사랑을 경험하지 못한 사람들은 돈, 권력, 맛있는 음식, 사람들의 칭찬이나 인정, 섹스 혹은 오락거리 등으로 삶을 채워 보려고 애쓰면서도 지독한 공허감에 허덕인다. 하지만 이러한 자극을 추구하며 사랑을 대체하려는 시도들은 공허감을 부추기기만 할 뿐이다. 여전히 외로움과 두려움 속에서 항상 화를 내며 살아가게 된다. 이는 우리의 삶이 정말 필요로 하는 단 한 가지 요소인 진정한 사랑이 없기 때문이다. 진정한 사랑이 없는 삶이 절망스러운 것은 당연하며, 삶에 진정한 사랑을 불어넣는다면 행복은 보장된다.

　이 책에서 거론하는 '행복'이라는 단어는 돈이나 섹스 등 조건에 따라 받게 되는 인정이나 칭찬이 주는 일시적인 쾌락을 의미하지 않는다. 또한 재앙이나 갈등이 없는 짧은 순간의 안심을 의미하는 것도 아니고, 순간의 즐거운 감정이나 원하는 방식으로 사람들이 움직이고 있다는 느낌도 아니다. 진정한 행복은 깊은 만족감과 영혼이 확장되는 평화로운 느낌이다. 이 느낌은 상황이 어려워진다고 해서 사라지지 않는 것은 물론 고난과 역경 속에서도 살아남고, 심지어 그 속에서 성장하기도 한다. 진실된 행복은 삶의 이유이며, 진정한 사랑을 찾고 또 다른 사람과 나누는 과정에서 얻을 수 있다. 진정한 사랑을 소유하고 있다면 다른 어떤 것도 중요하지 않으며, 진정한 사랑이 없이는 그 어떤 것도 충분하지 않다.

　누군가 우리의 행복에 진정으로 관심이 있다는 것을 느낄 때 우리는 그 사람과 연결되었다고 느낀다. 그 사람의 삶에 내가 포함되어 있다고 느끼는 그 순간, 우리는 더이상 혼자가 아니다. 조건 없이 받아들여지는 순간순간마다 나를 받아들인 사람과 나는 실타래가 엮이는 듯한 강력한 유대감을 형성하며 우리의 삶이 영원한 행복으로 충만해진다. 진정한 사랑만이 이것을 가능하게 한다. 이 세상에서 단 한 사람만이라도 조건 없는 사랑을 주고 있다는 것을 알게 되면, 세상 모든 사람과 연결되는 것을 느낀다. 한 명, 한 명이 인류라는 이름의 한 가족이라는 것을 경험할 것이다.

조건 없는 사랑을 경험하는 것은 극소수의 사람들이기 때문에, 당신에게 사랑의 강력한 효과를 느껴 볼 수 있는 작은 체험을 선물하려고 한다. 책을 읽는 속도를 줄이고, 다음의 네 문단을 충분히 음미하며 읽어 보기를 바란다. 가능하다면 방 안에 혼자 앉아서 글에서 보여 주는 가능성에 마음의 문을 열어 보기를 바란다.

당신은 두 시간 정도의 거리에 있는 마을로 가는 승용차의 뒷좌석에 편하게 앉아 있다. 사실, 당신이 한 번도 가본 적 없는 이 마을은 당신과 그곳에 사는 사람들 외에는 그 존재조차 알지 못한다. 마을은 아주 아름다운 계곡과 산골짜기에 있지만, 풍경을 감상하기 위해 가는 것이 아니다. 당신은 그 마을의 모든 사람이 사랑을 만끽하며 진정으로 행복하기 때문에 그곳으로 향하고 있는 것이다. 그곳에는 두려움도 분노도 존재하지 않는데, 당신은 마을 사람들의 초대를 받아 그 마을로 가고 있다.

숙소에 도착하자, 수십 명의 사람이 차를 둘러싸고 당신을 환영하며, 다정한 모습으로 당신을 집 안으로 인도한다. 마을 사람들은 오는 길은 어땠는지, 물어보며 당신이 한 번도 느껴 보지 못하고 또 본 적도 없는 눈빛으로 당신을 바라보고 있다. 마을 사람들은 그들이 필요한 것들은 이미 모두 갖고 있으므로, 그들의 유일한 관심사가 당신의 행복이라는 것을 확신할 수 있다. 그들은 이미 스스로 사랑받고 있고 또 행복하다고 느끼고 있다. 그들은 당신으로부터 얻을 것이 없고, 당신은 그들을 위해 아무것도 할 필요가 없다는 것을 느끼고 있다. 그래서 당신이 이 사람들을 실망시키거나 상처를 줄 수 없다는 것을 안다.

마을에서 만난 친구들과 대화하면서 그들은 당신이 똑똑한지, 외모가 어떤지는 아무 관심이 없다는 것을 느낀다. 그러므로 좋은 인상을 주기 위해 노력하거나, 당신을 좋아하게 만들기 위해 아무것도 할 필요가 없다. 이들은 당신이 엉뚱한 말을 내뱉거나 실수를 하더라도 신경을 쓰지 않는다. 마침내 당신은 이 사람들 앞에서 부끄러움이나 창피함을 느낄 필요가 없다는 것을 알게 된다. 당신이 어떤 행동을 해도 그들은 당신을 사랑할 테니까.

이것이 바로 조건 없이 사랑받는 느낌이다. 상상해 보는 것뿐인데도 많은 사람은 그조차 쉽지 않다. 너무나 긴 세월 동안 심판 혹은 비난을 받고, 조건적으로 지지를 받아 왔기 때문에 조건 없이 받아들여진다는 것을 상상조차 할 수 없다.

다음 장에서는 사람들이 진정한 사랑을 찾기 위해 여러 단계를 밟아 가는 동안 어떤 일이 일어나는지 목격한 것을 다룰 것이다. 지금 이 순간, 당신에게 확신을 주고 싶다. 당신이 진정한 사랑을 찾는다면 행복을 찾아 삶을 완전히 변화시킬 수 있다. 그러기 위해서는 솟아오르는 의심을 가라앉히고, 진정한 사랑이 존재한다는 사실과 그 사랑을 찾을 수 있다는 가능성을 받아들여야 한다. 만일, 당신이 그들을 두려워하며 냉소적으로 바라보고 있다면, 당신의 손에 진정한 사랑이 주어지더라도 그 사랑을 받아들일 수 없을 것이다.

아마도 당신은 여기까지 읽고 나서 이런 생각을 하고 있을 것이다. '사람들이 잘못을 저지르는데 조건 없이 그냥 사랑해 줄 수는 없잖아. 누군가는 실수를 바로잡아야 해.' 그래서 가끔은 우리에게 사람들을 가르치고, 잘못을 바로잡을 책임이 있다. 예를 들어, 우리는 자녀들이나 직원들의 실수를 바로잡아 주어야 한다. 하지만 실망하거나 화를 내며 그들을 가르치거나 잘못을 바로잡아서는 절대 안 된다. 이 두 가지 감정의 동기는 자신을 위해 무언가 얻고자 했을 때 나타나기 때문에 이것은 진정한 사랑이 아니다.

이쯤에서 당신은 조건 없는 사랑이라는 것이 나를 어수룩한 사람으로 만들어 주변 사람들에게 이용이나 당하게 만드는 게 아닐까, 하고 걱정할 수도 있을 것이다. 하지만 조건 없이 사랑한다는 것은 상대가 원하는 모든 것을 주어야 하는 것이 아니다. 원하는 대로 다 준다는 것은 그저 떼받이 노릇이나 하게 되는 무책임한 행동일 것이다. 누군가를 조건 없이 사랑한다는 것은 상대를 있는 그대로 받아들이고, 내가 할 수 있는 가장 지혜로운 방법으로 상대의 행복에 기여하는 것이다. 이것은 상대의 모든 요구에 순응하는 것을 의미하지는 않는다.

조건적인 사랑이 남기는 파괴적인 흔적

진정한 사랑은 "**당신**이 어떻게 느끼는지 신경 써요."인 반면, 조건적인 사랑은 "**내** 기분을 좋게 만들어 줄 때 당신을 좋아해요."라는 것이다. 조건적인 사랑은 사람들이 원하는 대로 우리가 행동할 때 받게 되는 것인데, 이것은 사람들 대부분이 지금까지 사랑이라고 느끼는 유일한 방식이다. 사람들은 우리가 그들의 기분을 좋게 만들었을 때 혹은 그들에게 피해를 주지 않거나 불편하게 하지 않을 때 우리를 좋아해 주었다. 즉, 우리는 사람들에게 대가를 지불하고 조건적인 사랑을 사야 했다.

인간에게 진정한 사랑과 조건적인 사랑을 구분하는 것은 중요하다. 이 둘을 구분할 수 없을 때 조건적인 사랑을 주고받는 속물적인 삶 속에서 공허함과 불행, 절망을 남길 것이다. 다행히 진정한 사랑이 아닌 것(조건적인 사랑)을 알아챌 수 있는 두 가지 실마리가 있다. 바로 **'실망'**과 **'화'**다. 우리가 상대에게 눈살을 찌푸리거나, 한숨을 내쉬고, 실망감을 표현하며 거친 목소리로 말하거나, 이 외에 다른 방식으로 화를 표현할 때마다 상대에게 '당신은 나에게 원하는 것을 주고 있지 않다.'라는 메시지를 전달하고 있는 것이나 다름없다. 이 메시지를 전달하는 순간만큼은 상대의 행복을 위해서가 아니라, 오직 자신만을 생각하고 있다. 그러면 상대는 우리의 이기적인 메시지를 알아차리게 되고, 무슨 말을 하든 또 어떤 행동을 하든 고립되어 거리감을 느끼게 된다.

우리는 대부분 진정한 사랑을 거의 받지 못했다. 이는 매 순간 우리가 느끼는 불행으로 증명하고 있다. 불행은 두려움을 느끼고, 화를 내고, 비난하고, 상대를 통제하는 것 등으로 표현한다. 아무런 조건 없이 사랑받고 있다는 것을 아는 사람들은 이런 행동을 하지 않는다. 그러나 우리는 진정한 사랑 없이, 조건적인 사랑을 주고받는 것에 만족하도록 어린 시절부터 배웠다. 내 경험을 예로 들자면, 어린 시절에 어머니가 나에게 미소를 지으며, 부드러운 말을 하며 안아 줄 때 나는 황홀한 기분을 느꼈다. 어머니의 이런 행동들이 나를 사랑한다는 표현이라고 생각했기 때문이다. 그리고 내가 '좋은 아이'(조용하고, 감사할 줄 알고, 협조적인 아이)일 때 어머니가 나를 사랑한다는 행동을 평소보다 자주 해준다는 것을 알게 되었다. 다시 말해, 어머니가 좋아하는 행동을 할 때 나를 더 많이 사랑해 주었다. 당신이 부모라면 이것을 이해할 수 있을 것이다.

하지만 내가 '나쁜 아이'(시끄럽고, 말을 듣지 않고, 불편하게 하는)일 때 어머니는 부드럽게 말하지도 또 미소를 보여 주지도 않았다. 얼굴을 찡그리고, 실망스럽다는 듯이 한숨을 쉬기도 하며, 날카로운 목소리로 강하게 이야기했다. 어머니가 확실한 의도를 가지고 행동한 것은 아니지만, 내가 '나쁜 아이'일 때 나를 덜 사랑한다고 말하는 것이나 마찬가지다. 그것은 가장 고통스러운 경험이었다.

조건적인 사랑을 주는 사람들은 상대가 어떻게 행동하느냐에 따라 사랑을 주거나 주지 않을 것을 판단한다. 거의 모든 사람이 어린 시절에 이러한 방식으로 사랑을 받아 왔다. 학급에서 반장을 맡거나, 시험 성적이 좋거나, 시키지도 않은 설거지를 했을 때 부모님은 당연히 더 행복해 보인다. 그리고 이런 말을 건네고는 한다. "그렇지!", "네가 자랑스럽다." 하지만 시험 성적이 낮거나, 방바닥을 더럽히거나, 형제자매와 싸우거나, 사고를 냈을 때 부모님이 미소를 지었던가? 머리를 쓰다듬어 주며, 부드러운 목소리로 우리의 잘못을 바로잡아 주었는가? 특별한 경우를 제외하고는 그러지 않았다. 생각 없이 인상을 찌푸리고, 눈을 치켜뜨고, 흥분해서 화를 내거나 한숨을 내쉬었다. 부모가 원하는 행동을 하거나 다른 사람 앞에서 낯을 세워 줄 때 들려주던 부드러운 목소리가 아닌, 날카로운 목소리로 말했을 것이다. 다시 말해, '나쁜 아이'일 때 어떤 부모는 고함을 지르기도 했고, 어떤 부모는 체벌을 가하기도 했을 것이다.

이처럼 조건적으로 받아들여지는 경험들은 의도하지는 않았지만, 사람들에게 참담한 흔적을 남긴다. 진정한 사랑을 토대로 형성된 사람들과의 유대 관계를 파괴한다. 결국 아무리 조건적인 사랑을 얻어 내더라도 우리는 여전히 공허하고, 외롭고, 비참함을 느끼며 살아간다. 사실이 아니기를 바라겠지만, 평생 조건적인 사랑을 받아 왔기 때문에 우리가 다른 사람들에게 줄 수 있는 것도 조건적인 사랑밖에 없다. 그동안 받은 것을 자연스럽게 돌려주는 것이다.

우리는 조건 없이 사랑한다고 믿고 싶지만, 대부분은 그렇지 않다. 다른 사람에게 실망하는 순간, 짜증을 느끼는 순간 그것을 알 수 있다. 우리는 배우자와 자녀들에게 조건 없는 사랑을 준다고 믿고 싶어 한다. 하지만 그들이 우리가 원하지 않는 행동을 하거나, 우리가 해준 것에 감사함을 느끼지 않으면 짜증을 낸다. 지금까지 말했듯이, 짜증의 뿌리는 타인에 의해 느끼는 감정이 아니라, 우리의 삶에 진정한 사랑이 부족한 데 있는 것이다. 다행스럽게도, 우리는 삶 속에 진정한 사랑과 진실한 행복을 채우는 방법을 배울 수 있다.

만약, 당신이 불행하다면 불행의 원인을 상대에게서 찾지 마라. 불행의 원인은 인생에서 조건 없는 사랑을 받아 본 적도 없고, 나누고 있지도 않기 때문이다. 이것은 어린 시절부터 지금까지 아주 오랫동안 계속되어 온 것이다. 부모들은 조건 없이 사랑해 줄 책임이 있지만 그러지 못했고, 진정한 사랑을 충분하게 받지 못한 아이는 공허함과 두려움으로 가득 찬 어른이 된다. 우리의 부모님은 우리가 어른으로서 제 역할에 충실하고, 무엇을 느끼며 살아가는지에 대해 분명한 책임이 있다. 하지만 어른이 된 당신은 행복에 대한 책임이 자신에게 있다는 것을 이해할 필요가 있다.

그렇다면 현재 당신의 불행에 대해 부모의 책임은 어느 정도나 될까? 수치로 정확하게 측정하는 것은 불가능할 것이다. 측정한다고 하더라도 부모가 해야 할 역할이 무엇인지 알 수는 있겠지만, 불행의 책임을 부모의 탓으로 돌리는 것은 소모적인 일이 될 뿐이다. 실제로 어떤 상황이 일어나고 있는지, 현실적으로 단순하게 분석하는 것도 좋은 방법이 될 수 있다. 하지만 남을 비난하고 화를 내는 것은 자신과 다른 사람들에게 피해만 줄 뿐이다.

아침에 눈을 뜨며 '오늘은 아이들에게 조건 없는 사랑을 주고 가르쳐서 즐거움으로 가득 채워 줘야지.'라고 생각했다가 '아니야, 이기적이고 비판적인 마음으로 이래라저래라 하는 부모가 될 거야.'라고 다짐하며 생각을 바꾸는 부모는 없다. 부모는 당신에게 감정적인 상처를 의도적으로 남기지 않았고, 할 수 있는 한 최선을 다해 당신을 사랑했다. 부모 역시 진정한 사랑을 충분하게 경험하지 못했기 때문에 당신에게 필요한 사랑을 주는 것이 불가능했을 뿐이다. 그러므로 자신을 사랑하며 행복하게 살아갈 책임은 당신 자신에게 있다. 그동안 사랑받지 못했던 것에 대해 화를 내며 부모를 원망하고 있다면 당신은 매 순간 현명한 결정을 내리지 못하게 될 것이다.

> 당신이 불행하다고 생각한다면, 불행의 원인을 상대에게서 찾지 마라. 불행의 원인은 당신의 인생에서 조건 없는 사랑을 받아 본 적이 없는 데 있다.

사람들이 그들의 불행한 관계를 이야기할 때, 나는 그들을 과거의 희생자로 보지 않는다. 하지만 과거가 현재의 삶에 어떤 영향을 미쳤는지에 따라 지금의 불행을 판단하는 것은 경우에 따라 도움이 될 때도 있다. 나와 상담했던 셰릴은 불행했고, 모든 잘못을 남편의 탓으로 돌렸다. 나는 남편의 잘못으로 인해 그녀의 불행이 시작된 것이 아니라고 알려 주었다.

"당신의 삶은 남편을 만나기 이전부터 뭔가 빠져 있었어요. 이미 무언가 잃어버린 상태로 결혼했죠. 남편이 잃어버린 뭔가를 줄 거라고 기대했는데, 그걸 주지 않았던 거예요. 자신이 가진 모든 문제를 고쳐 주지 않는다며 그를 탓하고 있는 거예요. 당신은 행복과 사랑이 넘치는 관계를 맺기 위해 필요한 한 가지를 놓치고 있어요."

"그게 뭐예요?"

셰릴이 물었다.

"진정한 사랑이요. 조건 없는 사랑…. 어릴 때부터 조건 없는 사랑을 충분히 받지 못했을 때 사람들은 공허함과 두려움을 느껴요. 공허함과 두려움에 떨고 있을 때는 행복을 느낄 수도 없고, 사랑이 넘치는 관계를 맺지도 못해요. 자기 자신을 보호하고 공허함을 채우기 위해 필요한 것들을 갖는 것에 급급하거든요. 당신은 남편이 조건 없는 사랑을 주길 원했지만, 남편도 그걸 받아 본 적이 없기 때문에 당신에게 줄 수 없었어요. 반대로, 남편도 당신이 조건 없는 사랑을 주길 원했는데, 당신도 그럴 수 없었죠. 당신도 그것을 받아 본 적이 없으니까요. 둘 다 행복한 관계를 맺기 위해 꼭 필요한 재료를 갖고 있지 않았던 거죠. 그래서 다른 것으로 서로 행복하게 해주려고 노력했겠죠. 칭찬하고, 섹스하고, 서로 통제하거나 돈을 벌어 오는… 그런 것들로요. 하지만 이런 것들이 주는 기쁨은 결코 오래 지속되지 않죠."

"하지만 저는 부모님의 사랑을 느꼈어요. 제 부모님은 저를 사랑하셨어요."

셰릴이 말했다.

나는 많은 사람이 셰릴처럼 말하는 것을 들어 왔다. 그리고 이 말을 할 때 그들이 진심이라는 것도 안다. 어느 누가 자기 부모가 자신을 사랑하지 않았다고 믿고 싶겠는가? 나는 셰릴에게 물었다.

"아버지가 당신에게 사랑한다는 말을 몇 번이나 했나요? 방에 들어갈 때 당신을 봐서 정말 기쁘다는 듯 바라본 적이 있나요? 어머니는 당신과 마주 앉아 당신의 삶에 어떤 일이 일어나고 있는지 물어보면서, 아무런 잔소리 없이 들어준 적이 있나요?"

그러자 셰릴은 입을 꾹 다물었다. 자신이 생각하기에 좋은 부모라고 생각했지만, 내가 말한 세 가지 상황을 한순간도 떠올릴 수 없었다.

나는 계속 말을 이어 갔다.

"부모님을 실망시키거나 실수를 했을 때, 그분들은 당신을 어떻게 대하셨나요? '좋은 아이'일 때만큼이나 사랑해 주셨나요?"

어린 시절에 관해 이야기할수록 셰릴은 새로운 사실을 기억해 냈다. 아버지는 자신을 피해 다니며 함께 시간을 보내지 않았고, 어머니는 딸이 말을 잘 들을 때는 친절했지만 '잘못된 행동'을 했을 때는 비판적이고 가혹했다는 것을 깨달았다. 마침내 셰릴은 자신이 조건 없는 사랑을 느껴 본 적이 없다는 사실을 인지했다. 나는 이 대화가 그녀의 삶에서 두려움과 화를 만들어 내는 근본적인 원인이 무엇인지를 이해하기 위한 것이지, 누군가를 탓하기 위한 것이 아니라는 것을 분명히 말했다.

분노와 공허함, 두려움의 뿌리가 바로 진정한 사랑을 받지 못한 과거에 있었다는 것을 셰릴이 이해한 순간 두 가지 중요한 변화가 일어났다. 첫 번째 변화는 남편을 바라보는 관점이었다. 셰릴은 자신의 불행을 남편의 탓으로 돌리는 것을 멈췄다. 상대를 탓하는 것 하나만으로도 부부 관계는 파괴되기 직전이었다. 두 번째 변화는 행복한 삶을 위해 진정한 사랑을 찾기 시작했고, 마침내 그녀의 삶은 완전히 변했다.

우리는 이따금 과거에 받았던 조건적인 사랑을 인지할 필요가 있다. 이는 부모나 특정한 사람을 비난하기 위해서가 아니라, 현재의 배우자나 다른 관계에 있어 상대에 대한 비난을 멈추고 진정한 행복을 만들기 위해 진정한 사랑을 찾아 나서게 하기 위해서다.

사람들은 종종 "인간은 완벽할 수 없으니, 불행한 과거에 대해서 악몽을 꾸었다고 생각하며 그냥 '극복'해야 한다."라고 생각한다. 그게 아니라면, "과거에 경험한 것들이 현재까지 영향을 미칠 수는 없다."라고 생각할지도 모른다. 하지만 어린 시절에 진정한 사랑을 받지 못한 셰릴에게 일어난 일들을 보면, 그녀는 행복을 위한 필수 재료를 잃어버린 채 공허함과 두려움에 떠는 사람으로 성장했다는 것을 알 수 있다. 우리가 대화를 이어 갈수록 셰릴은 남편뿐만 아니라 주변의 모든 사람을 조종하고 통제하면서 자신의 공허함과 두려움에 순간순간 반응해 왔다는 것을 알 수 있다. 진정한 사랑이 없이 살아온 사람들은 70대 혹은 80대가 되어서도 주변 사람들을 지속해서 조종하고 통제하며 자기의 삶을 파괴하는 것이다.

모래 위에 쌓은 성은 무너질 수밖에 없다. 어린 시절에 조건 없는 사랑을 받은 경험이 없다면 그것은 모랫바닥과 같을 것이고, 그 위에는 어떤 튼튼한 벽돌을 쌓아 올려도 좋은 집을 짓기에는 충분하지 않을 것이다. 그러므로 기반인 모랫바닥을 먼저 고쳐야 한다. 진정한 사랑을 찾게 된다면, 과거의 상처들을 치유하고 새로운 기반을 만들어 당신이 꿈꿔 오던 삶을 살아갈 수 있을 것이다.

불행의 이유

상상해 보라. 당신은 배 한 척도 없고, 눈에 보이는 섬도 또 도와줄 사람 하나 없는 바다 한가운데 둥둥 떠 있고, 혼자서 망망대해를 허우적거리고 있다. 온몸에 힘이 빠지며 당신은 공포에 질려 있다. 발밑에서 누군가 당신이 발목을 갑자기 잡아당기는 상황이 벌어지며, 당신은 극도의 공포와 분노에 사로잡힌다. 잡아당기는 손아귀에서 벗어나려고 발버둥쳐 보지만, 무슨 짓을 해도 벗어날 수가 없다.

숨이 넘어갈 듯한 순간, 작은 배가 다가와 당신을 배 위로 끌어올려 준다. 숨을 고르고 물 아래를 보니, 당신의 발목을 잡아당기던 사람 역시 물에 빠진 채로 살기 위해 안간힘을 다해 당신을 붙잡고 있었다는 것을 알게 된다. 그는 당신을 해치려는 생각은 없었다. 그것을 깨닫자마자 당신의 분노는 사라지고, 그 사람을 배 위로 재빨리 끌어올린다.

우리의 관계는 이런 모습이다. 사람들은 당신을 해치기 위한 목적을 가지고 행동하지 않는다. 그들은 물에 빠진 채 허우적거리고 있다. 이처럼 조건 없는 사랑을 경험하지 못한 사람들은 절망과 고통, 공허함에서 벗어나기 위해 할 수 있는 모든 행동을 한다. 그들은 온 힘을 다해 사람들의 칭찬, 많은 돈, 섹스, 권력 등을 통해 일시적인 안도감을 얻기 위해 노력한다. 그것들을 얻어 내기 위해 한 행동이 주변 사람들 혹은 당신에게 부정적인 영향을 미치기도 하지만, 그들은 당신에게 부정적인 영향을 주려는 목적으로 그런 행동을 했던 것은 아니다. 그들은 삶에서 경험했던 고통과 사랑받지 못했던 기억, 외로움에 반응하면서 우리에게 상처를 입힌다. 이 사실을 이해하게 되면, 사람들로부터 느끼는 감정이나 관계에 대한 태도는 완전히 변화될 것이다.

진정한 사랑이 없을 때 우리는 물에 빠져 숨이 넘어가기 직전처럼 허우적거리고 있는 느낌을 받는다. 이 상태에 있을 때 우리는 주변에 일어나는 모든 일, 심지어 위협할 의도가 없는 순수한 행동들조차 위협으로 느낀다. 그러나 다른 사람들이 화를 내거나 비판하면, 그 사람들이 물에 빠져 허우적거리고 있다는 생각을 하지 않는다. 우리는 두려워하며 방어하고, 다시 화를 내며 상처를 돌려준다. 그러면 상대는 다시 방어하고, 더 강하게 공격한다. 이렇듯 자신을 보호하고 상처를 주고받는 이 악순환은 진정한 사랑만이 해결책이라는 것을 이해할 때까지 끊임없이 계속된다.

대부분의 관계는 화를 내기 때문에 실패한다. 상대가 한 일 혹은 하지 않은 일을 핑계 삼아 화를 내기 때문이다. 여기서 중요한 것은 "화를 낸다"는 것 자체가 삶에서 조건 없는 사랑을 경험하지 못하고, "살기 위해 발버둥 치는 과정"에서 생기는 무력감과 두려움으로 인한 반응이라는 것이다. 화를 내고 비난하는 아주 잠깐의 시간 동안 우리는 자신이 강하다고 느끼면서 두려움을 잊어버린다. 하지만 '화'는 우리 마음 안에서 비롯되는 것이지, 상대의 행동으로 인해 생기는 것이 아니다.

앞선 예시에서 물속의 누군가가 당신의 발을 잡아당겼을 때, 그 사람이 당신을 화나게 만든 것이 아니다. 이때의 화는 첫째, 당신이 바다에 빠지도록 한 모든 일에 관한 결과고, 둘째, 당신의 발을 잡아당긴 그 사람을 비난하겠다고 스스로 선택한 결과다. 다시 말해, 발목을 끌어내린 손길에 화가 난 것이 아니라 '살아 돌아갈 어떤 기회도 없이 망망대해에 빠져 죽어가고 있는 것'에 화가 나 있는 것이다. 아슬아슬하게 견디고 있던 당신의 발목을 누군가 잡아당긴 그 순간, 인내심이 한계에 도달했다. 그로 인해 마치 발목을 잡아당긴 그 사람에 의해 화가 나는 것처럼 나타나는 것이다.

이처럼 상대를 겨냥하고 있는 당신의 화는 과거(대부분 부모로부터 진정한 사랑을 느꼈었는지, 아닌지)와 현재에서 당신이 내린 선택의 결과(상대에게 화를 내거나 혹은 사랑하기)다. 우리는 조건 없는 사랑을 경험하지 못한 채 생존하고자 애써 온 삶에 대해 순간순간 반응하고 있다. '화'를 내는 것이 순간적으로 무력감과 두려움을 덜 느끼게 해준다고 생각하면 이해하기 쉽다. 화를 내는 것이 자신을 보호하는 것과 동시에 기분이 잠깐 나아지게 해줄지도 모르지만, 결코 사랑과 행복을 느끼게 해주거나 덜 외롭게 만들어 주지는 않는다.

우리는 고통에 반응하며 상대를 비난하고 있지만, 화를 내는 것보다 더 좋은 방법을 배울 필요가 있고 또 배울 수 있다. 우리가 불행한 것에 대한 책임이 상대에게 없다는 것을 이해할수록 화를 참고 조절하기가 점점 쉬워질 것이다. 그리고 진정한 사랑을 찾고 경험하기 시작하면 마치 물 밖으로 나오는 느낌을 받을 것이다. 물에 빠져 죽을 것만 같은 끔찍한 두려움이 없을 때는 더이상 화(혹은 다른 생산적이지 않은 행동들, 즉 거짓말, 피해자로 존재하기, 삐치기 등)를 내며 자신을 보호할 필요가 없어질 것이다. 그렇게 되면 사랑이 넘치는 관계를 유지하게 되고, 새로운 행복을 찾는 쉽고 간단한 능력도 기를 수 있을 것이다.

망망대해에서 떠다니다 물 밖으로 나와 배를 타는 것만으로도 당신의 발목을 잡아당기던 사람에 대한 관점이 바뀐 것처럼, 진정한 사랑을 이해하게 되면 '옳은' 결정과 '잘못된' 결정의 차이를 분별할 수 있게 될 것이다. 이를 위해 나는 두 가지를 제안한다. 첫째, 진실한 행복이야말로 삶의 궁극적인 목표이며, 그것이 궁극적인 선이라는 관점을 제안한다. 둘째, 진정한 사랑은 행복을 추구하는 데 있어 필수불가결한 재료다. 그러므로 조건 없는 사랑을 받지 못하도록 방해하는 것은 무엇이든 '나쁜' 혹은 '잘못된' 것이며, 반대로 다른 사람들과 사랑을 나누고 느끼는 능력을 향상하는 것은 그게 무엇이든 '옳은 것' 혹은 '선'한 것으로 볼 것을 제안한다.

제 2 장

얻고 보호하는 행동
Getting and Protecting

제2장

얻고 보호하는 행동

가짜 사랑의 많은 얼굴

진정한 사랑이 없을 때 느끼는 공허함은 견딜 수 없을 만큼 고통스럽다. 자신은 물론 다른 사람들에게 파괴적인 행동일지라도, 죽을 만큼 사랑에 굶주린 마음과 뼛속까지 불편한 그 느낌을 없애기 위해 어떤 일이라도 할 것이다. 그 행동이 오직 찰나의 안도감밖에 주지 않더라도 말이다. 이처럼 우리는 순간적인 공허함이라도 채우기 위해 노력한다. 돈, 다른 사람과의 조건적인 사랑, 화, 섹스, 술, 마약, 폭력 등 이 모든 것은 결국 '칭찬, 힘, 쾌락, 안전함'이라는 네 가지 요소의 변형된 모습일 뿐이다. 진정한 사랑을 대체하기 위해 추구하는 모든 것은 변형된 형태의 가짜 사랑이다.

'**칭찬**'은 아첨·감사·허용·존경·섹스·돈 등의 다양한 모습으로 나타나는데, 우리는 그 모든 것을 좋아한다. 사람들이 우리가 얼마나 놀라운지, 멋진지를 말할 때 우리는 자신의 가치가 일시적으로 높아진다고 믿는다. 진정한 사랑이 없을 때 우리는 아첨이 진심 어린 애정이 아닌 것을 알면서도 자신을 설득하며 칭찬을 이끌어 내려고 애쓴다. "보기 좋다."라는 말을 듣기 위해 화장하고, 머리 모양을 바꾸고, 새 옷을 입고, 운동을 하고, 심지어 성형수술을 하면서 셀 수 없는 시간과 돈을 소비한다. 더 나아가 학교, 직장, 집 등 모든 곳에서 지성과 창의력을 갖추고 또 부지런하다는 칭찬을 받기 위해 애쓴다. 더욱이 스포츠, 사업, 일상적인 논쟁에서 이기기 위한 집착은 아첨을 받고자 하는 욕망에서 비롯된다.

우리는 경제적인 성공으로 서로를 판단하는 경향이 있다. 서로의 직업, 수입, 주식, 집, 자동차, 사업 등 무엇을 가졌는지에 대해 끊임없이 관심을 기울인다는 게 이를 반증한다. 심지어 낯선 사람들과의 대화에서도 항상 "무슨 일을 하세요?"라며 질문한다. 만약, 우리가 『포춘(Foutune)지』가 선정한 500대 기업의 CEO라고 한다면, 사람들은 더 많은 대화를 나누려고 노력할 것이다. 하지만 환경미화원이라고 대답한다면 그들의 반응은 전자보다 열광적이지는 않을 것이다. 이처럼 우리는 돈과 성공으로서 사람들에게 인정받을 수 있는 무언가를 얻고자 한다. 그리고 사람들로부터 받는 관심을 일종의 사랑이라고 해석한다. 그것은 가짜 사랑일 뿐이지만 기분은 좋아진다. 그리고 이를 위해 많은 사람이 인생을 기꺼이 바친다.

진정한 사랑이 없을 때 칭찬받기를 원하는 마음은 끝이 없고, 그 마음은 다른 사람이 성적으로 우리를 원할 때도 충족된다. 젊은 사람이든 나이가 많은 사람이든 자신이 잡지의 표지에 나오는 모델처럼 보이기를 원한다. 또한 권력과 능력을 갖추고, 경제적으로 성공하는 모습을 보여 주며, 자신을 존경하게 만들기 위해 오랜 시간을 들여 고민하고, 계획하고, 조종한다. 이 모든 것은 우리가 다른 사람에게 너무 잘 보이고 싶어 하기 때문이다.

우리는 사람들에게 "감사"의 표현을 받으면 아주 좋아한다. "감사"를 성과에 대한 칭찬으로 받아들이기 때문이다. 감사를 받으면 우리가 중요하고 또 가치 있는 사람이라고 여기게 된다. 사실, 우리는 다른 사람들이 감사히 여기는 마음을 확인하기 위해 그들을 위하는 행동을 한다. 누군가를 위해 어떤 행동했을 때 그들이 감사의 표현을 하지 않는다면 실망을 하거나 화를 낸다. 이는 감사하다는 인사를 받기 위해 그런 행동을 했다는 것을 증명하는 것이다. 하지만 조건 없는 사랑을 받는 사람들은 자신의 행동에 대한 감사를 요구하지 않는다. 그들의 관심사는 다른 사람들의 행복 그 자체에 있다.

진정한 사랑이 없을 때, 우리는 다른 사람을 조종하는 **'힘'**을 즐긴다. 돈·권위·섹스·아첨 그리고 개인적인 설득을 이용해서 사람들에게 영향을 주거나 통제하고, 심지어 다치게 한다. 그리고 우리가 통제하는 사람들과 어떻게든 연결된 듯한 감정을 실제로 느끼기도 한다. 아주 얕고 또 짧은 순간의 연결이지만, 그 순간만큼은 쾌락을 느낄 수 있기에 혼자 남는 고통보다 나은 것으로 느끼게 된다.

만약, 우리가 사업·정치·가정 등 어떤 조직에서 권위적인 자리에 있다면, 사람들이 우리가 원하는 행동을 하도록 만들 수 있다. 이것은 자신을 '강하다'고 느끼게 해 준다. 더욱이 삶에서 조건 없는 사랑이 결여되었을 때 '아무것도 할 수 있는 것이 없다'는 끔찍한 무력감이 드는데, 그 무력감이 줄어드는 것처럼 느끼게 된다. 또한 우리의 지시대로 사람들이 행동할 때, 간절히 원했던 '사람들의 허용'을 얻었다고 생각하며 스스로 만족한다.

예나 지금이나 돈은 언제나 훌륭한 힘의 원천이다. 우리는 돈으로 무엇인가 해낼 수 있고, 그렇게 하는 것을 좋아한다. 돈은 차를 움직이고, 비행기를 이룩시키며, 우리가 원하는 대로 일을 처리하기 위해 사람들을 더 빨리 움직이게 만들 수도 있다. 심지어 잠깐의 우정도, 섹스도 살 수 있다. 하지만 우리를 진정 행복하게 하는 '조건 없는 사랑'은 돈을 주고 살 수 없다.

부모님과 선생님, 또래 친구들로부터 아무런 관심도 받지 못한 한 소녀가 있다고 상상해 보자. 자신이 할 수 있는 것이 아무것도 없으므로 항상 혼자서 외로움 느낀다. 만약, 이 아이가 성장해서 성적으로 매력적인 사람이 된다면, 머지않아 자기 외모와 매력이 사람들의 관심을 끌 수 있고 또 누군가의 생각과 행동을 조종할 수 있다는 것을 깨닫게 될 것이다. 이러한 경험은 이 아이에게 흥미진진하고 매혹적인 경험일 것이다. 진정한 사랑이 없는 상황에서 그녀는 '힘'의 형태로 가짜 사랑을 얻게 된다.

'쾌락' 추구하기는 진정한 사랑이 없을 때 찾아오는 공허함과 고통에 혼란을 주는 방법이다. 그리고 성을 통해 쾌락을 찾는 것은 그중에서도 가장 흔하게 사용되는 방법이다. 사회가 성적인 쾌락에 얼마나 집착하고 있는지는 영화, 잡지, TV 프로그램, 인터넷을 조금만 봐도 알 수 있다. 또한 스포츠, TV, 여행, 심지어 먹는 것을 통한 즐거움에서도 사람들이 쾌락을 추구한다는 것을 알 수 있다. 하지만 모든 욕구가 건전하지 않다는 것은 아니다. 진정한 사랑이 주는 무한한 만족감을 대신하기 위해 쾌락을 추구할 때 그리고 개인적인 공허함을 떨쳐 내지 못하고, 사랑의 관계를 유지하지 못해 느끼는 무력감을 회피하기 위한 목적이 아닐 때 느끼는 모든 욕구가 건전하다. 이는 성취감을 줄 수 있다. 하지만 진정한 사랑이 없을 때 느끼는 고통이 너무 커지면, 오랫동안 많은 게임을 하거나, 폭력적인 영화를 많이 보는 것, 과음을 하는 것, 약물 중독 등에 이르는 파괴적인 방법을 통해 고통에서 잠시나마 벗어나기 위해 애쓸지도 모른다. 이렇듯 진정한 사랑이 없을 때 우리는 이미 최악의 고통을 경험하고 있고, 더 많은 고통을 경험하지 않기 위해 노력할 것이다. 만약, 우리가 다른 사람들에게 진정으로 받아들여질 수 없다면, 최대한 거절을 피하고자 모든 것을 시도할 것이다.

비난과 고통의 위험을 최소화하는 방법 중 하나는 도전하지 않는 것이다. 그래서 하루하루가 지루하고, 장래성 없는 직업을 유지하면서 새로운 것을 배우려는 시도조차 하지 않은 채 정체된 삶을 살아간다. 정체되고 또 보상도 없지만, 예측이 가능한 사람들과의 관계를 지속한다. 어떤 사람 혹은 상황에 대해 최선을 다하지도 않고, 거기서 느끼는 **'안전함'**이 진정한 행복인 것처럼 인지하며 혼란을 겪는다.

> ✨ 진정한 사랑이 없을 때 [칭찬·힘·자극·안전함]과 같은
> 네 가지 형태의 '가짜 사랑'으로 공허함을 채우려고 한다.

가짜 사랑의 대가

우리는 사람들이 "잘했다."라고 칭찬해 주는 것을 아주 좋아한다. 그들이 좋아하는 행동을 했을 때 대부분 칭찬한다는 것을 많은 경험을 통해 알고 있다. 그들을 계속 기쁘게 함으로써 우리를 받아들이도록 유도하기 위해 무언가를 더 열심히 해야 했다. 하지만 칭찬을 받는 것이 끝없는 부담이 되고, 얻는 것보다 더 많은 대가를 치르게 된다. 이 진실은 다른 형태의 가짜 사랑에

도 적용된다.

　게다가 가짜 사랑을 통해 얻게 되는 흥분과 보상은 처음과 다르게 시간이 지나면 그 효과를 잃게 된다. 처음으로 집안일을 돕고 천 원을 받았을 때 얼마나 짜릿했는지 기억하는가? 천 원을 통해서 칭찬이 주는 기쁨을 느끼고, 작은 힘도 느꼈을지 모른다. 하지만 그 느낌은 빠르게 사라졌을 것이다. 그리고 같은 양의 짜릿함을 느끼기 위해 더 많은 돈을 받아야 하는 순간까지는 그리 오래 걸리지 않았을 것이다. 가짜 사랑의 효과는 빠르게 사라지지만, 짧은 그 순간을 위해 더 많이 노력해야 한다. 그러나 흥분과 보상을 받지 못할 때는 더 심한 갈증을 느끼게 된다.

　그렇다면 가짜 사랑이 가져오는 가장 위험한 대가는 무엇일까. 첫째, 가짜 사랑으로는 진정한 사랑을 통한 사람들과의 연결된 느낌을 결코 얻을 수 없다. 둘째, 가짜 사랑을 끊임없이 추구해도 비참한 모습으로 여전히 혼자 남겨진다는 사실이다. 그런데 슬프게도, 가짜 사랑이라도 얻는 것이 아무것도 없는 것보다는 기분이 좋다. 그래서 '이 정도면 괜찮겠지.'라며 스스로 위안을 삼으면, 진정한 사랑과 진실된 행복을 찾는 것 대신 잘못된 행복을 추구하며 인생을 낭비하게 될 수 있다. 진정한 사랑이 없이 가짜 사랑을 충분히 받게 되면, 사람들은 진짜 사랑받았다고 실제로 느끼거나 행복하다고 믿게 된다. 넓은 바다와 같은 진짜 사랑에 비해 가짜 사랑은 아주 작은 행복조차 만들어 낼 수 없다. 하지만 진짜 사랑의 존재조차 알 수 없다면, 우리는 가짜 사랑의 속임수에 기꺼이 넘어갈 수밖에 없을 것이다. 그것이 삶의 비극을 가져온다고 해도 말이다.

　칭찬, 힘, 쾌락, 안전함을 추구하는 것이 항상 나쁜 것은 아니다. 하지만 진정한 사랑과 행복의 대용품으로 사용될 때는 위험하다. 두 사람이 만나 서로의 행복에 관해 진정으로 관심을 가질 때 칭찬은 인위적이고 상대를 조종하기 위한 것 아니라, 관계를 성장시키고 즐거움을 경험하게 하는 영양분이 된다. 서로 사랑을 주고 각자 행복을 경험하는 그 자체로 진정한 힘을 경험하게 되며, 두 사람은 서로 관심을 통해 진정으로 안도감을 느낀다. 그러면 쾌락의 예시 중 하나였던 섹스는 관계에 활력을 주고, 건강한 관계를 맺는 데 도움을 준다. 섹스가 진정한 사랑을 유지하기 위한 자연스러운 애정표현이기도 하기 때문이다.

만약, 가짜 사랑이 공허함과 비참함을 느끼게 하는 것이라면, 우리는 왜 가짜 사랑을 계속해서 추구하는 것일까? 진정한 사랑이 없는 삶은 견딜 수 없을 만큼 고통스럽기에, 아무리 얄팍하고 일시적인 안도감이라고 할지라도 그 느낌을 없애기 위해서 할 수 있는 모든 행동을 하게 된다.

15살 남자아이 척의 상황을 살펴보자.

그의 어머니는 척이 하는 짓은 엉망진창이며 또 자신에게 전혀 도움이 되지 않는다는 말을 매일 다른 방식으로 표현했다. 그리고 그의 아버지는 척이 조심성이 없고, 무책임하다고 말했다. 척은 자신이 중요한 사람이 아니며, 사랑을 받지 못하고 있고, 인생은 공허하며, 언제나 혼자라는 것을 자연스럽게 느꼈다.

그러던 어느 날 척을 귀엽고 똑똑하다고 말해 주며, 함께 있는 것을 좋아해 주는 14살의 멜라니를 만났다. 와! 척은 자신이 중요한 존재이며, 힘이 있다는 것을 불현듯 느꼈다. 척은 멜라니와 스킨십을 하면서 성적인 자극을 느꼈고, 마침내 그녀와 섹스를 했다. 이 모든 가짜 사랑의 경험은 자신이 이제껏 경험한 모든 것 중 최고였으며, 마치 물에 빠진 사람이 마지막 동아줄을 잡듯 매달렸다.

척의 부모는 아들이 섹스를 경험했다는 것에 화를 내면서 멜라니와 만나는 것을 금지했다. 당연히 척은 부모의 말을 무시했고, 멜라니를 계속 만났다. 자신이 평생 느껴 왔던 견딜 수 없는 공허함과 고통 속에서 빠져나와 안심하게 해주는 유일한 동아줄을 놓아 버릴 생각이 절대 없었다. 이 모든 이유가 그의 행동을 정당화할 수는 없지만, 확실하게 설명된다.

얻고 보호하는 행동들

진정한 사랑이 없을 때는 무시할 수 없는 공허함이 생겨난다. 사랑을 받고 싶다는 갈증을 느끼며, 사랑을 받지 못하는 것에 대한 두려움을 가지고 모든 행동을 결정한다. 즉, 진정한 사랑이 없이 가짜 사랑으로 그 공허함을 채우기 위해 무엇이든 얻기 위한 행동을 한다. 그리고 두려움에서 벗어나기 위해 보호하는 행동을 한다. 얻기 위한 행동, 즉 얻는 행동에는 거짓말, 공격하기, 피해자 행세하기 그리고 도망치기가 포함된다. 또한 보호하는 행동에는 거짓말하기, 공격하기, 피해자 행세하기 그리고 매달리기가 포함된다.

우리가 실수를 해서 사람들이 불편해지면 그들은 실망하고 또 화를 내며 자신의 마음을 표현한다는 것을 많은 경험을 통해 배웠다. 그러면 사랑을 덜 받는다고 느끼며, 더 강한 외로움을 느끼게 된다. 이것은 우리가 두려워하는 감정이기 때문에 다시는 이런 감정을 느끼지 않기 위해서 우리가 실수를 저지르면 **거짓말**을 한다. 자신이 진정으로 누구인지를 감추는 것이다.

만약, 대화를 하고 있는 두 사람의 모습을 당신이 지켜보고 있다고 생각을 해보자. 두 사람은 서로의 얼굴에 못마땅한 기색이 있는지, 아주 조심스럽게 살피고 있다는 것을 발견할 수 있을 것이다. 그리고 못마땅한 기색을 찾는 순간, 하던 말을 바로 수정하는 것을 볼 수 있을 것이다. 우리는 스스로 그러고 있다는 것조차 대부분 알지 못한다. 그러나 우리가 하고 있던 말이나 행동을 바꾸는 것은 다른 사람을 기분 좋게 만들기 위한 거짓말이다. 얻는 행동 중에서 거짓말을 하는 것으로 상대방이 우리를 좋아하도록 만들기 위해 애쓰고 있으며, 그 진실을 상대에게 말하지 않는다. 그리고 보호하는 행동 중에서 거짓말을 하며 그들이 못마땅하게 여기는 마음으로부터 자신을 보호한다.

공격하기는 사람들이 두려움을 느끼게 해서 우리가 원하는 대로 행동하게 하는 것이다. 가장 일반적인 형태의 공격하기는 화를 내는 것이다. 우리는 화를 내어 대부분의 사람이 우리가 원하는 것을 주게 할 만큼 아주 불편하고 또 두려움에 떨게 만들 수 있다. 그러면 사람들은 우리가 자신들의 기분을 나쁘게 하는 것을 멈추도록 하기 위해 우리가 원하는 대로 행동할 것이다. 우리는 화를 냄으로써 사람들의 집중, 존중, 힘, 아첨, 허용, 심지어 섹스까지 하도록 만들 수 있다. 물론 사람들이 우리의 진정한 행복을 위해 그렇게 하는 것이 아니라, 화를 피하고자 하는 행동이므로 우리가 공격해서 얻어 내는 모든 것은 가짜 사랑이다. 그런데도 우리는 논쟁에서 이기고, 사람들에게 깊은 인상을 남기고, 스스로 강하다고 느끼기 위해 화를 내고 공격하며 얻는 행동을 한다. 그리고 다른 사람에게 상처받기, 위협받기 등으로부터 자신을 안전하게 보호하기 위해 화를 내며 보호하는 행동을 한다.

화를 내는 것 외에도 사람들에게 죄책감 주기, 비난하기, 인정해 주지 않기, 육체적으로 위협하기, 직장 혹은 가정 내에서 권위를 이용해 공격하기 등이 모든 것을 통해 두려움에서 벗어나 자신을 보호하며 힘이라는 가짜 사랑을 얻는다.

다음으로, 우리는 **피해자 행세**를 한다. 다른 이들에게 부당한 대우를 받을 때 상처받았다는 것을 사람들에게 납득시키면, 그들은 상처 주는 것을 멈추는 것은 물론 동정·관심·집중을 보여 주기도 한다.
우리는 피해자 행세를 하기 위해 다음의 세 문장을 변형해 말한다.
  ① 당신이 나에게 한 짓을 봐.
  ② 당신이 나를 위해 해 주었어야 했던 일을 하지 않았어.
  ③ 이건 내 잘못이 아니야.
이처럼 피해자들은 자신의 실수와 불행에 대해 변명하고, 모든 사람을 탓한다. 우리가 실수를 저질렀을 때, "그럴 수밖에 없었어."라고 말하는 것은 피해자 행세를 하는 것이다.

그 다음은 **도망치기**인데, 이는 아주 단순하다. 고통을 주는 것으로부터 멀어진다면, 상처를 받게 될 가능성이 줄어든다. 도망치기에는 침묵하기, 회피하기, 관계를 떠나기, 부끄러움을 많이 타기 등이 있다. 마약과 술 역시 도망치기의 다른 방법이다.

마지막으로 **매달리기**는 말 그대로 아이가 엄마의 치맛자락을 붙잡고 늘어지는 것과 같다. 우리에게 관심을 주는 사람들에게 더 많은 것을 얻어 낼 수 있기를 바라면서 감정적으로 매달린다. 우리에게 뭔가를 해준 사람들에게 아첨을 하거나 감사하는 마음을 지나치게 표현하며 매달리기도 한다. 또 가끔은 상대를 얼마나 사랑하고 있고, 상대를 필요로 하는지를 말하며 매달리기도 한다. 매달리기의 또 다른 방법은 다른 우리를 좋아해 주기를 희망하면서 상대에게 선물을 주는 것이다. 이처럼 매달리기는 사람들로부터 의식적이든 무의식적이든, 원하는 것을 얻기 위해 상대를 '조종'한다. 사실, 매달리기를 통해서 우리는 더 많은 가짜 사랑을 효과적으로 구걸하고 있는 것이다.

> 🪄 우리는 공허감을 채우기 위해 얻는 행동을 한다.
> 얻는 행동에는 거짓말하기, 공격하기, 피해자 행세하기, 매달리기가 있다.
> 그리고 두려움을 없애기 위해서 보호하는 행동을 한다.
> 보호하는 행동에는 거짓말하기, 공격하기, 피해자 행세하기, 도망치기가 있다.

우리는 얻고 보호하는 행동을 왜 하는가?

거짓말하기, 공격하기, 피해자 행세하기, 도망치기, 매달리는 이 행동들이 책임감 없고, 옳지 않은 행동이라는 것을 마음속으로는 알고 있다. 하지만 이런 행동들을 스스로 감지하게 되면 숨긴다. 왜, 이 행동들을 지속하는 것일까? 이 행동들로 인해 많은 것을 얻기 때문이다. 진정한 사랑이 없을 때 이 행동들은 고통으로부터 우리를 보호해 주고, 공허함을 채워 주고, 즉각적인 결과를 만들어 낸다. 부드러운 설득보다 화를 내면 내가 원하는 방식으로 사람들이 더 신속히 움직이게 할 수 있다. 그게 바로 화를 내는 목적이다. 어린 시절, 야구를 하다 창문 유리를 깬 사실을 부모님에게 말했더니, 잔소리를 길게 내뱉었다. 사랑은 감쪽같이 사라지고, 우리를 덜덜 떨게 만드는 죄책감만 마음속 깊이 남았다. 결국 깨진 유리값을 변상하고, 엉망이 된 곳을 치우고, 유리를 바꿀 때가 되면 또 한 번 긴 잔소리를 듣고, 집 주변에서 야구를 할 때마다 듣게 되는 잔소리에 숨을 죽이는 경험을 했다. 이렇게 되면 "내가 깬 것이 아니에요"라는 거짓말을 하는 것이 더 빠르고, 덜 고통스럽다는 것을 배우게 된다. 그러니 아이들이 어른이 되어서도 거짓말을 하는 것은 그리 놀랄 만한 일은 아니다. 얻고 보호하는 행동을 할 때 얻을 수 있는 보상은 이처럼 어마어마하다.

하지만 이 행동들의 대가는 너무나 크다. 거짓말하기, 화내기 그리고 관심받기 위해 사람들을 조종하기 위해서는 해야 할 일이 많다. 그 모든 노력을 한 후에도 만족감은 한순간에 사라진다. 가짜 사랑의 효과는 짧고, 다시 얻기 위해서는 처음부터 다시 시도해야 한다. 그런데도 우리는 대부분 절망적이고 또 충만감 없는 가짜 사랑으로 채우는 데 평생을 바친다. 결국 우리가 그토록 원하고 바라던, 진정한 사랑을 통한 사람들과의 깊은 연결감은 절대 얻을 수 없다.

얻고 보호하는 행동으로 사람들은 떠나고, 가장 풍요롭게 만들고 싶은 관계를 망친다. 단기적인 이익을 위해 얻고 보호하는 행동을 사용하지만, 장기적으로 많은 피해를 남긴다. 예를 들어, 상대방과의 다툼에서 이기기 위해서 화를 낼 때 조건 없는 사랑을 경험할 수 있었는가? 혹은 상대방을 더 사랑스럽게 여겼는가? 누군가에게 거짓말을 하고 문제 상황은 피했지만, 깊은 관계를 만들 수는 없었을 것이다. 이처럼 얻고 보호하는 행동을 통해 가짜 사랑을 얻으면 상대방은 그것을 바로 감지하고 우리를 멀리한다.

그중에도 얻고 보호하는 행동이 가져오는 최악의 결과는 진정한 사랑을 느끼는 기능을 마비시킨다는 것이다. 심지어 진정한 사랑이 주어졌을 때조차 느낄 수 없게 한다. 무언가를 얻기 위해 사람들을 조종할 때마다 상대가 기꺼이 준 것이 아니라, 우리가 대가를 치르고 구매한 것이 된다. 그 이유가 무엇인지는 다음 장에서 다루겠다. 이번 장에서는 우리가 얻고 보호하는 행동을 할 때 자신을 지치게 하고, 시간을 헛되이 보내며, 사랑을 절대 느낄 수 없을 것이며, 주변 사람을 다치게 한다는 것을 이해할 필요가 있다.

이것이 사실이라면 얻고 보호하는 행동은 끔찍하기만 한데, 이런 행동들을 왜 계속할까? 우리가 이 행동들을 하고 있다는 것조차 인식하지 못하기 때문이다.

물에 빠져 허우적거리는 상황을 생각해 보자.

극도의 두려움에서 벗어나 살기 위해 물 밖으로 머리를 내밀 수 있게 무엇이든 잡으려는 손짓을 멈출 수 없을 것이다. 그 순간은 스스로 살아남기 위해 하는 행동이 다른 사람에게 해가 된다는 것을 고려할 수조차 없을 정도로 두려움에 압도된다.

이처럼 진정한 사랑이 없을 때, 사랑을 받지 못하는 것에 대한 두려움과 외로움은 감당할 수 없을 정도로 압도적이다. 그래서 우리가 익사 직전의 사람과 같이 극심한 공포 상태에서 얻고 보호하는 행동을 사용하는 것이다. 얻고 보호하는 행동의 진짜 의도는 공허함, 두려움과 고통에서 벗어나는 것뿐이다. 이것을 이해하게 되면, 자기 행동과 다른 사람의 행동을 보는 관점이 영원히 변할 것이다. 우리가 한 행동들에 대해 지나친 죄책감을 더이상 느끼지 않을 것이며, 얻고 보호하는 행동을 하는 사람들에게도 화가 나지 않을 것이다.

우리는 전 생애에 걸쳐 다른 사람들을 불편하게 하거나 상처를 주는 것은 '나쁜 것'이고, 도덕적인 결함이 있으며, 심지어 '금수만도 못한 행동'이라고 배웠고, 다른 사람을 불쾌하게 함으로써 죄책감을 느꼈다. 그리고 우리를 불편하게 하고 또 상처를 주는 악마와 같은 사람들에게 화가 나는 것은 절대적으로 당연하고, 옳고 선한 것이라고 정당화했다. 사실, 사회는 죄책감과 화의 원칙을 중심으로 돌아간다. 죄인은 죗값을 치러야 한다는 것이다. 만약, 우리가 그 죄인이라면 엄청난 양심의 가책을 느껴야만 하고, 죄책감에 빠져 살아야 한다. 또한 다른 사람이 잘못을 저질렀다면, 그들에 대한 분노를 표현하는 것은 정당하다고 느낀다.

우리의 삶에 진정한 사랑의 필요성과 얻고 보호하는 행동을 이해하게 되면 모든 죄책감과 화는 먼지로 변하게 된다. 거짓말하기, 공격하기, 피해자 행세하기, 도망치기를 한다고 해서 나쁜 사람이라거나 다른 사람에게 상처를 주기 위해서 그러한 행동들을 한 것이 아니다. 공허함과 두려움에 떨면서 얻고 보호하는 행동이 우리를 보호해 주고, 가짜 사랑으로 삶의 공허함을 채워 주길 바라는 것 뿐이다. 이것이 어린 시절부터 배워 온 유일한 행동들이다. 그렇다고 해서 우리가 한 행동을 정당화시켜 주지는 않지만, 확실히 이해할 수 있게 된다.

우리가 실수했을 때 과도한 죄책감에 빠지는 것은 엄청난 시간, 에너지, 행복을 낭비하는 것이다. 죄책감에 빠지는 대부분의 경우는 4장에서 다루게 될 간단한 단계들을 밟는 것으로 해결할 수 있다. 이는 '진정한 사랑의 부족' 때문이다. 실수를 똑바로 직면하고 배움을 얻을 수 있다면 얼마나 생산적일까? 이와 함께 행동을 변화시키는 데 있어서 절제를 연습할 필요가 있다. 행동을 절제하는 것은 몇 개의 장에서 이어서 다룰 것이다.

마찬가지로, 다른 이들이 실수할 때와 그들이 우리를 불편하게 하고 상처를 입힐 때, 그들 역시 공허함과 두려움으로 가득 차 있다는 것을 기억할 필요가 있다. 이런 관점으로 다른 사람의 실수를 바라볼 때 그 행동들이 이기적이고 비생산적이라는 사실은 바뀌지 않는다. 하지만 화를 내지 않고 그들을 이해하고 도와주며, 그들이 진정으로 필요한 것을 우리가 줄 수 있는 가능성이 생긴다. 그 사람들은 화를 내고 처벌을 내려 줄 사람이 필요한 것이 아니다. 화와 처벌은 그들에게 오히려 고통을 가하게 되므로, 얻고 보호하는 행동을 더 많이 저지르게 할 뿐이다. 화와 처벌은 사람들을 행복하게 만들지 않는다. 그렇다고 해서 사람들이 현명하지 못한 선택을 지속해서 할 때 감옥에 보내서는 안 된다고 말하는 것이 아니다. 이러한 행동들의 결과에 대해서는 이후의 장에서 다룰 것이다.

다음은 나와 상담했던 매튜의 이야기다.

그의 어린 시절을 살펴보면 특이한 점이 있었던 것도 아니다. 부모가 이혼한 것도 아니고, 고함을 지르거나 폭력을 가하지도 않았다. 매튜의 부모는 여느 부모와 비슷했는데, 매튜가 '좋은' 아이일 때 미소를 지으며 친절하게 말했다. 반면 시끄럽고, 집 안을 엉망으로 만들고, 자기들을 불편하게 할 때는 눈살을 찌푸리며 거칠게 말했고 또 애정을 주지도 않았다.

진정한 사랑을 받을 수 없었던 매튜는 공허함과 두려움밖에 느낄 수 없었기 때문에 '얻는 행동'을 통해서 자신이 느끼는 공허함을 가짜 사랑으로 채우고, '보호하는 행동'으로 두려움을 없애고자 했다.

어린 시절에는 실수를 했을 때 거짓말하는 법을 배웠다. 거짓말을 하면 부모나 다른 사람들로부터 비난을 피할 수 있었다. 거짓말이 통하지 않을 때는 피해자 행세를 해서 동정심을 얻었다. 매튜는 학교에서 좋은 성적을 얻기 위해 부지런히 공부해서 부모님과 선생님들의 인정을 받았다. 또 형제자매와 동료들로부터 원하는 것을 얻기 위해 화를 내는 법을 배웠다. 초등학교를 졸업할 때 그는 얻고 보호하는 행동의 달인이 되어 있었다. 매튜는 자신이 사랑을 받기 위해 애쓰고 있다는 것을 인지하지는 못했지만, 자신을 기분 좋게 만들어 줄 칭찬·힘·자극·안전함을 얻기 위해 거짓말 속에서 여전히 살고 있었다. 주변 사람들 모두 그렇게 살고 있었기 때문에 이 모든 것이 아주 정상적인 것처럼 보였다.

어른이 되어서도 어린 시절에 자신을 구해 주었던 행동들을 계속 반복했다. 동료와 가족들에게 존경받기 위해 승진하려고 밤낮없이 일했다. 실수를 하게 되면 숨기거나 다른 사람을 탓했다. 직장에서나 집에서 자신의 권위를 이용해 자신이 한 실수에 대해 다른 사람들이 맞서지 못하도록 겁을 주기도 했다. 그리고 관계에서 위협을 느끼면 그는 거리를 두고 멀어졌다.

매튜는 그저 진정한 사랑이 필요했고, 그 누구도 자신을 사랑하지 않을 것이라는 두려움에 반응했을 뿐이다. 하지만 얻고 보호하는 행동으로는 절실히 원하는 진정한 사랑을 결코 얻을 수 없었다. 사실, 그의 행동은 자신을 지치게 했고, 사랑이 넘치는 관계를 불가능하게 만들었으며, 삶에 공허함과 외로움만을 남겼다.

이것은 우리와 매튜에게 있어서 얻고 보호하는 행동이 무익하고 비생산적이라는 것을 증명한다. 우리가 이것을 이해해야만 이 행동들을 의식적으로 버릴 수 있고, 삶에서 더 현명한 선택을 할 수 있다.

매튜와 같은 사람들과 대화를 하면 어떤 사람들은 흥분해서 이렇게 물어본다. "그동안 매튜의 부모님이 그를 사랑해 주었잖아요? 그건 왜 빼먹나요? 부모님이 몇 번 비판적이었다고, 왜 그의 인생 전체가 공허함과 두려움에 떨어야 하죠?"

그 질문에 대한 답을 하자면, 당신과 내가 처음 만났고 또 같이 보낸 시간은 단 10분이었다고 상상해 보라. 첫 9분 동안 우리의 대화가 아주 즐겁고, 내가 당신에게 호감을 느낀다고 여긴다. 하지만 마지막 1분 동안 내가 불같이 소리를 지르며, 큰칼을 쥐고는 당신을 쫓아다닌다.

이 1분이 전체 시간에 미치는 영향은 어떤가? 함께한 9분의 따뜻한 시간만 기억하며, 사랑을 받고 있으니 안전하다고 느낄까? 물론 아니다. 두려움과 고통의 영향은 압도적이다. 나이와 상관없이 자신이 조건 없는 사랑을 온전히 받았다고 확신하기 전까지는 작은 의심이나 두려움만으로도 그동안 받았던 인정과 안전함은 파괴될 수 있다.

우리는 부모 혹은 다른 이들과 함께 시간을 보내며 칭찬을 받고 또 관심도 받았지만, 이것이 조건적이었다면 우리가 그것을 알든 알지 못하든 상관없이 만족할 수 없다. 진정한 사랑만이 사람들과 연결되며, 삶에 행복을 가져올 수 있다. 다시 말해, 나는 모든 부모가 자신들의 능력에 따라 최선을 다해 사랑을 주었다고 믿기로 했다. 만약, 그들이 진정한 사랑을 주지 않았다면 그것은 그들 역시 받아 본 적이 없고, 두려움과 공허함에 허우적거리고 있었기 때문이다. 자신들에게 필요한 것과 두려움에 사로잡혀서 자녀인 우리의 행복에 진정으로 관심을 가질 수 없었다. 그러나 의도적이든 아니든 결과적으로 볼 때, 그 악순환은 한 세대를 건너 그 다음 세대까지 돌아 우리가 자녀들과 다른 사람들에게 진정한 사랑을 줄 수 없게 된 것이다. 그리고 현재 우리가 자기 행동을 바꿀 방법을 배울 때까지 그 악순환은 반복되어 왔다.

"…해서 너를 사랑해"

두 사람이 사랑에 빠졌을 때, 상대의 어떤 부분이 '사랑스러운'지를 말할 때가 있다. 우리는 '지적이다, 잘생겼다, 아름답다, 재치 있다, 의지할 만하다' 와 같은 말을 듣는 것을 좋아하는데, 아이러니하게도 이런 말들이 관계를 실패로 이끈다. 상대의 어떤 성품이나 행동 때문에 사랑한다고 말하는 것은 우리가 깨닫지 못하는 사이에 상대가 그 성품이나 행동을 유지하기를 기대한다는 것을 나타내기도 하는 것이다. 그리고 상대가 그 기대를 채우지 못하면, 우리는 실망하고 짜증을 내면서 조건적인 사랑을 한다.

사람들은 '사랑에 빠지는 것'을 완전히 낭만적인 것으로 바라본다. 아무런 노력도 없이 사랑에 빠지며 인생의 다양한 문제가 마법처럼 해결될 것이라고 희망한다. 사랑에 빠지는 것은 우리가 믿고 있는 것만큼 그렇게 낭만적이지만은 않다. 이 진실을 들여다본다면 고통스러운 이별을 피할 수 있을 것이다.

공허함과 외로움을 느낄 때 우리는 자신을 행복하게 만들어 줄 무엇인가를 간절히 원하게 된다. 만약, 우리가 좋아하는 것을 가진 누군가를 찾게 되면, 그 특성을 보며 놀라워하고 또 상대를 "사랑한다."라고 말한다. 이처럼 상대는 우리에게 가짜 사랑(칭찬, 힘, 쾌락, 안전함)을 주는 공급지가 된다. 우리는 상대로부터 가짜 사랑을 무의식적으로 계속해서 공급받을 수 있도록 얻고 보호하는 다양한 행동을 한다. 물론 상대 역시 가짜 사랑을 받고 싶어 한다. 그래서 가짜 사랑의 거래가 효과적이고 공평하며, 충분히 작동하면 두 사람은 "사랑하고 있다."라고 말한다.

이것이 바로 대부분의 사람이 말하는 "사랑에 빠졌다."라는 말이 의미하는 것이다. 그리 로맨틱하지 않지만 사실이다. '사랑에 빠진' 이후에는 다음의 두 가지 상황 중 하나는 반드시 일어난다. 첫째, 한쪽에서 상대와의 거래를 공평하게 유지하는 것에 실패한다. 예를 들어, 한쪽이 칭찬과 쾌락을 계속해서 주는데도 다른 한쪽은 관계를 유지하기 위해 노력하는 데 지친다. 다른 한쪽이 불공평한 관계를 인지하면서 갈등이 일어나고, 반짝거리던 장밋빛 로맨스의 빛은 점점 사라진다. 둘째, 가짜 사랑의 효과는 언젠가 사라지게 되므로, 그 효과가 사라지면 서로에 대한 환상 역시 사라진다. 따라서 가짜 사랑을 아무리 많이 주고받더라도 우리가 원하는 진정한 행복은 얻을 수 없다. 우리는 행복을 느끼지 못하므로 상대에게 그 비난의 화살을 돌린다. 사랑에 빠져 콩깍지가 씌인 상태에서는 현실을 제대로 바라볼 수 없으므로, 절망에 빠진 채 서로 상처를 입히는 패턴을 지속적으로 반복하면서 스스로 자책한다.

한편, 사랑에 빠진 두 사람이 서로 "사랑한다."라고 말할 때는 진심이다. 하지만 사랑에 빠졌다는 것이 무슨 의미인지를 스스로 이해한다면 다음과 같이 말할지도 모른다.

"내가 사랑한다고 말했던 건 너의 행복에 관심이 있다는 건 맞아. 그런데 사실 그것보다는 내가 어떻게 느끼고 있는지가 더 중요해. 당신이 내 말을 들어줄 때 심장이 두근거리고, 중요한 사람이 된 것 같아. 같이 있으면 허전하지도 또 외롭지도 않고 기분이 좋아."

이처럼 우리가 진정한 사랑을 주고받지 않은 채 서로 사랑한다고 말하는 것은 기분 좋은 상태가 저절로 유지되기를 바라는 이기적인 욕망의 표현일 뿐이다. 하지만 "사랑한다."라는 말을 듣는 상대는 "사랑한다."라는 말이 우리가 그들을 행복하게 만들어 줄 것을 약속한다고 믿는다. 이런 상반된 기대가 대부분의 관계에서 실패를 가져온다.

다음 사례를 보면, 다이앤과 프랭크에게도 같은 상황이 벌어졌다.

> 우리가 말하는 '사랑에 빠졌다'가 의미하는 것은 대부분
> '내가 원하던 가짜 사랑을 줄 사람을 찾았다'는 것이다.

프랭크와 다이앤이 서로 처음 만났을 때, 프랭크는 카펫 공장의 지게차 기사로 일하고 있었다. 그는 '남자 중의 남자'로서 축구를 좋아했지만 학교는 싫어했고, 사교댄스는 남자답지 못한 것이라고 여기며 좋아하지 않았다. 하지만 다이앤이 마음에 들었으므로, 그녀를 기쁘게 해 주고 싶은 마음이 있었다. 그래서 다이앤이 "나는 춤추는 것을 좋아하는데, 당신도 그러냐?"라고 물었을 때, 그는 "좋아한다."라고 거짓말을 했다. 프랭크는 다이앤이 듣고 싶어 하는 말이 무엇인지 알았기에 그대로 대답했던 것이다. 그리고 둘은 함께 춤을 추러 가자고 하며, 다시 만나기로 약속을 했다.

첫 데이트에서 다이앤은 대학 생활이 정말 즐겁다고 말하면서, 지식을 쌓아 가는 것이 얼마나 중요한지에 관해 이야기했다. 그녀가 프랭크에게 어떤 일을 하냐고 물었을 때 프랭크는 카펫 공장의 감독관으로 일하고 있고, 대학을 졸업하기 위해 학교로 돌아갈 계획이라고 더 많은 거짓말을 했다.

프랭크와 다이앤은 많은 부분에서 달랐다. 하지만 프랭크가 거짓말을 하는 안타까운 선택을 하지 않았다면 그들은 좋은 관계를 여전히 유지했을지도 모른다. 물론 프랭크는 다이앤에게 피해를 주기 위해 거짓말을 했던 것은 아니다. 프랭크 역시 조건 없는 사랑을 한 번도 느껴 본 적이 없기 때문에 공허함과 두려움을 느끼고 있었는데, 다이앤이 원하는 말과 행동을 함으로써 그녀가 자신을 사랑하게끔 만들고자 하는 마음을 멈출 수가 없었다. 사랑은 얻어 내야만 하는 것이라고 배웠기에, 사랑을 받기 위해서는 다른 사람들이 원하는 것을 소유하고 있는 것처럼 가면을 써야 했다. 그래서 프랭크는 다이앤이 좋아할 것 같은 모습으로 가면을 쓰면 좋은 관계를 만들어 갈 수 있다고 착각했고, 그 결과는 독자들의 예상대로다.

다이앤 역시 조건 없는 사랑을 느껴 본 적이 없다. 그래서 프랭크가 자신을 더욱 행복하게 만들어 줄 것이라고 기대했다. 프랭크가 학교에 흥미도 없고 또 춤도 춰 본 적이 없다는 것을 이미 알고 있었지만, 자신을 기쁘게 해 주기 위해 노력하는 모습을 보며 가슴이 두근거렸다. 다시 말해, 다이앤은 프랭크가 거짓말을 한다는 것을 은연중에 알았지만, 그의 거짓말이 자신에게 피해를 주지 않았던 것은 물론 그런 모습이 한편으로는 좋게 다가왔기 때문에 그의 거짓말을 기꺼이 믿었던 것이다.

마침내 프랭크와 다이앤은 결혼했다. 머지않아 가짜 사랑을 교환하는 것에 서로 싫증 나기 시작했고, 항상 그렇듯 가짜 사랑의 효과도 희미해지기 시작했다. 프랭크는 학교로 돌아가지도 않았고, 다이앤과 함께 다시는 춤을 추지 않았다. 어느 순간 다이앤은 자신이 끔찍한 실수를 저질렀다는 자책과 두려움에 휩싸였다. 그녀가 느낀 두려움에 대처한 첫 번째 방법은 그 모든 상황이 아무런 영향을 미치지 않는 것처럼 스스로 거짓말을 하는 것이었다. 하지만 다이앤은 견딜 수 없을 만큼 실망을 했다. 이윽고 다이앤은 프랭크에게 고래고래 소리를 지르며, 그가 지키지 않은 약속들을 줄줄이 읊고는 그를 비난하기 시작했다. 적어도 화를 낼 때만큼은 프랭크의 주의를 끌 수 있었기에 무력감과 무시당한다는 느낌이 일시적으로 줄어들었다. 하지만 그녀에게 있어 이와 같은 경험은 사랑은 아닌 것만은 확실했다.

어느 순간, 비난하는 것조차 효과가 없자 이제는 피해자 행세를 하기 시작했다. 다이앤은 다투는 동안 울음을 터뜨리며 프랭크에게 울며불며 매달렸다. 그랬더니 실제로 몇 번은 남편으로부터 자신이 원하는 것을 얻어 낼 수 있었다. 그녀는 자신이 원하는 것을 얻게 되면 프랭크에게 들러붙어서 고마움을 과장되게 표현했다.

결과적으로, 프랭크와 다이앤은 얻고 보호하는 행동을 하느라 사랑을 주고받으며 행복한 삶을 사는 데 실패했다. 둘은 관계를 개선하기 위해 노력하지 않은 채 상대를 피하며 서로 도망치는 데만 급급했다. 결국 이혼을 선택했는데, 둘 다 관계가 실패한 원인을 전혀 알 수 없었기 때문에 다음 관계에서도 같은 실수가 반복되었다.

이들은 좋은 관계를 만들기 위해 최선을 다하며 노력했지만, 진정한 사랑을 경험해 본 적이 없기 때문에 진정한 사랑을 주고받는 방법을 알 수 없었다. 그러므로 이들의 선택이 잘못된 것이라고 폄하할 수는 없을 것이다. 그들은 자신들의 경험에 따라 할 수 있는 유일한 선택을 했던 것이다.

빵을 가지고 있지 않다면, 굶주린 사람에게 빵을 줄 수가 없다. 하지만 진정한 사랑은 당신이 원한다면 얻을 수 있고, 자신을 진정한 사랑으로 가득 채우면 다른 사람에게 더 많이 줄 수 있다.

선택하기

다이앤과 프랭크의 사례와 같이 진정한 사랑이 없을 때 얻고 보호하는 행동을 한다. 이 말을 하면, 사람들은 다음과 같은 질문을 한다.

"다이앤과 프랭크가 어린 시절에 사랑을 받지 못해서 자기 행동을 통제할 수 없었다는 말인가요? 어린 시절에 진정한 사랑을 받지 못하면 불행한 운명에 처한단 말인가요? 사람들이 저지르는 모든 실수가 진정한 사랑을 못 받아서 그렇다고 변명하는 건가요? 우리 스스로 행동을 선택할 수 있는 능력이 남아 있잖아요. 그렇지 않나요?"

많은 작가가 감정과 행동을 결정하는 인간의 능력에 관한 내용을 담은 책을 출판했다. 그리고 그들은 개인의 자제력, 결심, 삶에 능동적으로 대처하는 힘에 대해 현명한 말들을 했다. 인간이 자신을 이해하고, 자각하고, 스스로 선택하는 특별한 능력을 갖췄다는 말은 대체로 맞는 말이다. 또한 대부분의 인간은 자신의 선택으로 느끼게 되는 감정과 상황에 대해 상대방을 비난하는 경향이 있다는 것을 정확하게 지적한다. 인간이 경이로운 이해 능력과 자제력을 가졌지만, 환경 역시 우리의 선택에 깊은 영향을 미친다.

굶어 죽어가는 한 남자가 있다고 가정해 보자. 그 지역이 심각한 기근에 시달리고 있다. 이 남자는 잘 먹지 못했기 때문에 빨리 뛰지도, 열심히 일할 수도 없다. 이 남자가 할 수 있는 만큼 되는 대로 일한다고 해서 다른 사람들이 "당신은 열심히 일하지 않는다."라고 말한다면 잔인한 말이기도 하지만, 진실도 아니다. 하지만 "힘내라, 더 열심히 해라, 견뎌 내라."라고 격려한다고 해서 이 사람을 더 빨리 움직일 수 있을 거라로 생각한다면 무식한 사람이다. 이 사람에게는 격려보다 다른 무언가가 필요하다.

진정한 사랑의 경험이 없는 사람들은 이 남자가 처한 상황과 비슷하다. 이들 스스로 공허하고 두려움에 떠는 삶을 선택하지는 않았다. 하지만 삶이 공허하다고 느끼고, 두려움에 떨며 얻고 보호하는 행동을 한다. 이들은 영적으로 사랑에 굶주리고 있어, 조건적인 사랑을 지속해서 주고받고 있기에 행복할 수가 없다.

하지만 좋은 소식이 있다. 불행한 감정과 행동들을 변화시키는 방법을 배울 수 있다는 사실이다. 바로 당신이 변화할 수 있도록 돕기 위해서 내가 이 책을 썼다. 당신이 행동을 변화하는 방법을 배우는 동안 조건 없는 사랑을 느끼기도 전에 얻고 보호하는 행동을 제어할 수 있는 능력을 키울 수 있다. 우리에게는 양심이 있다. 자신이 해를 끼치고 있는 것을 감지하고, 그 행동을 할지 말지를 선택하는 능력이 바로 양심이다. 그 때문에 얻고 보호하는 행동

중 화를 내고 거짓말을 하는 것이 나 자신과 주변 사람들을 불행하게 만든다는 것을 알고 있다면 그 행동들을 하지 않는 선택을 할 수 있다. 충분한 사랑을 느끼지 않더라도 얻고 보호하는 행동을 멈추고, 사랑하겠다는 의식적인 선택은 진정한 사랑을 받고 또 사랑을 주는 과정에 많은 도움을 준다.

그렇다면 진정한 사랑을 받는 것이 얻고 보호하는 행동을 제거하는 데 있어서 더 중요할까? 나는 수년 동안 자기 행복과 사람들과의 관계를 망가트리는 행동들을 통제하기 위해 고군분투하는 사람들을 많이 봐 왔다. 그들은 상황과 사람들을 통제하고자 심혈을 기울여 노력했지만, 계속 실패했다. 이것은 의지만으로는 충분하지 않다는 의미다. 굶어 죽어가는 사람에게는 자신을 조절하는 능력을 기르는 것만으로는 충분하지 않다. 먹을 것이 필요한 것이다. 그렇게 고군분투해서 자신을 조절하려고 노력하는 사람들이 조건 없는 사랑을 받았을 때 상대적으로 쉽게, 삶을 완전히 바꿀 수 있었다. 진정한 사랑과 자기 통제는 실제로 깊은 상호 관계가 있다. 이것에 대해서는 4장에서 다룰 것이다.

새로운 선택

나는 장작 태우는 것을 좋아해서 손도끼로 장작 패는 일을 했다. 손도끼를 사용하면 소나무처럼 부드러운 나무는 쉽게 쪼갤 수 있지만, 참나무 같은 단단한 나무에는 도끼가 박혀 버린다. 더욱이 큰 참나무 토막은 손도끼를 가지고는 쪼갤 수가 없다. 어느 날 철물점에 가서 더 두껍고 무거운 도끼를 보게 되었다. 철물점에서는 그걸 쪼개기용 도끼라고 말했다. 그것을 사서 참나무를 패는 데 사용했다. 나를 그렇게 지치게 했던 참나무였는데, 장작 패는 게 이렇게 쉽다니…. 도저히 믿을 수가 없었다. 처음에는 장작을 패기 위해 일반 도끼를 사용했지만, 나에게 있는 삽, 일반 도끼, 맨손 중에서는 일반 도끼가 분명 최선의 선택이었다. 쪼개기용 도끼가 더 효과적이었겠지만, 그게 존재하는지조차 몰랐다. 하지만 그것을 알고 난 후에는 최고의 도구를 선택할 수 있었다.

　이처럼 우리가 감정과 행동을 선택할 수 있다는 것은 사실이지만, 진정한 사랑을 경험하지 못했을 때 우리가 아는 선택지는 극히 적다. 우리가 공허하고 두렵다는 것을 느낄 때 얻고 보호하는 행동은 스스로 주어진 유일한 선택지처럼 나타난다. 진정한 사랑을 한 번도 받아 본 적이 없다면, 그 상황에서 '사랑한다'는 선택지가 존재하는지조차 알 수 없다. 진정한 사랑에 관해 설명을 듣고, 그 선택을 알게 되더라도 우리가 가진 사랑이 충분하지 않아서 '사랑한다'는 선택을 하기에는 여전히 부족할 수 있다. 하지만 우리가 진정한 사랑을 찾아 그것을 받고 또 누군가와 사랑을 나누면 우리도 행복한 삶을 선택할 수 있을 것이다.

　한편, 진정한 사랑을 경험해 보지 못했을 때 사람들은 공허함과 두려움을 느끼며, 가짜 사랑을 얻어 자신을 두려움으로부터 보호하는 행동을 하게 된다는 것을 앞부분에서 이미 말한 바 있다. 하지만 그러한 행동을 이해하려는 의도일 뿐, 이 행동들을 계속하기 위해 변명을 하고자 했던 것은 아니다. 지금까지 진정한 사랑을 받지 못했고, 삶이 불행하다고 해도 자신의 선택을 바꾸는 방법을 배울 책임은 우리 자신에게 있다. 그 방법들을 배워 과거와 같은 비생산적인 결정을 피하게 되고, 삶에서 더 현명한 선택을 하게 될 때 우리가 찾고 있던 진정한 사랑과 행복을 찾을 수 있을 것이다.

가짜 사랑의 효과는 얄팍하고 일시적이지만,
우리는 다양한 형태로 가짜 사랑을 여전히 추구한다.
어찌 되었든, 진정한 사랑이 없는 것보다 훨씬 나은
가짜 "행복감"을 주기 때문이다.

제 3 장

온전히 보이기와 사랑받기
Being Seen and Getting Loved

제3장

온전히 보이기와 사랑받기

사마귀 왕 이야기

사람들 중 대부분이 진정한 사랑을 주고받아 본 경험이 없다면, 우리 삶에서 진정한 사랑을 주고받기 위해 어떻게 하면 될까? 진정한 사랑을 이해하는데 다음 '사마귀 왕 이야기'가 도움이 될 것이다.

옛날에 지평선 너머 넓게 펼쳐진 풍요롭고 아름다운 왕국이 있었다. 그 아름다운 왕국의 왕자는 아주 불행했다. 왕자의 얼굴을 온통 사마귀로 뒤덮여 있었고, 그가 가는 곳마다 사람들은 그를 놀리며 비웃었다. 그래서 왕자는 사람들이 아무도 없는 자신의 방에서 대부분의 시간을 외롭고 슬프게 보냈다.

왕이 죽고, 왕자가 왕이 되었다. 왕이 된 그는 자신의 얼굴을 보고 그 누구도 웃을 수 없다는 법을 만들었는데, 그 법을 위반하면 사형에 처한다고 공포

했다. 하지만 왕은 자신을 여전히 수치스러워하며 홀로 시간을 보냈다. 이따금 밖으로 나오기도 했지만, 사마귀를 가리느라 가면을 썼기 때문에 앞을 제대로 볼 수 없었다.

오랜 시간이 흐른 어느 날, 왕은 가까운 산 정상에 지혜로운 사람이 살고 있다는 소문을 듣고 그를 찾아갔다. 자신에게 도움을 줄 수 있기를 간절히 바라며…. 마침내 산 정상에 도착했다. 저 멀리 커다란 나무 그늘 아래에서 쉬고 있는 한 노인을 발견한 왕은 가면을 벗으며 그에게 다가가 말을 건넸다.

"당신에게 도움을 청하고자 여기에 왔소."

지혜로운 사람은 왕을 오랫동안 바라보다가 입을 열었다.

"얼굴에 사마귀가 있군."

왕은 그 말을 듣고 화가 치밀었다. 그런 말을 듣고자 이 높은 산을 올라온 것이 아니었다.

"아니, 그런 건 없어!"

왕은 소리를 질렀다. 수치심을 느끼며 화가 머리끝까지 나서 다시 가면을 뒤집어썼다.

"아니. 얼굴에 사마귀가 있어."

지혜로운 사람은 부드러운 목소리로 다시 말했다.

"당신을 죽이라고 명하겠다!"

왕은 불같이 소리를 질렀다.

"그럼, 병사들을 부르시게."

"병사들을 데리고 오지 않았어!"

왕은 힘없이 비명을 질렀다.

"당신의 도움을 얻고자 이 산을 올라왔는데, 고작 한다는 소리가 내 얼굴에 사마귀가 있다는 말인가? 잔인한 사람이군!"

절망에 빠진 왕은 지혜로운 사람을 뒤로한 채 달리고 또 달렸다. 얼굴에 가면을 뒤집어쓴 채 앞을 잘 볼 수 없었기에, 나무에 부딪히고 돌뿌리에 걸려 넘어지기를 반복했다. 왕은 가파른 비탈길에서 미끄러져 결국 호수에 빠지고 말았다. 지혜로운 사람은 물에 빠져 허우적거리고 있는 왕을 물가로 끌어올렸다. 그리고 왕이 숨을 제대로 쉴 수 있도록 가면을 벗겨 주었다.

지혜로운 사람이 부드러운 표정을 지으며 왕의 눈을 한동안 바라보았다. 그 순간 왕은 두려움에 휩싸였다.

"날 비웃는군."

왕이 말했다.

"아니, 전혀!"

지혜로운 사람이 미소를 지으며 대답했다.

"마을 아이들은 나를 놀려 대며 비웃었고, 아버지는 나를 언제나 수치스러워하셨지."

왕은 땅에서 눈을 떼지 못한 채 말했다.

"나는 마을의 아이들이 아닐세."

지혜로운 사람이 계속 말했다.

"그리고 자네의 아버지도 아니지. 힘들었겠군."

"맞소. 힘들었소."

왕은 고개를 끄덕였다. 그의 눈에서는 눈물이 주르륵 흘러내렸다.

"자네도 볼 수 있듯이 나는 자네를 비웃지 않네. 그리고 수치스러워하지도 않지."

지혜로운 사람이 말했다. 어찌 된 일인지, 왕은 지혜로운 사람과 함께 있는 시간이 뭔가 다르다고 느꼈다. 왕은 호수에 비친 자신의 모습을 바라보았다.

"정말 사마귀가 많군."

"그렇군."

지혜로운 사람이 말했다.

"그런데 당신은 이것이 징그럽지 않소?"

"징그럽지 않네. 내 얼굴에 있는 사마귀도 더이상 징그럽지 않은 걸."

왕은 그제야 지혜로운 사람의 얼굴을 제대로 볼 수 있었다. 지혜로운 사람의 얼굴은 자신과 같은 사마귀로 뒤덮여 있었다.

"왜, 당신은 가면을 쓰고 다니지 않는 거요?"

"예전에는 나도 가면을 쓰고 다녔네만, 가면을 쓰니 앞이 잘 보이지 않더군. 외롭기도 하고…. 그래서 벗어 버렸지."

지혜로운 사람이 대답했다.

"당신의 얼굴을 보고 사람들이 비웃지 않았소?"

왕이 물었다.

"몇몇 사람들은 비웃더군. 그래서 자네처럼 화를 냈지. 하지만 내 얼굴을 보고도 비웃지 않는 사람들을 점차 만나게 되었다네. 그 만남들이 나를 행복하게 해 주더군."

왕은 자신의 얼굴을 보고 웃지 않거나 징그러워하지 않는 사람을 지금까지 만난 적이 없다. 그는 온몸으로 전율을 느꼈다.

"당신 앞에서는 이 가면을 쓰지 않겠소."

지혜로운 사람이 미소를 지었다.

"집에 갈 때 그 가면은 여기 두고 가게나."

"당신처럼 나를 보고 징그러워하지 않는 사람을 찾을 수 있을까요?"

왕이 묻자, 지혜로운 사람이 고개를 끄덕였다.

"물론일세. 자네도 그런 사람들을 만날 수 있을 걸세. 그리고 그 사람들과의 만남에서 얻은 행복이 있으니, 당신을 보고 비웃는 사람들 역시 더이상 신경 쓰지 않게 될 걸세."

왕은 가면을 가만히 내려놓은 후 얼굴을 들고 왕국으로 돌아갔다. 가면을 벗고 바라보는 자신의 왕국은 이전보다 훨씬 더 아름답게 빛났다. 그리고 그 길에서 자신의 사마귀를 보고도 전혀 개의치 않는 사람들을 만났다. 왕은 생전 처음으로 마음속 깊이 행복을 느꼈다.

진정한 사랑을 찾는 방법
: 진실을 말하기→온전히 보이기→있는 그대로 받아들여지기→사랑받기

사마귀 왕 이야기처럼 실수와 결점들을 있는 그대로 드러내면 사람들의 애정이 줄어든다는 것을 우리는 경험해 왔다. 특히 우리의 실수와 결점이 다른 사람들을 불편하게 하는 거라면 애정이 더욱더 줄어든다. 그래서 사람들이 우리를 비난할 수 없도록 결점을 숨겨 왔다. 하지만 결점을 숨기면, 사람들은 우리가 진정 누구인지를 알아볼 수 없게 된다. 사마귀 왕이 가면으로 얼굴을 숨기고 다닌 것처럼 얻고 보호하는 행동을 하면 가짜 행복은 순간적으로 느낄 수 있지만, 사실 더 외로움을 느끼는 것은 물론 누군가 진정한 사랑을 주더라도 그것을 느낄 수 없게 된다.

진정한 사랑은 언제나 기꺼이 주고받는 것임을 기억하라. 진정한 사랑이란 돌려받겠다는 의도 없이 당신의 행복에 관심을 기울이는 것이다. 이 사랑은 돈을 주고 사거나, 다른 물건과 교환하거나, 상대를 조종해서 얻어 내거나, 힘

으로는 절대 빼앗을 수 없다. 우리를 좋아하게 만들기 위해서 애정을 얻기 위한 행동 혹은 다른 사람에게 상처를 받지 않기 위해 자신을 보호하는 행동을 하게 되면, 간혹 누군가가 우리에게 진정한 사랑을 기꺼이 주더라도 그것을 느낄 수 없다. 설령 그 사랑을 느낀다고 해도 얻고 보호하는 행동을 했기 때문에 그것을 가짜 사랑으로 인지한다.

다음 상황을 상상해 보라. 창밖을 보니 누군가 사과 한 바구니를 들고 당신의 집으로 걸어오고 있다. 사과가 먹고 싶어진 당신이 밖으로 다급히 뛰쳐나가 그 사람에게 말한다.

"하루종일 아무것도 먹지 못했어요. 그런데도 음식을 주는 사람이 한 명도 없더군요."

첫 문장은 거짓말이고, 두 번째 문장은 피해자 행세를 하는 것이다. 그 사람이 입을 열어 말을 하려는 순간, 당신은 기다리지도 않고 그가 죄책감을 느끼도록 서둘러 따진다. "지난번 제가 당신에게 해주었던 일들을 기억하실 거예요."

그 사람은 당신에게 사과 바구니를 건네준다. 하지만 이 사과는 과수원에서 가장 맛있어 보이는 사과들을 한 개, 한 개 소중히 따서 당신에게 선물로 주기 위해 바구니에 담아 왔다는 사실을 당신은 결코 알 수 없을 것이다. 사과는 정말 달콤하겠지만, 사과를 얻기 위해 당신은 상대를 조종했으므로 그 특별한 사과를 통해 전하고자 했던 사랑은 느낄 수 없을 것이다.

진정한 사랑은 기꺼이 주고받을 때만 느낄 수 있다. 앞선 예시에서 진정한 사랑이 선물처럼 주어졌다. 하지만 당신이 있는 그대로 받지 않고, 거짓말과 피해자 행세 그리고 죄책감을 느끼도록 공격을 해서 그 대가로 사과를 얻어낸 것이나 다름이 없다. 그러니 사과를 선물로 느끼지 못하는 것은 당연한 일이다. 그러나 얻고 보호하는 아무런 행동을 하지 않고 사과를 받았다면 그 느낌은 완전히 달랐을 것이다. 상대방으로부터 조건 없는 관심을 느꼈을 것이다. 얻고 보호하는 행동으로 인해 진정한 사랑은 가짜 사랑으로 탈바꿈해 버렸다. 마치 가보를 엿 바꿔 먹는 것과 다름없다. 이런 일은 다른 사람들로부터 칭찬, 관심, 인정 혹은 섹스 등 원하는 것을 얻어 내기 위해 상대를 조종할 때마다 일어난다. 얻고 보호하는 행동을 해서 무언가를 받게 되면, 상대가 기꺼이 원해서 준 거라고 할지라도, 대가를 치르고 구매한 것처럼 느낌으로써 본연의 가치를 잃고 만다.

이처럼 진정한 사랑과 가짜 사랑을 구분하지 못할 때가 더 위험하다. 진정한 사랑과 가짜 사랑을 구분하지 못하면 가짜 사랑에 쉽게 만족하고, 삶을 가치 있고 풍족하게 해 주는 진정한 사랑을 찾는 길이 가기도 전에 막혀 버린다. 이 때문에라도 가짜 사랑은 정말로 위험한 것이다.

> 얻고 보호하는 행동을 할 때는 기꺼이 주어지는 사랑조차 느낄 수 없다.

그러므로 다른 사람들이 우리를 있는 그대로 볼 수 있는 기회를 만들기 위해서 얻고 보호하는 행동을 잠시 멈춰야 한다. 있는 그대로 우리를 보여 줄 때 비로소 진정으로 받아들여질 수 있고, 다른 사람들이 우리의 행복에 진정으로 관심을 갖고 있다는 것을 믿을 수 있다. 이것은 간단하지만, 진정한 사랑을 강력하게 경험할 수 있는 과정이기도 하다.

사마귀 왕이 지혜로운 사람에게 진실을 말하고 발견한 힘이 바로 이것이다. 얼굴에 뒤집어쓴 가면을 벗어 던지고 자신의 진실, 특히 실수와 결점을 말할 때 조건 없이 받아들여지고 또 사랑받고 있다는 것을 느낄 수 있다. 아주 짧은 시간이라고 할지라도 진정한 사랑의 기적 같은 힘은 우리의 삶을 압도하던 공허함과 두려움을 사라지게 한다. 그렇게 되면 자기 파괴적인 얻고 보호하는 행동은 그 필요성을 잃고 사라진다. 즉, 진짜를 한번 맛보게 되면 우리를 혼란스럽게 유혹하던 가짜 사랑은 힘을 잃게 되는 것이다. 마침내 우리에게 있는 사랑을 다른 사람들과 나누고, 사랑이 넘치는 관계를 맺을 수 있게 된다.

지혜로운 사람이란 사마귀 왕이 산에서 함께 대화를 나누었던 노인처럼 우리를 위해 그 같은 일을 할 수 있는 사람이다. 지혜로운 사람들은 이미 충분한 사랑을 받고 있기에 우리의 진실을 온전히 보고, 받아들이고, 사랑할 수 있는 능력을 갖추고 있다. 이후에 지혜로운 사람들을 찾는 방법에 대해 다룰 것이므로, 이 명칭을 자주 사용할 것이다. 결국에는 우리 모두 사랑을 충분히 줄 수 있는 사람이 되어 서로에게 지혜로운 사람이 되는 길을 가야 한다.

진정한 사랑에 익숙해지는 방법은 아주 간단하다. 진정한 사랑이 어떤 느낌인지 알 수 있도록 지속적으로 경험하는 것이다.

진정한 사랑이 무엇인지를 느끼게 되면 가짜 사랑에 속아 넘어가지 않을 것이다. 하지만 진정한 사랑과 익숙해지기 위해서는 먼저, 자신에 대한 진실을 기꺼이 말해야 한다. 다행히 우리는 진정한 사랑에 익숙해지기 전에 진짜 사랑과 가짜 사랑을 구별할 수 있는 두 가지 특징이 있다. 그 특징은 다음과 같다.

1. 진정한 사랑에는 얻고 보호하는 행동이 없다. 만약, 당신이 얻고 보호하는 행동을 하고 있다면 진정한 사랑을 느낄 수 없는 상태다. 이때 상대의 행복에 관심을 갖는 것도 불가능하다. 상대방이 얻고 보호하는 행

동을 하고 있다면, 그 사람은 당신이 아닌 자신의 욕구에만 관심이 있다는 것을 증명하는 것이다.
2. 진정한 사랑에는 실망하기, 화내기, 두려움이 없다. 제1장에서 다루었듯이 실망과 화는 자신의 행복에 집중하고 있다는 것을 나타낸다. 공허함과 두려움을 느끼는 순간에는 자신의 걱정만 할 뿐이다. 우리는 이런 감정을 느낄 때 진정한 사랑을 누구에게도 줄 수 없다.

진정한 사랑의 특성을 더 알게 되고, 자신에 대한 진실을 계속해서 말하고, 조건 없이 받아들여지는 경험을 하면 할수록 진정한 사랑을 인식하고 찾는 것이 점점 쉽게 느껴질 것이다.

관계 안에서 우리의 선택에 대한 진실

진정한 사랑을 알아차리고 찾아내는 방법을 배워야 하는 이유는 추상적이거나 이론적이지 않다. 진정한 사랑만이 매일같이 만나는 주변 사람들과의 관계가 충만해지도록 우리의 삶에 변화를 주기 때문이다.

우리는 학교에서 국어, 수학, 역사, 과학 등을 배운다. 하지만 피타고라스의 정리를 설명해 달라든가, 크랩스의 구연산 회로의 단계를 도표화하고 또 유럽의 역사에서 트리엔트 공의회가 시사하는 바를 설명하라는 등의 질문은 살면서 받아 본 적도 없다. 우리는 사용하지도 않는 과목들을 공부하기 위해 많은 시간을 보냈다. 하지만 매일 겪게 되는 관계에 대해서는 아무것도 배우지 못했다.

모든 관계의 가장 근본적인 원리는 바로 '선택의 법칙'이다. 모든 사람이 자신의 행동과 말을 선택할 권리가 있다. 인간에게 있어 스스로 선택을 할 수 있는 권리보다 더 중요한 것은 없다. 이 권리가 없다면 우리의 삶이 어떨지 상상해 보라. 우리는 개개인으로 존재할 수도 없을 뿐만 아니라 다른 사람의 선택에 휘둘리는 도구에 불과할 것이다. 따라서 관계는 사람들의 독립적인 선택이 만들어 내는 자연스러운 결과다.

수많은 붓질의 결과로 만들어지는 미술 작품처럼, 전 생애에 걸친 모든 선택의 결과에 따라 우리가 지금 누구인가가 결정된다. 모든 선택은 어떤 감정 상태를 남긴다. 즉, 어떤 선택에 따라 외롭거나 사랑받는다고 느끼며, 화가 나거나 행복함을 느끼고, 약한 사람이라고 느끼거나 강한 사람이라는 느낌을 받았을 것이다. 갓난아이였을 때는 다른 이가 붓질을 해댔을지 모르지만, 시간이 흐를수록 그 붓은 우리 손에 쥐어지며 매 순간 스스로 선택을 하고 있다. 그 선택들이 우리의 개성, 스타일, 욕구, 두려움, 얻고 보호하는 행동 등을 포함한 다양하고 독특한 색의 '나'라는 작품을 창조했다.

> ✏️ **선택의 법칙**: 모든 사람이 자신의 행동과 말을 선택할 권리가 있다. 관계는 사람들의 독립적인 선택이 만들어 내는 자연스러운 결과다.

물감을 섞어 색을 만들 때 파란색과 노란색을 섞으면 초록색이 된다. 원하든 원하지 않든, 파란색과 노란색을 섞으면 매번 초록색이 나올 것이다. 이와 같이 생애에 걸쳐 만들어진 개개인의 색이 섞이면서 나타나는 자연적인 결과가 바로 관계다. 그 결과와 우리의 희망은 아무런 상관이 없다. 당신과의 관계가 주황색이면 좋겠다고 생각할지라도 그 결과는 변함없이 초록색이 될 것이다.

두 색을 섞었을 때의 결과가 희망이나 기대와는 완전히 관계없는 것처럼 관계의 결말은 보통 원하던 것이 아닐 경우가 더 많다. 관계는 이미 선택했던 것들의 결과일 뿐이다. 만약, 두 사람이 조건 없는 사랑을 주고받겠다는 선택을 평생에 걸쳐 해 왔다면, 서로 사랑이 넘치는 관계를 유지할 수 있을 것이다. 하지만 이들이 조건 없는 사랑을 주고받는 대신 가짜 사랑을 받고 또 자신을 보호하는 선택을 해 왔다면, 이들의 관계에 진정한 사랑이 있을 수 없다. 하지만 당신은 지금부터라도 진정한 사랑을 찾는 법을 배운 후 관계에 적용할 수 있다.

관계에서는 '상대를 바꾸기, 그 상태를 좋아하면서 살기, 그 상태를 싫어하면서 살기, 관계를 떠나기'라는 4가지 기본적인 선택지가 항상 존재한다.

조안과 테일러의 상황을 통해 조안의 선택지를 볼 수 있다.

조안은 남편인 테일러가 방을 더럽히고도 청소를 하지 않는 것에 화가 났다. 아무리 잔소리를 하며 매달려도 테일러는 청소를 절대로 하지 않았다. 견딜 수 없을 정도로 방이 더러워지자, 조안은 지혜로운 친구에게 이 상황을 이야기했다.

다음 내용을 읽기 전에 기억해 둘 것은 제3장을 시작하면서 지혜로운 사람에 대해 미리 언급했다는 사실이다. 다시 설명하자면, 지혜로운 사람이란 주어진 순간에 충분한 사랑을 경험하고, 우리를 있는 그대로 받아들이며 사랑할 수 있는 사람이다. 우리 주위에 있는 지혜로운 사람들을 어떻게 찾을 수 있는지는 다음 장에서 다룰 것이다.

"난 돼지우리에서 살아."

조안이 불평했다.

"남편이 쓰레기를 온 바닥에 던지는데, 따라다니면서 청소를 해야 해. 몇 번을 말해도 소용이 없어. 내 말을 귓등으로도 안 들어."

그러자 지혜로운 친구가 대답했다.

"그래서 테일러가 깔끔하기를 바라고, 더 배려해 줬으면 하는구나. 그렇지?"

조안이 고개를 끄덕이자, 친구는 이어서 말했다.

"그럼, 너희 둘의 관계는 끝났다고 봐야 해. 관계는 각자 내린 독립적인 선택의 결과야. 테일러는 돼지우리에서 사는 것을 선택했고, 그럴 권리도 있지. 네가 아무리 불편해할지라도 말이야. 널 만나기 전부터 테일러는 대부분을 그렇게 살아왔어. 그리고 넌 아무것도 할 수 없는 피해자가 아니야. 너도 여전히 선택할 수 있지."

조안은 호기심이 가득한 눈으로 그 선택들이 무엇인지를 물었다.

"내가 볼 때, 너한텐 3가지 선택지가 있어. 돼지우리에 살면서 좋아할 건지, 돼지우리에 살면서 싫어할지, 그곳을 떠날 건지…."

"하지만…."

조안이 항의하려고 했다.

"여기에 '하지만'은 없어."

지혜로운 친구가 말을 잘랐다.

"테일러가 돼지우리를 만들지 않게 멈추는 네 번째 선택지를 원하겠지만, 그건 네가 선택할 수 있는 게 아니야. 그렇게 되면 테일러가 선택할 수 있는 권리를 침해하게 되는 거지. 너의 선택지가 아무리 선하고, 남편이 아무리 좋지 않은 선택을 하더라도 네가 원하는 방식으로 다른 사람을 행동하게 할 수는 없어."

우리는 상대가 만족스럽지 않을 때 조안처럼 상대를 바꾸려고 한다. 색깔

놀이와 마찬가지로, 관계는 우리가 원하는 결과가 아닌 각자 선택했던 결과에 의해 만들어진다.

최악의 선택은 아무것도 선택하지 않는 것이다

누군가를 만나 관계를 맺을 때 상대의 특정한 부분들을 좋아하는데, 그 부분들이 없었다면 애초에 관계를 시작하지도 않았을 것이다. 마음에 들지 않는 부분도 있지만, 마치 가구를 재배치하는 것처럼 그 부분들도 바꿀 수 있을 것이라고 착각한다. 하지만 그것은 진정한 사랑이 아니다. 상대를 바꾸려고 애쓰는 것은 상대를 향한 조종이며, 통제고, 거만이다. 이것은 우리의 근본적인 관심사가 상대가 아닌 자신의 행복이라는 것을 증명한다. 그리고 상대의 태도와 행동은 일생의 경험이 만들어 낸 것이기 때문에 이를 바꾸는 것은 거의 불가능하다.

다만, 엄청난 노력과 고집으로 상대의 몇몇 부분은 바꿀 수 있을지도 모른다. 어떤 사람들은 피해자 행세하기와 공격하기를 효과적으로 사용해 상대의 행동을 바꾸기도 한다. 하지만 그렇게 얻은 것들은 사실 의미가 없다. 그렇게 애써 얻은 것이 무엇이든, 상대를 조종해서 얻어 낸 결과로는 진정한 사랑을 느낄 수 없으므로 가치가 없다.

조안이 잔소리와 비난을 퍼붓자, 그것을 견딜 수 없었던 테일러는 청소를 했다. 당시 조안은 자신이 원하던 결과를 얻었다고 생각했지만, 거기에는 대가가 따라왔다. 기꺼운 마음으로 청소를 한 것이 아니었기 때문에 테일러는 그녀를 원망했고, 그 순간 조안은 사랑을 결코 느낄 수 없었다. 만약, 테일러가 자신이 어질러 놓은 것을 기꺼이 청소했다고 하더라도, 조안이 얻는 행동을 통해 그를 조종했기 때문에 테일러의 진정한 사랑을 느끼는 것은 불가능하다.

조안은 남편을 조종했기에, 그녀가 느끼는 외로운 느낌은 더욱 악화되었다. 상대를 조종하면, 상대의 독립적인 선택과 '진실된 색깔'을 빼앗는 것이므로 있는 그대로의 테일러라는 사람과 관계를 맺는 것이 아니다. 조안에게 테일러는 자신의 의지를 확장시킨 존재, 그 이상도 이하도 아닌 것이 된다. 이처럼 우리가 다른 사람을 조종할 때마다 상대는 신발이나 자동차 같은 도구와 다름이 없다. 우리는 신발이나 자동차와 많은 시간을 같이 보내지만, 도구와 관계를 맺을 수는 없기 때문에 함께 있어도 여전히 혼자 남게 된다.

상대를 통제하고 나서 결국 남게 되는 것은 최악의 결과뿐이다. 그 결과는 삶에서 최고의 기쁨인 사랑하는 법을 배울 수 없다는 것이다. 다시 말해, 이 기적인 마음으로 사람들을 조종할 때 우리는 결코 행복할 수 없다.

통제하기의 동생 "기대하기"

"당신은 사람들을 통제하고 있다."라고 말하면 사람들 중 대부분이 자신은 아니라고 부정할 것이다. 조안처럼 남편에게 잔소리를 직접적으로 하지 않더라도 많은 사람이 상대방에게 큰 기대를 한다. 기대한다는 것 자체가 조종하고 통제하는 것만큼이나 관계에 치명적인 해를 끼친다.

조건 없는 사랑을 느끼지 않을 때 우리는 공허함과 고통을 경험한다. 그리고 누군가가 우리를 도와주기 위해 어떤 행동을 할 것이라고 기대하며 의지한다. 가끔은 자신이 상대에게 무언가를 해주었기 때문에 상대로부터 시간,

관심 같은 어떤 것을 되돌려 받는 것이 합당하다고 생각한다. 즉, 대가를 지불했기 때문에 상대에게 무언가 기대할 권리가 있다고 생각한다.

슬프게도, 이러한 사고방식은 대부분의 관계에서 다음과 같은 결과를 야기한다. "내가 원하는 것을 주면, 나도 당신이 원하는 것을 줄게." 이것은 가짜 사랑을 거래하는 관계다. 서로 일시적으로는 만족할 수 있을지 모르지만, 조건 없는 사랑이 없이 거래를 기반으로 한 관계는 진정으로 충만할 수 없다.

예를 들어, 당신은 섹스를 기대하며 꽃다발을 들고 집에 와서는 배우자에게 사랑한다고 말한다. 당신은 상대에게 칭찬과 힘을 주고, 자신을 위한 쾌락과 힘을 돌려받는 교환을 한다. 연애 초기에는 이러한 교환관계가 행복감을 줄 수 있지만, 머지않아 서로 충족되지 않은 기대가 갈등을 일으키게 된다. 배우자에게 친절을 베풀면서 칭찬과 감사를 기대한다면 관계에서 긴장감을 초래할 뿐이다. 원하는 것을 얻기 위해 잔소리하는 대신, 상대에게 무엇을 기대하고 있는지 자신에게 물어보라. 상대가 나에게 감사를 표현하는 것, 외모를 칭찬하는 것, 집안일을 하는 것, 아플 때 돌봐 주는 것, 마음을 읽고 공감해 주는 것, 부모에게 친절하게 대하는 것, 아이들 훈육을 함께하는 것, 경제적인 부분을 관리해 주는 것…. 만약, 당신이 이와 비슷한 기대를 하고 있다면, 상대는 그에 대한 압박을 이미 느끼고 있을 것이다.

직접적으로 조종하는 것을 잘 피해 왔을지 모르지만, 상대에게 여전히 기대를 하고 있다면, 그것은 부담이 되어 상대를 깔아뭉개고 관계를 파괴할 수 있다. 우리가 원한다거나, 상대를 위해 무언가를 해주었다고 해서 기대하는 것을 정당화할 수는 없다.

선택의 법칙 다음으로 기대의 법칙이 따라온다. '다른 사람들이 우리를 위해 무언가를 해줄 것이라는 기대를 할 권리가 우리에게는 없다.'라는 것이 기대의 법칙이다. 만약, 우리가 서로에게 각 개인이 선택할 권리를 진정으로 인정한다면, 상대방이 무언가를 해줄 것이라고 기대할 수가 없다. 단지, 내 편의를 위해 상대가 바뀌기를 기대한다면 그 얼마나 거만한가? 물론 당신은 자신의 편의를 위해 상대를 바꾸려고 한다는 생각을 하지 않을 것이다. 하지만 누군가에게 화를 내거나 실망할 때 나도 모르게 이런 행동을 한다. 화와 실망은 당신의 기대치를 채우지 못했다는 것을 표현하는 것이다. 우리는 이런 기대를 항상 한다. 자신의 삶을 더 편리하게 만들기 위해 배우자, 자녀, 직장 상사, 동료, 심지어 길에서 만나는 다른 운전자에게도 그들이 행동을 바꾸기를 기대한다.

기대는 이기적이며, 사랑이 없다. 그렇기 때문에 우리가 제1장에서 정의한 대로 "잘못"된 것이다.

사실, 다른 사람들이 변하기를 기대할 때마다 상대가 우리에게 사랑과 관심을 주고, 행복하게 만들어 주기를 요구하는 것이나 마찬가지다. 하지만 우리가 진정한 사랑을 할 때 상대에게 요구하지 않고, 오직 기꺼이 주고받을 뿐이다. 그리고 사과를 가지고 찾아온 친구의 이야기처럼, 어떤 사랑이라도 우리가 요구하게 되면 그것이 진정한 사랑이라고 할지라도 결코 진짜처럼 느낄 수 없다.

기대는 우리의 행복을 아주 심각하게 훼손한다.

> ✨ **기대의 법칙**: 다른 사람들이 우리를 위해 무언가를 해줄 것이라는 기대를 할 권리가 우리에게는 없다. 기대는 실망과 화, 불행으로 우리를 이끈다.

그러나 기대의 법칙에도 예외가 있다. 바로 약속을 지킬 것을 기대하는 것이다. 약속은 특정 행동을 하겠다고 상대가 동의했을 때를 말한다. 기대하는 것은 사랑의 관계에서 파괴적이다. 하지만 약속을 했을 때는 기대가 약속의 일부가 된다. 만약, 내가 아내에게 방과 후에 딸을 차에 태워 돌아오겠다고 약속한다면, 아내는 내가 그 약속을 지킬 것이라는 기대를 할 권리가 있다. 이렇게 기대의 법칙에 대한 예외를 바로 말하는 것이 이상하게 들릴 수도 있다. 그럼에도 불구하고 약속을 언급하는 것은 관계에서 기대가 정말 끔찍한 해를 끼친다는 것을 강조하고자 함이다. 우리가 상대에게 기대를 하게 될 때, 필연적인 실망과 화를 내겠다고 미리 계획을 하는 것이나 다름없다. 이는 사랑이 넘치는 관계를 불가능하게 한다. 그렇기에 관계에서 기대하는 것을 피해야 하며, 서로 약속에 대한 기대만이 정당화될 수 있다.

관계에서 우리가 상대에게 하고 있는 기대에는 어떤 것이 있을까? 많은 것을 기대하지만, 누군가 우리를 사랑하거나 행복하게 해줄 것이라고 기대할 권리는 없다. 부부 관계에서 문제가 생기면 종종 "우리가 결혼할 때 신과 사람들 앞에서 사랑을 약속했는데, 서로 소중히 여기고 존중하기로 했는데 당신은 약속을 지키지 않았어."라고 말한다. 상대가 그 약속을 한 것이 사실일지라도 그 약속이 지켜지기를 기대하는 순간, 조건 없이 받아들일 수 있는 가능성을 파괴한다. 조건 없이 받아들이는 것은 오직 기꺼이 주고받을 때만 가능하기 때문이다. 사랑을 기대할 때, 우리가 받는 것이 무엇이든 이는 마치 주문을 하고 대가를 지불한 후 구매한 것처럼 느끼게 될 뿐이다.

이쯤에서 사람들은, 그렇다면 결혼을 왜 해야 하는지 궁금할 것이다. 배우자로부터 사랑을 기대할 수 없다면, 결혼 서약의 목적은 무엇인가? 많은 사람이 결혼을 선택하는 이유는, 상대가 자신을 평생 사랑해 줄 것이라는 기대를 할 수 있기 때문이다. 하지만 기대하는 것이 비생산적인 것이라면 결혼은 좋은 생각이 아닌 듯하다. 그러므로 결혼을 바라볼 때, 서로 기대치를 채우려는 의무감으로 여기지 않아야 한다. 다른 사람을 사랑하는 방법을 배우는 기회로 결혼을 바라볼 때, 결혼은 상상할 수 있는 것 중 가장 아름다운 경험이 된다. 다음 장에서 좀 더 설명한 후, 제8장에서 결혼의 목적을 다룰 것이다.

사랑이 넘치고 행복한 관계 속에서는, 어떤 약속이든 배우자가 이를 지킬 것이라는 기대를 할 수 있다. 쓰레기 분리수거하기, 경제적으로 가족을 지원하기, 집에서 아이들 돌보기, 부엌 청소하기, 쇼핑하기…. 그러나 이런 약속들도 서로 간에 명확한 이해가 있어야 한다. 당신이 상대의 일이라고 생각한다고 해서 상대방이 그 일을 무조건 해낼 것을 기대할 수는 없다. 조안과 테일러 커플의 경우를 이야기해 보면, 결혼 전에 테일러가 자신의 방을 청소하겠다는 약속을 한 적도 없기 때문에 조안은 그가 청소할 것이라는 기대를 할 권리가 없다. 조안은 남편이 자신에 대한 사랑의 표현으로 청소할 것을 기대했지만, 그녀에게는 그럴 권리가 없다. 조안이 자신의 삶에서 진정한 사랑을 충분히 경험하지 못했다는 것이 가장 심각한 문제다. 모든 관계에서 불행이 시작되는 이유는 조건 없는 사랑이 없기 때문이다. 즉, 통제하기와 기대하기는 조건 없는 사랑이 부족할 때 나타나는 증상일 뿐이다.

그렇다면 상대가 약속을 지키지 않을 때 무엇을 할 수 있을까? 테일러가 청소하겠다고 약속했고, 그 약속을 지키는 데 실패했다면 조안이 테일러에게 화내는 것이 정당할까? 아니다. 우리의 궁극적인 목적은 사랑을 주고받으며 행복해지는 데 있다. 이를 방해하는 것은 무엇이든 잘못된 것이다. 화를 내는 것은 어떤 이유에서든 틀렸다. 다른 사람에게 사랑을 주는 능력뿐만 아니라 받는 데도 파괴적인 영향을 주기 때문이다. 따라서 배우자가 무슨 일을 했든 간에 화를 내는 것은 정당화할 수 없다. 화는 항상 잘못되었다.

약속이 깨졌을 때 효율적으로 반응하는 방법은 무엇이 있을까? 에릭과 한나 부부를 보면 그 방법을 알 수 있다.

한나의 남동생이 중고차를 사게 되었는데, 엔진을 정비하기 위해 차고가 필요했다. 남동생의 이야기를 들은 한나는 자신의 집에 있는 차고를 사용해도 된다고 말했다.

다음 날, 한나는 에릭에게 3주 뒤에 동생이 차고를 써도 되는지를 물었다. 에릭이 이에 동의했고, 차고에 모아 두었던 잡동사니들을 청소하겠다고 했다. 한나는 남편이 차고를 청소하는 데 일주일 정도 시간이 걸릴 것이라고 생각했다. 그래서 남동생이 차를 가지고 오기 일주일 전에 에릭에게 물었다.

"동생이 다음 주에 차를 가지고 올 거라고 했던 것 기억해?"

여기서 중요한 것은 한나가 이 말을 어떻게 그리고 왜 했느냐는 것이다. 한나는 사랑이 넘치는 관계에서 상대와 대화할 때 꼭 기억해야 하는 사실을 알았다. 행복은 상대를 사랑하고 진실을 말하는 것으로부터 온다. 진정한 사랑과 진실은 절대 분리될 수 없다. 한나는 과거처럼 '아무렴, 남편이 약속을 지킬 리가 없지.'라고 생각하며 에릭을 공격하지 않았다. 한나는 막바지에 처리해야 할 일로 인해 에릭이 골치를 썩지 않도록 진심으로 도와주려고 했던 것이다. 그리고 에릭은 그런 한나의 진심을 느낄 수 있었다.

하지만 에릭은 차고를 정리하는 것을 매우 싫어한 터라 몇 년 동안 미루고 있었다. 그리고 약속한 날까지도 청소를 끝내지 않았다. 한나는 약속 전날 에릭에게 다시 말했다.

"내일 동생이 차를 가지고 올 거야. 엔진을 정비하는 동안 비를 맞으면 안 된데. 내가 당신을 위해서 뭘 도울 수 있을까?"

한나는 남편을 사랑했기에 상황에 대한 진실을 온전히 말했다. 이것이 에릭에게 필요한 전부였다. 그는 자신이 실수했다는 것을 알고, 청소를 즉시 시작했다. 청소를 마치기 위해 회사에 휴가를 내고, 친구에게 방수 천막을 빌려 차고 앞에 설치했다. 한나는 분명 에릭을 공격하고, 잔소리를 하면서 화를 낼 수 있었지만 그게 무슨 소용이겠는가? 그랬다면 에릭은 한나가 무슨 말을 하는지도 이해할 수 없었을 것이고, 상황을 효율적으로 판단하고 행동할 수도 없었을 것이다.

우리는 공격받았다고 느낄 때보다 사랑받았다고 느낄 때 더 잘 이해하고 행동한다. 한나가 화를 냈다면 그들의 관계에 심한 상처를 남겼을 것이다. 화를 내며 잔소리하는 아내와 함께 있는 것 자체를 남편이 싫어하게 된다면, 차고를 정리하는 것이 그렇게 가치 있는 결과는 아닐 것이다. 그러므로 약속을 지키는 것보다 사랑의 관계가 훨씬 더 중요하다는 것을 항상 기억해야 한다.

나머지 세 가지 선택은?

관계를 변화시키는 데 네 가지 선택지가 있다고 앞서 설명했다. 그리고 그중 가장 최악의 선택이 '상대를 바꾼다.'라는 것임을 이제 분명히 이해했을 것이다. 상대를 바꿈으로써 얻을 것이 없다. 사실, '상대를 바꾼다.'라는 것은 '아무것도 선택하지 않는 것'만큼 좋지 않은 선택이다.

그러면 이제 세 가지의 선택지가 남았다.

〈행복한 선택: 그 상태를 좋아하면서 살기〉

어지르는 습관은 테일러라는 미술작품 속에 자신만의 개성을 나타낼 수 있도록 칠해진 수천 개의 붓질 중 하나다. 작품의 전체적인 아름다움을 받아들이고 즐기는 대신, 조안은 자신을 불편하게 만드는 하나의 붓질에 완전히 몰두하며 날카롭게 반응하는 것을 선택했다. 우리 대부분이 상대에게 이렇게 행동한다. 사람들은 모든 관계에서 진정한 사랑을 받을 수 있기를 원한다. 하지만 누구도 사랑을 충분히 받아 본 적이 없으므로, 어떻게 하면 진정한 사랑으로 행복을 추구할 수 있는지를 알지 못한다. 그래서 상대를 바꾸려 애쓰는데, 그 이유는 가짜 사랑의 전유물인 공허함과 두려움을 해소할 수 있는 유일한 방법이 얻고 보호하는 행동이라고 배워 왔기 때문이다. 우리가 사랑을 얻기 위해 유일하게 아는 방법이 그것뿐이다. 하지만 조건 없는 사랑을 느끼기 시작하고, 공허함과 두려움으로 인해 가려졌던 눈을 뜨면 모든 인류가 아름답게 보인다. 뿐만 아니라 있는 그대로 받아들이는 것이 숨 쉬듯 쉬울 것이다. 지금 당장은 마법 같은 일처럼 느끼겠지만, 그런 일이 당신에게도 분명 일어날 것이다.

다음 장에서는 자신을 위해 진정한 사랑을 찾는 방법을 배우고, 감정적인 굶주림을 없애는 방법과 상대로부터 당신이 발견한 것을 나누는 새로운 방법을 제안할 것이다.

〈화를 내는 선택: 그 상태를 싫어하면서 살기〉

많은 사람이 파트너를 변화시키기 위해 애를 써 왔을 것이다. 하지만 결국 좌절을 맛보고 애쓰는 것을 멈추게 된다. 관계를 끊어 버리지는 않았지만, 상대가 변하기를 바라는 마음이 사라진 것도 아니다. 싫어하는 부분이 보일 때마다 원망하면서도 불행만이 남아 있는 관계를 유지하기로 선택한다. 끔찍한 삶을 살겠다고 선택하는 것이다.

어리석은 선택이라는 것을 알면서도 많은 사람이 화를 내는 선택을 한다.

중요한 것은 화를 내는 것이 우리의 선택이지, 다른 사람이 우리를 화내도록 '만들지' 않는다는 것이다. 이것을 이해하게 되면 다른 선택을 할 수 있게 된다. 우리는 신발이나 자동차처럼 생명이 없는 도구가 아니다. 우리는 사건에 어떻게 반응할 것인지를 결정할 수 있는 능력이 있다. 하지만 조건 없는 사랑이 없을 때는 화를 내는 것 이외에 다른 것은 할 수 없다. 다른 선택이 존재하더라도 사랑하는 것을 선택하지도 못하고, 그것이 존재하는지조차 알 수도 없다. 따라서 진정한 사랑을 경험할수록 화를 내는 것 대신 사랑하는 것을 선택할 수 있다. 또한 화를 내는 것이 우리의 선택이며, 다른 사람이 우리가 화를 내도록 만들지 않는다는 것도 깨닫게 될 것이다.

〈마지막 선택: 관계를 떠나기〉

감정적으로든 육체적으로든, 우리는 관계를 언제든 떠날 수 있다. 여기에는 두 가지 방법이 있다. 상대방을 탓하거나 혹은 탓하지 않는 것이다.

보통 우리가 관계를 떠날 때는 자신의 불행을 상대의 탓으로 돌리며, 할 수 있는 모든 얻고 보호하는 행동을 한다. 관계로부터 도망치고 있다는 것이 분명하지만, 그것을 상대의 탓을 돌리는 거짓말을 한다. 모든 잘못이 상대에게 있다고 말하면서 자신도 정말 그렇게 믿는다. 사실, 불행의 진짜 원인은 삶에서 진정한 사랑을 오랫동안 받지 못했고, 상대를 있는 그대로 받아들이며 사랑할 수 없었기 때문이다. 얻고 보호하는 행동 중 '공격하기'를 하며 상대를 비난하고, '피해자 행세하기'를 하며 "당신이 나에게 한 짓을 봐!"와 같은 말을 한다.

때로는 관계를 떠나는 것이 최선의 선택일 때가 있다. 우리가 자신의 진실을 말하고 또 사랑받는 법을 배우는 동안에도 특정 누군가에게 얻고 보호하는 행동을 습관적으로 하기 때문에 혼란스럽고 또 위협적으로 느낄 수 있다. 그런 경우에는 그 사람과 시간을 함께 보내지 않는 것이 현명하지만, 이조차도 우리 자신의 문제라는 것을 인정해야 한다. 그 특정 인물과 사랑이 넘치는 관계를 유지하기에는 나 자신이 충분한 사랑을 경험하지 못한 탓이다.

제9장에서는 관계를 떠나는 것에 대해 더 많이 다룰 것이다. 관계를 떠나는 것은 결코 가볍게 내릴 결정이 아니다.

> 관계에서는 오직 세 가지의 선택이 있다.
> ① 그 상태를 좋아하면서 살기
> ② 그 상태를 싫어하면서 살기
> ③ 관계를 떠나기

요청과 줄곧 기대만 하는 것의 차이

조안과 테일러의 이야기와 관계에서 할 수 있는 선택들이 있다는 사실을 읽어도 여전히 혼란스러울 수 있다. '그러면… 테일러도 이기적이잖아? 아내에게 신경 써야 하는 거 아니야? 자기가 어지른 방인데, 청소 정도는 해야 했던 거 아냐? 왜, 조안에 대해서만 이야기하는 거지?'

이 질문들이 합리적으로 보이지만, 사실 생산적이지 않다. 이 질문들의 동기는 상대를 사랑하고자 하는 것보다 평등한 관계, 자신에 대한 합리화와 비난을 위한 것이기 때문이다. 조안의 지혜로운 친구는 테일러를 바꾸려는 노력이 헛된 수고라는 것을 알았기 때문에 조안의 선택과 행동만을 중점적으로 다루었다. 만약, 이것이 테일러와의 대화였다면 그의 행동과 선택만을 중점적으로 다루고, 조안에 대해서는 다루지 않았을 것이다.

기억하라. 우리는 다른 사람을 대신해서 선택을 할 권리가 없다. 따라서 우리는 스스로 사랑을 느끼고 줄 수 있는 사람이 되기 위한 단계들을 밟는 데 집중할 필요가 있다. 하지만 몇몇은 여전히 이렇게 생각할 것이다. '적어도 조안은 어질러진 방을 치우라고 테일러에게 요청할 권리가 있잖아. 왜, 조안에게 남겨진 선택이 그 상태를 좋아하면서 살거나 관계를 떠나기뿐이라는 거지?'(여기서 테일러를 바꾸기, 그 상태를 싫어하면서 살기라는 두 가지 선택은 언급하지 않았다. 그것은 테일러를 바꾸는 것은 이미 불가능하며, 그렇게 살면서 싫어하는 것은 바보 같은 짓이라는 것을 언급했기 때문이다.)

이 질문들은 중요하다. 대부분 함께 살고 있는 상대가 자신이 맡은 역할을 다하고 있지는 않을 것이다. 그 상태를 좋아하면서 살거나 관계를 떠나는 두 가지가 유일한 선택지라고 생각하면 극단적으로 보일 수 있다. 하지만 그 상태를 좋아하면서 함께 살아가는 동안 할 수 있는 일들이 많다는 것을 알게 되면 상황은 다를 것이다. 우리는 진정한 사랑으로 자신을 채우고, 사랑을 담아 요청하는 것을 순차적으로 배울 수 있다.

조안에게는 어질러진 방을 정리해 달라며 테일러에게 요청할 권리가 있다. 하지만 그 요청 속에 조건 없는 사랑이 없다고 느낀다면, 상대는 그 요청을 공격으로 받아들일 게 분명하다. 테일러는 조안의 잔소리에서 벗어나기 위해 가끔 청소를 해 버리거나 고집스럽게도 그녀를 무시할 수 있지만, 어느 쪽이든 결과적으로는 관계를 악화시킬 뿐이다. 진정한 사랑을 찾고 또 조건 없는 사랑을 주는 방법을 배우고 나면, 상대에게 조건 없는 사랑으로 아무런 기대 없이 가볍게 요청할 수 있게 될 것이다. 그 결과는 즐거우며 생산적일 것이다.

특히 요청하는 것은 중요하다. 사람들에게 요청할 수 없다면 무슨 일을 끝마칠 수 있겠는가? 먼저, 진정한 사랑을 찾아 다른 사람과 나누는 방법에 대해 더 많은 대화를 나눈 후 제7장에서 사랑으로 요청하는 방법을 다룰 것이다. 상대에게 요청하기 전에 사랑을 주는 것에 익숙해질 필요가 있다. 그렇지 않으면 우리의 요청에는 기대가 항상 동반될 것이며, 기대가 동반된 요청은 관계를 파괴할 수 있다. 어떤 관계든, 상대에게 요청이나 약속을 지키도록 강요하는 것보다 진정한 사랑을 주고받는 것이 훨씬 더 중요하다는 사실을 명심해야 한다.

제6장에서 테일러가 절대로 청소하지 않을 때 조안이 무엇을 할 수 있을지를 다룰 것이다.

지혜로운 사람이 왕에게 했던 것처럼
자신의 진실을 말해야만
당신을 조건 없이 받아 줄 사람을
만날 기회를 잡을 수 있다.

제 4 장

믿음의 도약
Taking the Leap of Faith

제4장

믿음의 도약

지혜로운 사람을 만나는 방법

진정한 사랑이 없이는 다른 어떤 것도 중요하지 않다. 진정한 사랑이 없이는 어떤 것도 충분하지 않다. 사랑을 느끼며, 다른 사람을 사랑하는 기쁨과 비교할 수 있는 것은 세상 어디에도 존재하지 않는다. 다행히, 우리가 간단한 단계들을 지속해서 밟아 나간다면 우리에게 필요한 조건 없는 사랑을 찾는 것은 그리 어렵지 않다.

그 단계들은 다음과 같다.
- 변화하려는 의지 가지기
- 믿음을 행동으로 실천하기
- 자신에 대한 진실을 말하기
- 얻고 보호하는 행동을 포기하기

이 단계들을 다루기에 앞서, 언급한 순서를 그대로 밟을 필요는 없다. 이것들은 마치 춤을 추는 것처럼 서로 떼려야 뗄 수 없고, 연속적이며 아름답게 연결된다. 당신의 삶에 있어 진정한 사랑을 찾는 과정에서 특정 단계를 더 많이 사용할 수는 있겠지만, 네 개 중 단 한 가지도 소홀해서는 안 된다. 이 단계들의 효과성은 실험을 거치며 온전히 입증되었다. 수많은 사람이 이 단계를 밟으며 삶을 진정한 사랑으로 채웠다. 그 결과, 결코 상상하지도 못했던 즐거움과 기쁨의 관계를 깨달을 수 있었다.

사마귀 왕을 기억하라

'사마귀 왕 이야기'를 되짚어 보면, 사마귀왕이 어떤 단계들을 밟았는지 볼 수 있다. 그는 얼굴에 난 사마귀를 숨기면 숨길수록 괴로워했고(거짓말), 자신을 불쌍히 여기며(피해자 행세), 주변 사람을 통제하려고 애썼다(공격하기). 수년 동안 외롭고 불행한 시간을 보낸 후 그에게 변하고자 하는 의지가 생겼다. 그는 도움을 얻기 위해 지혜로운 사람을 찾았다. 평생 남들의 비웃음을 안고 살았던 왕이 방을 나가서 지혜로운 사람을 만나는 데는 어마어마한 믿음이 필요했다. 지혜로운 사람이 왕의 진실을 정면으로 마주했을 때 왕은 믿음을 잃은 채 할 수 있는 모든 보호하는 행동을 취하며 반응했다. 오랫동안 반복했던 보호하는 행동은 자신을 여전히 불행하게 하고, 허무함을 준다는 것을 다시금 깨닫고 지혜로운 사람을 믿어 보기로 마음먹었다. 그제야 사마귀 왕은 얻고 보호하는 행동을 멈췄다. 자신의 진실을 말하고, 지혜로운 사람이 주는 사랑의 온전한 힘을 느낄 수 있었던 것이다. 이 단계는 각각 연결되어 있으며, 시너지 효과를 낸다. 왕은 진실을 말함과 동시에 믿음을 실천하며 얻고 보호하는 행동을 포기했다. 그는 변화하려고 노력하면서 믿음을 실천하고 있었다.

인내심을 발휘하되 마법 같은 기적을 기대하지 마라

진정한 사랑을 찾기 시작할 때 너무 조급해하지 말라. 진정한 사랑은 마트에서 주문하고 트럭에 실려 배달되는 물건처럼 즉각적이지 않다. 관악대의 웅장한 연주가 울려 퍼지는 로맨틱함과 마법처럼 폭발적인 순간을 경험하는 것도 아니다. 주변의 사람들과 모든 것을 느끼는 방식이 미묘하게 이곳저곳에서 조금씩 변화하는 것을 느끼게 될 것이다. 즉, 당신 자신을 온전히 볼 수 있는 사람들에게 진실을 말하는 것을 연습하고 경험하면서 받아들여지고, 평화로움을 느끼는 순간을 만나게 될 것이다. 공허함이나 두려움의 감정과 주변 사람들에게 나던 화도 줄어들 것이다. 사랑을 찾기 위한 첫걸음을 내디뎠을 때 파도 같은 물결을 느끼지 못했다고 낙담하지 말라. 그 과정에서 때때로 두려움을 느끼고, 가짜 사랑을 얻으려고 하거나 자신을 보호하기 위한 행동으로 돌아갈 수도 있을 것이다. 그러니 포기하지 마라. 계속해서 단계를 밟아 가면 사랑의 느낌이 돌아올 것이다.

조건 없는 사랑을 느끼면 당신이 그리고 그려 왔던 행복을 경험하기 시작할 것이다. 그것은 많은 사람이 지금까지 경험해 본 적이 없는 특별한 기쁨이다. 진정한 사랑은 우리가 주변의 모든 것을 보는 방식을 변화시킨다. 우리의 가장 절실한 욕구를 충족시키고, 가장 큰 두려움이 사라진다. 진정한 사랑의 가치가 매우 위대하므로, 이것을 얻기 위해 아무리 많은 노력을 하더라도 헛되지 않을 것이다.

변화하려는 의지 보이기

물리학에는 관성의 법칙이 있다. 관성의 법칙은 특정 방향으로 움직이는 물체가 외부의 영향이 없으면 같은 방향으로 움직이려고 하는 것을 말한다. 마찬가지로, 삶을 바꾸려는 강한 의지와 그에 맞는 행동을 하지 않는다면 삶은 같은 상태로 유지될 것이다. 우연히 더 현명해지거나, 더 사랑받고, 더 행복해지는 일은 없다.

그렇기 때문에 변화에 대한 의지를 방해하는 요소들이 있는지를 살펴볼 필요가 있다. 그것들은 우리를 멈추게 하고, 불행을 가져온다. 마치 마약중독자에게 마약이 충분히 공급되면, 그것을 행복이라고 여기며 마약에 빠지게 만든 현실적인 문제들은 다루지 않는 것과 같다. 그가 믿는 얄팍한 행복은 치명적인 결과를 초래한다. 마찬가지로, 가짜 사랑이 충분한 사람들은 자신이 행복하다고 여기며, 진정한 행복을 위해 정말 필요한 것들이 무엇인지를 간과한다. 그들은 진실을 말하기 위해 위험을 감수하고, 진정한 사랑을 찾기 위한 단계들을 밟을 필요가 없다고 본다. 이러한 자기기만은 자신을 감정적으로 죽이는 것은 물론 마치 마약을 사용하는 것처럼 신체적으로도 치명적일 수 있다. 모든 형태의 가짜 사랑은 담배나 코카인처럼 강한 중독성으로 자신을 속인다.

행복을 위해 꼭 필요한 변화의 가능성을 간단하게 죽이는 확실한 방법이 하나 있다. 항상 자신을 옳다고 여기는 것이다. 우리 중 일부는 습관적인 행동들을 포기하는 것이 거의 불가능하다고 생각한다.

제인의 이야기를 해보자. 그녀의 부부 관계는 무너져 내리고 있었다. 제인은 지혜로운 친구와 대화하면서 모든 불행의 원인을 남편의 탓으로 돌리기 위해 증거물들을 제시했다. 지혜로운 친구는 이렇게 질문했다.

"네 관계를 바꾸기 위해 무엇이든 기꺼이 할 수 있니?"

"불행하지 않기 위해서라면 뭐든지 할 수 있어."

제인이 대답했다.

"그럼, 부부 관계에서 네 잘못이 무엇인지 모두 말해 줘."

지혜로운 친구가 제안했다. 지혜로운 친구는 제인이 공허함과 두려움 속에 있다는 것을 깨달았다. 그래서 그녀가 남편과 소통하면서 자신이 할 수 있는 모든 얻고 보호하는 행동을 취하고 있다는 것을 느낄 수 있도록 도왔지만, 제인은 아무 말도 하지 않았다. 제인은 관계를 변화시키기 위해 무엇이든 할 의지가 있다고 말했지만, 자신이 잘못했다는 것을 인정하려고 하지 않았다. 제인에게는 자신이 옳다는 것이 무척이나 중요했기 때문이다.

만약 관계에서 당신이 불행하다면, 그 잘못은 언제나 당신에게 있다. 이 문장을 기억한다면, 당신의 인생이 바뀔 것이다. 당신의 불행은 조건 없는 사랑을 지금까지 충분히 받지도, 주지도 않았다는 것을 의미한다. 그렇다고 해서 상대방이 옳다고 말하는 것이 아니다. 행복은 언제나 당신의 손에 달려 있다. 상대를 변화시키는 것이 아니라, 자기 스스로 사랑을 받고 또 사랑을 주는 사람이 되기 위해 집중할 필요가 있다. 이것이 당신의 관계와 행복에 가장 큰 변화를 가져올 것이다. 그렇다고 해서 옳은 일을 선택하지 말하는 의미가 아니다. 관계에서 당신이 옳다는 것을 집중하면 할수록 상대가 잘못하고 있다는 것을 지적하는 것처럼 나타난다. 그러는 동안 행복에 쏟아부을 수 있는 시간과 에너지를 낭비한다. 이것은 결코 현명한 선택이 아니다.

"내 잘못이다."라는 것을 인정한다고 해서 우리가 나쁜 사람이 되는 것이 아니다. 이 문장을 이해하면 인생에 많은 도움이 될 것이다. 이것은 관계에서 진정한 사랑을 찾고 또 자신의 진실을 말하는 아주 중요한 첫 단계일 뿐이다. 어떤 사람은 자기 잘못을 찾는 것이 불가능한 일이라고 여길 수 있다. 그것은 그들이 자신을 보호하는 습관을 포기할 수 없기 때문이다. 이들이 나쁜 사람이 아니라, 단지 두렵고 화가 난 것이다. 자신이 옳다는 거짓말과 상대를 공격하는 '얻고 보호하는 행동'에 너무 익숙해져 있어서 새로운 행동을 하는 것을 두려워한다. 어린 시절부터 시작된 공허함은 이들의 잘못이 아니지만, '이제, 무엇을 할 것인가'를 생각하고 행동하는 것은 자신의 책임이라는 것을 이해해야 한다. 앞으로 나아가는 단계를 밟고 성장할 책임은 모두 우리 자신에게 있다.

> 만약, 관계에서 당신이 불행하다면, 그 잘못은 언제나 당신에게 있다.
> "내가 옳다."에 집중하는 동안
> 행복에 쏟아부을 수 있는 시간과 에너지를 낭비하게 된다.

"내가 옳다."라는 생각을 멈출 수 없는 사람들에게 제안한다. 당신이 불행하다는 것은 삶에서 무엇인가 확실하게 작동되지 않고 있다는 것을 의미한다. 특정한 상황에서 부분적으로는 당신이 옳을 수 있으나, 그것이 다 무슨 소용인가? 계속해서 옳다고 주장할 것인가, 아니면 행복을 추구할 것인가? 인생에서 가치 있는 목표는 단 하나, 행복을 찾는 것이다. 당신의 행동이 진정한 행복을 주고 있지 않다면, 비록 작은 흠집도 찾을 수 없이 완벽하다고 하더라도 자신의 행동이나 말을 바꿔라. 옳은 것은 가치가 없다. 행복해지는 것만이 전부다.

믿음을 행동으로 실천하기

사람들 대부분이 사마귀 왕처럼 진정한 모습을 숨기며 평생 살아간다. 우리의 실수와 결점을 발견한 사람들이 우리가 견딜 수 없을 정도로 비판하며 떠나간다는 것을 오랜 경험을 통해 배워 왔다. 그렇지만 얻고 보호하는 행동으로 매 순간 반응하는 것은 우리를 더 외롭고 불행하게 만들 뿐이다.

그렇다면 왜, 우리는 이런 행동들을 지속하고 있을까? 왜, 다른 행동을 해 보지 않는 것일까? 우리는 아는 것만 할 수 있기 때문이다. 다른 길을 보기 전까지는 그 길을 갈 수가 없다. 심지어 이 책에 나오는 원칙에 기반한 새로운 행동들이 우리를 더 행복하게 해 줄 것이라는 사실을 배우고 나서도 여전히 과거와 같은 효과적이지 않은 행동을 하며 살아가는 이들도 있다. 우리는 잘 모르는 것들을 죽을 만큼이나 두려워하기 때문이다. 미지의 곳에 발을 내딛는 위험을 감수하고, 바보처럼 보이는 것 대신 익숙한 것을 선호한다. 이런 관점은 어리석다. 사람들이 느끼는 두려움은 언제나 이런 식으로 오랫동안 많은 지혜를 웃음거리로 만들었다.

믿음은 알지 못하더라도 어떤 것을 경험하도록 의식적으로 선택하는 행동이다. 그 선택들은 위험한 순간을 경험할 수 있도록 우리를 무방비 상태로 노출시키는 동시에 배우고 성장하는 기회를 부여하기도 한다. 이처럼 진정한 사랑과 행복을 찾는 것은 믿음이 있어야만 가능하다.

믿음은 단어 그 이상의 의미가 있다. 믿음은 어떤 것을 진실이라고 믿고, 두려움에도 불구하고 실천하는 것이다. 두 발로 땅을 딛고 서서 하늘을 바라보며 스카이다이빙의 안전성을 믿는다고 말하는 것은 쉽다. 진정한 믿음은 1,500피트(457.2m) 상공에 있는 비행기에서 낙하산을 짊어지고 뛰어내리는 것이다. 이처럼 삶을 변화시키고 싶다고 말하는 것은 쉽다. 하지만 자신에 대한 진실을 말하기 전까지 실제로 믿는 것이 아니다. 특히 사마귀 왕이 한 것처럼 우리를 비난하거나 거절할지도 모르는 상황에서 자신의 진실을 말하기 전까지는 믿는다고 할 수 없는 것이다.

우리는 낙하산, 주식시장, 신, 사람 등 어느 것이든 믿을 수 있다. 먼저, 진정한 행복을 찾는 데 기초가 되는 믿음들을 말하겠다. 이것을 믿는 것은 매우 중요하다. 우리가 변할 수 있다는 믿음, 진실에 대한 믿음, 진정한 사랑을 찾을 수 있다는 믿음, 사람들이 할 수 있는 한 최선을 다해 살아간다는 믿음, 우리의 상대에 대한 믿음, 이것들이 바로 진정한 행복을 찾는 데 기초가 된다.

💙 변화할 수 있다는 믿음

우리는 평생 얻고 보호하는 행동과 가짜 사랑을 통해 행복을 찾으려고 노력했지만 결국 좌절하고 말았다. 많은 실패를 겪고 나서 자신을 일으켜 세우고 또 진정한 사랑과 행복을 찾을 수 있을 것이라는 믿음을 선택하기 위해서는 엄청난 용기가 필요하다. 하지만 그 믿음 없이는 자신의 진실을 말하기 위해 위험을 감수하거나 노력을 기울일 수 없을 것이다. 그러면 사랑을 계속해서 받지 못한 채 여전히 외로움을 느끼는 운명에 처하게 된다.

💙 진실과 진정한 사랑을 찾을 수 있다는 것에 대한 믿음
: 진실을 말하기→온전히 보이기→있는 그대로 받아들여지기→사랑받기

오직 자신의 진실을 말하는 것만이 있는 그대로 받아들여지고 사랑받을 기회를 만든다. 그러나 어떤 방식으로든 사람들을 조종하면 사랑을 느낄 수

없다. 여기서 우리가 경험하는 어려움은 과거에 자신이 저질렀던 실수와 약점이 알려지게 되었을 때 다른 이들이 비웃거나, 비난하거나, 벌을 주거나, 우리를 피했다는 기억 때문이다. 그리고 거짓말을 하면 비판과 거절당하는 고통을 쉽게 피할 수 있었다는 것을 알기에 거짓말을 지속했다. 어린 시절에는 이렇게 하는 것이 효과가 있었다. 진실에 대한 부정적인 경험들이 쌓여 결점이 노출되면 안 좋은 결과를 만들어 낼 것이라는 믿음을 갖게 되었다. 또한 주변에서 많은 사람이 거짓말로 실수를 모면하는 것을 봤기 때문에 우리도 거짓말을 하고는 한다. 지금까지 살아오면서 우리는 자신의 진실만을 말하는 사람을 거의 만나 본 적이 없다.

그렇기 때문에 자신의 진실을 말하는 데 믿음이 필요한 것이다. 진실에 대해 믿음을 갖는다는 것은 결과가 어떻게 될지 알 수는 없으나, 자신에 대해 진실되게 존재한다는것을 의미한다. 받아들여질 것이라는 확신이 없더라도 계속해서 진실을 말하는 것이다. 진실과 진정한 사랑을 찾을 수 있다고 믿고 행동하면, 세상에서 가장 위대한 선물인 조건 없는 사랑과 행복이 나에게 올 것이다.

만약 몸이 건강하지 않다면, 건강한 체력을 기르기 위해 시간과 노력이 필요하다. 운동을 처음 시작할 때는 전반적으로 많은 변화를 느끼지 못할 것이다. 매우 힘들 수도 있다. 그와 마찬가지로 처음에 자신의 진실을 말할 때는 긍정적인 결과를 느끼지 못할지도 모른다. 믿음이 없다면 그렇게 포기하고 말 것이다. 그리고 긍정적인 결과가 나올 만큼 충분히 긴 시간 동안 진실됨을 유지할 수 없을 것이다. 믿음이 없다면 처음의 비판이나 불편한 징후를 보고 겁에 질려 거짓말이나 얻고 보호하는 행동으로 돌아가게 된다. 조건 없는 사랑을 느끼기를 원한다면, 결과가 즉각적으로 나타나지 않더라도 믿음을 갖고 진실을 말해야겠다고 계속 결심해야 한다.

진실을 말할 때 사람들은 우리를 공격할 수도 있다. 그들은 단지 두려움으로 인해 자신을 보호하고 있을 뿐이다. 진정한 사랑을 받는다는 것이 만나는 모든 사람에게 사랑받는다는 것을 의미하지는 않는다. 우리가 진실을 말하기로 선택한 그 순간, 많은 사람이 우리를 사랑할 만한 능력이 없기 때문이다. 하지만 계속해서 진실을 말하고, 누군가 우리를 있는 그대로 받아 주고, 사랑해 줄 거라고 믿어야 한다. 그러면 누군가는 분명히 우리를 사랑해 줄 것이다. 나는 그 사실을 더이상 의심할 수조차 없을 정도로 너무나 많은 상황을 지켜봤다.

진정한 사랑은 무한하다. 그러므로 자신의 진실을 계속 말해야 한다. 거짓말과 얻고 보호하는 행동들을 내려놓게 되면, 우리를 사랑해 줄 능력을 갖춘 사람들을 계속 만나게 될 것이다. 이 일들은 우리가 원하는 것보다 더 천천히 일어날 수도 있고, 예상보다 빨리 한꺼번에 일어날지도 모른다. 자신을 보호하지 않는 순간 사랑이 들어오는 것을 가슴 깊이 느낄 것이며, 그 경험들이 쌓여 삶에 변화를 가져올 것이다.

지금 이 순간에 할 수 있는 만큼의 믿음을 갖고 조건 없는 사랑을 느끼는 연습을 하자. 그러면 특정인으로부터의 사랑을 더이상 고집할 필요가 없게 된다. 언젠가 누군가가 나를 사랑해 줄 것이라는 믿음이 있다면, 지금 당장 만난 10명이 나를 받아 주지 않더라도 상관이 없다. 심지어 이들이 비판적이고 공격적이더라도 나에게 아무런 영향을 미치지 못할 것이다.

지금까지 사람들이 나를 사랑해 준 수많은 시간이 존재한다. 그렇기 때문에 얼마나 많은 사람이 나를 사랑하지 않는지는 중요하지 않다. 몇몇의 사람들이 나를 사랑해 준다는 사실만이 중요하다. 그 믿음이 없다면, 단 한 명만

이 자신을 비판하더라도 상대에게 압도될 수밖에 없다. 즉, 단 한 사람이라도 당신을 사랑한다는 사실을 기억한다면, 천 명이 당신을 비난하더라도 이겨 낼 수 있다.

> 🪄 진실에 대해 믿음을 갖는다는 것은 결과가 어떻게 될지 알 수 없으나,
> 자신이 진실되게 존재한다는 것을 의미한다.

💙 사람들이 할 수 있는 한 최선을 다해 살아간다는 믿음

깨끗하고 아늑한 집에 진수성찬이 준비되어 있다는 사실을 안다면, 누가 헛간의 진흙탕에서 뒹굴고 있는 돼지와 함께 구정물을 먹겠는가? 당신이라면 먹겠는가? 우리는 모두 자신의 능력에 따라 최선의 선택을 한다.

우리가 사랑하는 것을 선택하지 않는 것은, 단지 그 선택이 가능하다는 것조차 모르기 때문이다. 우리는 사랑을 어떻게 줘야 하는지를 배운 적이 없다. 한 번도 배워 보지 못한 것을 알 수 있는 능력도, 행동할 능력도 없다. 더욱이 받아 본 적도 없는 것을 줄 수도 없다.

이 진실은 모든 사람에게 적용된다. 누군가 우리를 불편하게 하거나 화를 낼 때, 그들은 단지 공허하고 두려워하면서 자신을 보호하고 있는 것이다. 또한 그들 역시 한 번도 받아 보지 못한 사랑을 우리에게 줄 수 없다. 다른 사람이 우리에게 불친절하게 행동할 때 화가 나며, 그들이 갖고 있는 친절함을 주지 않으려고 마치 의도적으로 숨기고 있는 것처럼 바라본다. 그리고 이들이 우리를 쉽게 사랑해 줄 수 있지만, 일부러 상처 주는 것을 선택했다고 믿는다.

만약, 개인이 느끼는 공허함과 두려움이 화를 만들어 낸다는 사실을 믿을 수 없는 사람이 있다면, 다음 행동을 제안한다. 오랫동안 알고 지낸 누군가가 당신에게 화를 낼 때, 그 사람을 불편하게 한 것에 대해 미안하다고 사과하며 두 팔을 벌려 힘껏 안아 준 후 사랑한다고 말해 보라. 단, 그것이 진심이어야 한다. 그리고 그 사람의 공허함과 두려움, 화를 내는 것이 얼마나 지속되는지를 살펴보라. 사람들은 화를 내서 자신을 보호하려고 할 뿐이다. 비슷한 상황에서 다른 사람들이 했던 행동들을 보고 따라 하고 있을 뿐이다. 이것이 화를 낸 행동을 정당화할 수는 없지만, 설명할 수는 있다.

화를 내는 사람들도 할 수 있는 한 최선을 다하고 있다. 단지 우리가 원하는 방식으로 우리에게 사랑을 줄 수 없을 뿐이다. 화를 내는 사람 중에 사랑을 주지 않기 위해 의도적으로 행동하는 사람을 만나 본 적이 없다. 이것을 이해하게 되면, 화를 많이 내는 사람들을 계속 원망할 수 없을 것이다. 더불어 화를 많이 내는 사람들과 사랑 넘치는 관계를 맺는 것 역시 쉬워진다.

사람들이 화가 나 있거나 사랑이 없을 때, 우리와의 관계에서 최선을 다하지 않는 것이 아닐까? 자제력을 발휘해서 서로의 관계를 더 즐겁게 만들 수 있지 않을까? 이러한 질문을 할 수도 있다. 물론 그럴 수도 있겠지만, 그런 때가 언제인지 알 수도 없을 뿐만 아니라 우리가 안다고 해도 과연 어떻게 할 수 있을까? 이미 다루었듯이, 우리에게는 다른 사람들을 변화시킬 권리가 없다. 어떤 경우든, 자신의 필요에 의해 다른 사람의 변화에 집중한다는 것 자체가 이기적이며, 그 행동에는 사랑도 없을 뿐만 아니라 오직 불행할 뿐이다. 애초부터 우리 스스로 공허하고 두렵기 때문에 다른 사람이 어떻게 행동해야 하는지를 생각하는 것이다. 그런 생각이 드는 순간, 우리가 볼 수 있는 것은 단지 다른 사람들이 나를 위해서 무엇을 할 수 있는지 뿐이다. 고통 속에 있을 때 우리는 주변 사람들이 우리를 위로해 주기를 자연스럽게 기대한다. 그리고 이렇게 생각한다. '나의 불행을 보고도 어떻게 도와주지 않을 수 있지?' 그러면서 우리를 도와주지 않거나 도와주기는커녕 불편하고 불쾌해하면, 우리를 의도적으로 공격하고 상처를 주므로 그 사람은 '나쁜 사람'임이 분명하다고 생각한다.

나쁜 사람임이 분명하다고 믿으면서 그들을 이용하고, 그와 동시에 두려움을 느낀다. 그래서 자신을 보호한다. 이 행동들로 인해 서로 더 공허하고, 두려움에 떨며, 외로움을 느낀다. 그리고 얻고 보호하기 위한 행동을 더 많이 하게 된다. 이런 관점으로 상대를 바라볼 때, 사랑이 넘치는 관계를 맺는 것은 불가능하다. 사람들이 할 수 있는 만큼 최선을 다하고 있고, 어떤 상황이 벌어지더라도 그것이 최선이었다고 믿는 편이 훨씬 더 생산적이다.

💕 상대에 대한 믿음

"신뢰는 얻는 것이다."라는 말을 들어본 적 있는가? 신뢰받지 못하는 사람들을 비난할 때 사용하는 이 말 자체가 인간관계를 얼마나 황폐하게 만드는지 모른다. 서로에 대한 믿음이 있는지 없는지를 아주 잘 보여 준다. 더불어 우리가 느끼는 두려움과 화내는 것을 드러내지 않기 위한 치명적인 거짓말이기도 하다. 사람들이 "신뢰는 얻어 내는 거야."라고 말할 때 숨은 의미는 다음과 같다.

"나는 허무하다고 느끼며 두려워하고 있어. 사람들이 나를 이용하며 상처를 줬어. 만나는 모든 사람이 나에게 상처를 줄까 두려워. 내가 너를 두려워할 필요가 없다는 걸 증명해 줄 때까지 내 자신을 끊임없이 보호할 거야."

사람들을 믿지 않은 채 두려움에 떨며 세상을 바라보고 있는 것이다. 이 관점으로 세상을 보면 자신을 보호하는 행동을 할 수밖에 없다. 그저 두려움에 떨며, 사랑받지 못한 채 외로워하게 될 뿐이다.

"당신을 믿어도 될지 증명해 달라."라고 요구하는 순간조차 무의식적으로 믿을 수 없는 부분이 어디인지, 불신의 증거들을 모은다. 상처받는 것이 두렵고, 자신을 보호하기 위한 간절함으로부터 시작되니 그럴 수밖에 없는 것이다. 그러나 겁에 질려서 벌벌 떨며 방어하는 습관은 우리의 관계와 행복을 무참히 파괴한다. 그 이유는 다음과 같다.

1. 상대의 사소한 실수라도 찾아내서 우리가 느끼고 있던 두려움을 합리화한다. 그리고 의심에 대한 정당성도 확보한다. 사람들은 진실을 말하고 또 사랑을 줄 수 있는 사람으로 성장하는 동안 많은 실수를 할 것이다. 실수를 할 수밖에 없다. 만나는 모든 사람이 결점이 없는 완벽한 존재이기를 바랄 수는 없다. 하지만 스스로 공허하고 또 사랑을 받지 못한다고 느낄 때, 사람들의 작은 실수조차 우리의 행복을 위협하는 것처럼 보인다. 이런 자세 때문에 만나는 모든 사람을 두려워하며, 사랑이 넘치는 관계를 맺는 것은 불가능하다.
2. 아무런 실수가 없더라도 실수를 찾아낸다. 진정한 사랑이 없다면, 눈에 보이는 모든 곳에서 자신이 상처받을 수 있을지도 모르는 가능성을 보게 된다. 아무런 해를 가하지 않는 사람도 우리에게 상처를 줄지 모른다고 생각한다. 우리는 보고 싶은 것만 본다.

상대가 우리에게 상처를 줄 것이라고 기대하면, 상처를 주지 않는다는 것을 증명하는 것은 불가능하다. 상처를 줄 거라는 기대로 인해 사람들의 모든 행동을 부정적으로 해석할 것이고, 스스로 내린 비판적인 의심들이 사실이라고 확신할 것이기 때문이다. 이 모든 의심과 방어 태도는 자신을 보호하기 위한 것이지만, 역설적으로는 자신에게 지속적인 상처를 남긴다. 이처럼 자신을 보호하면 보호할수록 더 외로워질 뿐이다. 두려움을 느끼는 순간에는 사람들에 의해 받아들여지거나 사랑받고 있다는 느낌 자체가 가능하지 않기 때문이다. 사랑이 넘치는 관계는 간단하다. 사람들을 믿고 신뢰하는 것을 선택하는 것이다. 다른 사람들이 우리가 믿을 수 있을 만큼 성장해서 우리를 사랑해 줄 수 있을 때까지 기다리는 것은 아주 오랜 시간이 걸릴 뿐만 아니라 게으르며, 무책임한 행동이다. 상대를 믿기로 선택하는 것과 믿지 않는 것이 관계에서 얼마나 치명적인 결과를 가져오는지를 여실히 보여 주는 슬픈 이야기를 소개한다.

엘렌과 크리스의 이야기다.

둘은 순식간에 사랑에 빠졌다. 엘렌과 크리스는 살면서 조건 없는 사랑을 받아 본 적이 없다. 연애 초기에 서로 관심을 기울이며 수용하는 경험들이 황홀했다. 서로 진정으로 사랑한다고 확신했던 것이다. 하지만 진정한 사랑을 경험하지 못했던 이들이 할 수 있었던 것은 가짜 사랑을 교환하는 것뿐이었다. 서로 인정해 주고, 칭찬해 주고, 섹스를 한 후 남겨지는 흥분은 시간이 지나자 점차 사라졌다. 그리고 서로에게 점점 불만을 품게 되었다.

엘렌은 크리스의 관심이 점차 줄어들자, 연애 초기만큼 관심을 가져 달라고 요구했다(피해자 행세, 공격하기). 그러자 크리스는 그녀를 피하기 시작했다(도망치기). 상황이 심각해지자 절망적이었던 엘렌은 지혜로운 친구를 집으로 초대했다. 그는 엘렌과 크리스를 항상 있는 그대로 받아 주고 사랑해 주었던 친구다. 여기서 지혜로운 친구란 사랑을 충분히 받고 있기에 상대를 있는 그대로 바라보고, 있는 그대로 받아들이는 이들을 의미한다.

엘렌은 친구의 얼굴을 보자마자 화를 내며 말을 시작했다.

"우린 대화도 더이상 안 해요. 아무것도 함께하지 않죠."

"내가 왜 그런다고 생각해? 지금도 봐. 당신은 나에게 항상 화를 내며 잔소리를 하잖아."

"내가 말을 하면 듣기나 하냐고…. 같이 시간을 보내지도 않는데, 화라도 내지 않으면 아무것도 하질 않잖아."

"이거 봐. 지금도 화를 내고 있잖아. 당신이 이럴 때 정말 대화하고 싶지 않아. 누군들 좋아하겠어?"

크리스와 엘렌은 서로 상대의 잘못을 지적하며 이기기 위해 말다툼을 했다. 마침내 지혜로운 친구가 대화에 끼어들었다.

"크리스, 당신이 엘렌을 피하고 있는 건 분명하네요. 그리고 이해합니다. 엘렌, 당신은 크리스에게 분명히 화를 내고 있어요. 제가 보고 있을 때보다 둘만 있을 때는 더 심하게 화를 내겠죠. 그것도 이해해요. 하지만 이 상황에서 두 분이 했던 실수를 되짚어 볼 필요는 없어요. 도움이 안 되죠. 제가 하고 싶은 중요한 질문은 이거예요. '두 분은 이 관계를 완전히 변화시키기 위해 다른 행동을 해 볼 의지가 있나요?'"

그 즉시 크리스와 엘렌은 지혜로운 친구가 본인들을 비판하고 잘못을 찾는 데 아무런 관심이 없다는 것을 알았다. 그리고 그가 자신들을 받아들이고, 도와주고 싶어 한다는 것 역시 느낄 수 있었다. 이것이 바로 지혜로운 사람들이 우리에게 주는 것이다.

지혜로운 친구는 두 사람 모두 조건 없는 사랑을 경험해 보지 못했다는 것을 설명했다. 그리고 크리스와 엘렌은 그의 말이 진실이라는 것을 알았다. 사랑받지 못한 느낌과 공허함이 그동안 이들이 생산성 없는 얻고 보호하는 행동을 하도록 했다. 연애 초기에는 서로 갖고 있지 않던 행복을 상대가 주기를 바랐다. 하지만 진정한 사랑을 갖지 못한 사람이 줄 수 있었던 것은 가짜 사랑뿐이었다. 그리고 가짜 사랑은 결코 오래 가지 못했다. 지혜로운 사람은 자신의 진실을 말하고, 조건 없이 받아들이는 것을 배우는 과정을 설명했다. 그는 이들을 있는 그대로 받아들이고 사랑할 능력을 갖춘 지혜로운 친구들의 이름을 적어 주었다. 그리고 크리스와 엘렌이 그 사람들에게 자신의 진실을 말하는 연습을 할 것을 제안했다. 또한 다른 친구들에게도 진실을 말하는 것을 노력해 보라고 했다.

일주일 뒤, 이들은 다시 만나 지난주에 무엇을 배웠는지에 관해 대화했다.

"아무것도 변하지 않았어요."

엘렌이 말했다.

"크리스는 여전히 나랑 아무것도 하지 않아요."

지혜로운 사람이 물었다.

"두 분은 제가 소개해 준 사람들과 대화해 보셨나요?"

크리스는 몇몇 사람과 대화했다고 말했다. 그리고 그들에게 자신의 실수와 두려움을 말했을 때 그들에게 있는 그대로 받아들여졌다는 것을 느꼈다. 전화 통화를 했던 두 명의 지혜로운 사람과는 직접 만나 저녁 식사까지 했다. 이 만남들은 크리스에게 새롭고 흥미로웠다. 크리스는 엘렌에게 자신의 진실을 말하려고 했으나, 대화는 불편했고 또 잘 이어지지 않았다. 반면, 엘렌은 누구에게도 전화하지 않았으며, 지혜로운 친구가 제안한 행동들을 아무것도 하지 않았다.

"크리스, 정말 잘됐네요. 좋은 시간을 보내셨군요."

지혜로운 사람이 말했다.

"하지만 그는 아무것도 변하지 않았어요."

엘렌이 항의했다.

"크리스는 여전히 저를 피해요."

"엘렌…."

지혜로운 사람이 침착하게 말을 시작했다.

"크리스는 지금까지와는 완전히 다른 행동을 하고 있는 중이에요. 크리스는 자신의 진실을 말하려고 하지만, 이제 막 시작했기 때문에 많은 실수를 계속할 거예요. 특히 당신한테요. 하지만 크리스가 진실되고, 사랑을 주는 사람으로 성장하는 동안 실수하는 것은 피할 수 없어요. 이제 당신의 이야기를 해봅시다. 크리스와 더 나은 관계를 만들기 위해 무엇이든 기꺼이 하실 건가요?"

"하지만, 제가 지금 뭘 할 수 있나요? 저 사람이…."

엘렌이 비난을 시작하자, 지혜로운 사람이 부드럽게 말을 끊었다.

"크리스에 대해서는 이미 대화했어요. 그는 변화를 위한 첫 걸음을 이미 뗐어요. 지금 이 순간 크리스가 할 수 있는 한 최선을 다하고 있죠. 지금은 당신에 대해서 이야기하고 있어요. 엘렌, 당신이 크리스를 믿고, 그가 아무리 많은 실수를 하더라도 최선을 다해 진실을 말하고 사랑하고 있다고 믿기 전까지는 이 관계에서 발전은 없을 거예요."

"이게 다 제 잘못이라고 말하는 거예요?"

엘렌이 되물었다.

"저는 누구의 잘못인지를 말하지 않았어요."

지혜로운 사람이 말했다.

"잘잘못을 따지고 책임을 넘기는 건 의미가 없어요. 지금 저는 어떻게 하면 이 관계를 진전시킬 수 있는지, 변화시킬 수 있는지를 말하고 있어요."

"저를 피하고, 제게 신경도 안 쓰는 사람을 어떻게 믿을 수 있겠어요?"

"그래서 제가 '믿는다'고 한 거예요. 믿음은 증거가 없어도 그 믿음에 따라 행동하는 겁니다. 만약, 크리스를 믿고 받아들이기도 전에 크리스가 진실을 완벽하게 말하고 또 사랑을 주는 사람임을 증명해야 한다면, 당신과 사랑이 넘치는 관계를 유지하는 것은 불가능할 겁니다. 그의 진정한 변화를 알아채지도 못할 것이고, 크리스가 진실을 나누고 싶어 하지도 않을 겁니다. 그를 믿겠다고 선택하기 전까지는 그가 자신을 증명하기 위해 아무리 애를 써도 당신은 크리스를 믿을 수 없을 거예요."

"그 말은 크리스가 저를 피하고, 제게 화를 내도 그를 믿으라는 건가요?"

엘렌이 물었다.

"네, 진정한 믿음이란 그가 진실을 말하며 당신을 사랑하기 위해 최선을 다하고 있다는 것을 믿는 거예요. 도저히 그렇지 않다고 여기는 순간조차 말이죠. 기꺼이 믿고자 하기 전까지 두 분의 관계는 변하지 않을 겁니다. 신뢰란 얻는 게 아니라, 선물로 주는 거예요."

엘렌은 지혜로운 친구의 말을 받아들일 수 없었다. 하지만 크리스는 그 말을 믿었다. 이미 그는 사람들을 믿기로 선택했고, 그 선택으로 인해 삶은 변화했다. 크리스는 지혜로운 사람들에게 자신의 진실을 지속적으로 말했다. 그리고 그들이 자신을 사랑할 것이라고 믿었다. 그가 진실을 보이면 있는 그대로 받아들여지고, 사랑받는 것을 느꼈고, 삶에서 지속적으로 느끼던 애정에 대한 갈증과 두려움이 줄어들었다. 자신을 사로잡고 있던 두려움에 떨며 화를 내는 것 대신 가슴 깊이 느껴지는 행복을 지속적으로 경험하기 시작했다. 크리스는 행복을 깊이 느낄수록 엘렌을 있는 그대로 받아들이기 쉬웠다. 그리고 그녀의 행복에도 진정으로 관심을 기울이기 시작했다. 크리스는 이제 엘렌에게 진정한 사랑을 주기 시작한 것이다. 하지만 엘렌은 여전히 "신뢰는 얻는 것이다."라고 계속해서 주장했다. 자신의 실수와 두려움을 누구에게도 끝내 말하지 않았다. 그녀는 계속 불쌍한 피해자로 남았다.

이처럼 다른 사람에 대한 믿음이 부족하다는 것은 우리가 사람들을 계속해서 의심하고 상처받을 것을 두려워하면서 자신을 보호하고 있다는 것을 의미한다. 그 상태에서 사랑이 넘치는 관계는 불가능하다.

믿음은 감정이 아니다. 그렇다고 해서 소망도, 희망도 아니다. 믿음은 우리의 선택이다. 믿음이 있으면, 우리는 어떤 것이든 진실이라고 믿는 것을 선택하고 또 진실인 것처럼 행동한다. 행동하지 않는다면 그것은 믿음이 아니므로, 우리는 성장할 수 없고 또 행복한 관계 역시 유지할 수 없다.

사람들은 상대로부터 사랑받고 있다거나 안전하다는 것을 확신하기 전까지는 자신의 진실을 말할 수 없다고 말한다. 하지만 사랑을 받기 전에 자신의 진실을 말해야 한다. 믿어야만 사랑의 기적이 펼쳐진다. 진실을 말하는 것이 인생에 사랑과 행복을 가져온다는 것을 믿지 않고, 사람들에게 자신을 계속해서 숨긴 채 거짓말을 하며 살아간다면 사랑받지 못한다는 사실을 명심해야 한다.

사람들과 소통하는 동안 우리는 상대를 믿을지 말지, 매 순간 선택한다. 누군가 당신을 공격하거나 공격할지도 모른다는 생각이 들 때, 다음 문장들을 마음속으로 읊조려 보라.

1. 내가 화를 내는 등 다양한 방식으로 다른 사람을 공격할 때, 단지 겁에 질려 자신을 보호하는 것이다. 다른 사람들에게 상처를 주려는 마음은 애초에 없다.
2. 다른 사람이 나를 공격할 때, 그들도 나에게 상처를 주려고 하는 게 아니다.
3. 지금 이 순간, 나를 공격하고 있는 저 사람이 사실 사랑을 받지 못해 두려움에 떨고 있다고 보기로 선택하겠다. 이 사람은 자신을 보호하고, 나를 이용해서 자신의 기분이 조금이라도 나아지려고 애쓰고 있다.
4. 이 사람의 공격으로부터 자신을 보호하기 위해 어떤 반응을 하면, 그 순간 나는 사랑을 받거나 줄 수도 없고 또 행복하다고 느낄 수도 없다. 오히려 상대는 두려움에 더욱 질려 자신을 보호하려고 들 것이다.
5. 나 자신을 보호하기보다 진실해야 하고, 상대를 있는 그대로 받아들이는 것이 더 효과적이다. 이 사실을 믿어야만 한다. 보호하려고 애쓰는 것은 상황을 악화시킬 뿐 긍정적 효과가 전혀 없다.

당신이 한 명 이상의 사람들에게 조건 없이 받아들여지는 경험이 있다면 위 문장을 기억하는 것은 훨씬 쉬울 것이다. 처음에는 자신을 보호하지 않고 믿음을 실천하는 것이 두려울 것이다. 당신이 믿고 있던 누군가가 사실은 당신에게 거짓말을 하거나 공격하고 있다는 것을 발견하고, 자신이 상처받을까 봐 걱정할 수도 있다. 그것이 사실이라고 하더라도 당신에게 실제로 닥칠 위험은 당신이 생각하는 것보다 훨씬 적다. 거짓말을 하고 자신을 보호하는 행동이 가져오는 것은 일시적으로 느낄 수 있는 안전함과 혼자 남겨진 외로움이라는 오래되고 익숙한 감정뿐이다. 그러므로 보호하는 행동을 통해 진정한 행복을 찾는 것은 불가능하다. 반면, 진실을 말하는 것은 즉각적인 보상은 없지만, 진정한 사랑과 행복을 찾을 기회를 준다. 그리고 이후에 얻게 되는 보상은 자신을 보호하는 행동으로 얻는 것보다 언제나 더 많을 것이다. 언젠가 당신을 있는 그대로 받아 주고 사랑해 주는 사람을 찾을 수 있다면, 지금 당장 진실을 말한다고 해서 당신이 잃을 것은 없다. 믿음에 대한 보상은 무엇보다도 크다. 세상에서 가장 위대한 경험, 즉 사랑을 받고 또 주는 것을 배울 수 있을 것이다. 다시 한 번 강조하지만, 믿음을 실천하고 진실을 말할 때 우리가 잃는 것은 아무것도 없다. 지혜로운 사람은 당신이 믿음을 가질 수 있도록 도울 수 있다. 그 사람이 당신을 사랑해 주고 또 있는 그대로 받아들이면서, 당신은 사마귀 왕과 같은 경험을 할 것이다.

모든 사람이 상대를 획일적으로 비판하기만 하는 것도 아니며, 이 세상에 조건적인 사랑만 존재하는 것도 아니다. 지혜로운 사람은 우리가 가진 믿음이라는 씨앗을 키울 수 있는 비옥한 토양을 제공한다. 그 토양에서 씨앗을 키우며 우리는 변화가 가능하다는 믿음을 키우고, 겁에 질려 화를 내며 사람들을 조종하는 것 대신 사랑을 받고 또 사랑을 주는 것이 가능하다는 믿음을 키울 수 있다. 지혜로운 사람은 진실이 사랑을 가져오며, 사랑은 행복을 가져온다는 것을 가르쳐 준다. 이 가능성을 행동으로 실천하겠다는 마음이 바로 믿음이다.

자신의 진실을 말하기

자신의 진실을 말하는 것은 진정한 사랑을 찾는 과정에서 가장 구체적이면서도 실천적인 단계다. 모든 과정 중에서 진정한 사랑이 실현되는 순간이기도 하다.

캐럴과 제임스의 이야기를 살펴보자.

캐럴은 자신의 지혜로운 친구에게 남편 제임스를 비난하는 대화를 하고 나서 진실을 말하는 것의 진가를 발견했다.

"제임스는 항상…."

캐럴이 남편을 계속 비난하려는 순간, 지금까지 계속 듣고 있던 지혜로운 친구가 부드럽게 말을 끊었다.

"제임스에 대해 불평하고 나서 네가 더 행복해진 걸 본 적이 없어. 넌 어때?"

캐럴은 깜짝 놀랐고, 혼란스러웠다.

"지금, 제임스 편을 드는 거야?"

지혜로운 친구는 미소를 지었다.

"전혀. 제임스는 네 말대로일 거야. 아니면 그 이상 나쁜 사람일지도 모르지. 여기서 잠깐 솔직해져 봐. 제임스에 대해 불평하고 나서 너나 제임스를 정말 더 행복하게 만든 적이 있어?"

"하지만 그 사람은…."

지혜로운 친구가 다시 끼어들었다.

"네가 원하는 만큼 제임스를 비난해도 돼. 하지만 제임스에 대해서 말하는 게 너 자신한테 도움이 되지는 않을 거라는 걸 솔직하게 말해 줄 만큼 내가 너의 행복에 관심을 갖고 있어."

"그럼, 내가 무슨 얘길 해?"

"너 자신에 대해서 말해 봐."

"알겠어."

캐럴이 말을 이어 나갔다.

"제임스가 내 말을 듣지 않거나, 나에게 무신경할 때 화가 나."

지혜로운 사람이 웃었다.

"다시 제임스 이야기를 하고 있어."

"아니야. 내 기분이 어떤지를 말하는 거야. 내가 화가 나니까…. 이건 내 얘기지…."

"그렇지. 부분적으로는…."

지혜로운 친구가 미소를 지으며 말했다.

"하지만 제임스가 했던 행동을 여전히 비판하고 있어. 제임스가 잘못한 걸 다 빼고 말해 봐."

캐럴은 말문이 막혔다. 이 상황은 대다수에게 적용된다. 우리는 상대를 비난하지 않고 자신의 불행에 대해 말할 수 없다. "당신이 나를 화나게 했다."라는 패턴을 주변에서 반복적으로 듣고는 했다. 우선, 이 말은 잘못되었다. 다른 사람이 우리를 화나게 만드는 것이 아니다. 또한 이 자세로는 지금 유지하고 있는 관계를 망치거나 변화를 방해할 수 있다. 자신의 감정 변화에 따른 책임을 다른 사람에게 떠넘기는 것이다. 이는 우리의 선택 능력을 포기하는 것이나 마찬가지다.

지혜로운 친구는 캐럴의 마음에 공감하면서 그녀가 불행의 뿌리를 실제로 볼 수 있도록 도와주었다. 그동안 캐럴은 조건 없는 사랑을 받은 적이 한 번도 없었다. 제임스와 결혼했을 때, 자신을 행복하게 만들어 달라고 했다. 하지만 제임스 역시 조건 없는 사랑을 한 번도 받아 보지 못했기 때문에 그런 사랑을 줄 수가 없었다. 제임스가 그녀의 기대를 충족하지 못하자, 캐럴은 어느 때보다 더 공허하고 두려웠다. 제임스에게 상처를 주려고 의도한 것은 아니었지만, 할 수 있는 한 모든 얻고 보호하는 행동들을 했다. 캐럴은 남편이 자신에게 원하는 것을 주지 않으면 그를 날카롭게 비난했다(공격하기). 또 자신에게 무관심하다며 칭얼거리고 불평했다(피해자 행세). 자기 잘못을 절대 인정하지 않았고(거짓말), 자신이 원하는 방식으로 대화가 진행되지 않으면 자리를 박차고 다른 방으로 가 버렸다(도망치기).

캐럴은 지혜로운 친구에 의해서 있는 그대로 받아들여지는 진정한 사랑을 경험했다. 그래서 자신이 하고 있던 얻고 보호하는 행동을 인정할 수 있었고, 그 행동들이 결혼 생활에 얼마나 많은 영향을 미치는지 볼 수 있었다. 결국 자신의 불행은 남편이 무엇인가를 하거나 하지 않아서 생기는 것이 아니었다. 평생에 걸쳐 진정한 사랑을 받지 못했던 것과 얻고 보호하는 행동들이 자신을 불행하게 만들었다는 것을 이해할 수 있었다.

"축하해. 지금 이순간 너는 많은 진실을 말했어. 지금처럼 진실을 계속 말한다면 네 삶이 완전히 변하게 될 거야."

지혜로운 친구의 말에 캐럴이 대답했다.

"수년 동안 모든 문제의 책임을 제임스 탓으로 돌렸어. 모든 것을 제임스 탓으로 돌리는 동안, 제임스가 너무 끔찍했을 것 같아."

"사랑을 느끼지 못할 때, 네가 할 수 있는 최선이었어. 죄책감을 느끼지는 마. 그냥 자신의 진실만을 봐. 그리고 네가 가진 모든 결점과 있는 그대로의 너를 사람들이 보고 받아들일 수 있도록 마음을 열어 봐. 네가 사랑받는다고 느끼면, 훨씬 좋은 선택을 하게 될 거야. 예전과는 완전히 다를 거야. 이제 기분이 어때?"

"놀라워. 내 실수를 이렇게 말해 본 적이 없어. 너는 날 비난하지도 않았고,

무시하지도 않았어. 기분이 아주 좋아."

　이 대화 이후에 캐럴의 삶이 완전히 변하기 시작했다. 진정한 사랑의 효과가 바로 이런 것이다. 캐럴은 이런 방식으로 자신의 실수를 단 한 번도 말해 본 적이 없다. 그렇기 때문에 상대에게 완전히 받아들여진 경험도 없었던 것이다. 이 경험으로 느낄 수 있는 감정은 말로 표현할 수 없다.

　사마귀 왕도 그것을 느꼈던 것이다. 나는 이러한 상황을 수없이 봐 왔다. 이 경험들은 우리 모두에게 열려 있다. 얼굴에 뒤집어쓴 가면을 내려놓고 우리가 진정 누구인지를 사람들이 볼 수 있게 하면, 상대가 우리를 받아들이고 사랑할 수 있는 기회를 줄 수 있다. 마침내 우리가 간절히 소망하던 조건 없는 사랑을 받을 수 있게 된다. 이 모든 게 진실을 말하는 행동이라는 단순한 행동으로부터 시작된다.

우리에게는 지혜로운 사람이 필요하다
: 지혜로운 사랑의 필요성과 찾는 법

　진정한 사랑은 공허함과 두려움이 여전히 남아 있을 때 기회가 온다. 때에 따라서 화를 내고 잘못도 해 가며 자신이 어리석다고 느낄 때 진실을 보여 주고, 그것이 받아들여지고 또 사랑받을 수 있도록 하는 게 비결이다. 이것이 바로 가장 소중하고도 유일한 사랑이며, 진정한 사랑이다. 지혜로운 사람들은 사랑을 충분히 받았다고 느끼는 사람들이다. 그렇기 때문에 자신이 필요한 것이나 두려움에 눈이 가려지지 않았다. 그래서 우리를 있는 그대로 조건 없이 받아들일 수 있다. 이런 사람들에게 우리의 진실을 보여 줘야 하는 것이다. 우리가 자신을 보호하기 위해 거짓말과 공격을 할 때가 있을 것이다. 그럴 때조차 우리의 옆에 함께하며 진실을 말할 수 있도록 도와줄 사람이 필요하다. 우리는 지혜로운 사람이 필요하다.

이제 우리의 삶을 바꿔 줄 지혜로운 사람들을 찾아 볼 시간이다. 그렇다고 해서 사마귀 왕처럼 산 정상에 힘들게 오를 필요는 없다. 훌륭한 단체에서 운영하는 세미나에 비싼 돈을 주고 참석할 필요도 없고, 동기를 부여해 주는 강의들을 열열하게 찾아 들을 필요도 없다. 더욱이 전문적인 치료를 받을 필요성은 손에 꼽힌다. 놀랍게도, 지혜로운 사람은 우리 주변에 있다. 그 사람을 찾기 위해 필요한 것은 오직 우리 자신의 진실을 말하는 것이다. 지혜로운 사람은 진실을 거부할 수 없는 매력을 느낀다. 진실을 말하라. 그러면 그들이 올 것이다.

자신의 진실을 말할 때 주변에 있던 친구, 직장 동료, 친척, 배우자가 바로 지혜로운 사람이라는 것을 발견할 수 있다. 누구든지 지혜로운 사람이 될 수 있다. 그들을 만들어 내기 위한 특별한 훈련이나 교육은 존재하지 않는다. 지혜로운 사람에게 필요한 것은 진정한 사랑뿐이다.

지혜로운 사람을 어떻게 찾을 수 있는지, 여전히 이해가 되지 않는가? 자신의 진실을 말하기 전에 상대가 나를 받아들이고 사랑해 줄 수 있는지를 미리 알 수 있는 방법이 있을까? 그것은 알 수 없다. 그리고 상대방조차 자신이 지혜로운 사람인지를 모르는 경우가 많을 것이다. 따라서 지혜로운 사람인지 여부를 알 수 있는 단 한 가지 확실한 방법은, 상대를 믿고 자신의 진실을 말하는 것이다.

진실을 말하는 것만이 상대가 지혜로운 사람인지 아닌지를 알 수 있다. 더불어 상대가 지혜로운 사람이 될 수 있도록 도울 수 있다. 캐럴이 지혜로운 친구와 대화하면서 진정한 사랑을 받고 또 도움을 받은 것은 사실이다. 하지만 지혜로운 친구에게 사랑을 주는 연습을 할 수 있도록 기회를 준 당사자가 바로 캐럴이다. 처음에는 캐럴의 친구에게 누군가 진실을 나누었을 때, 다른 사람을 있는 그대로 받아들이고 사랑을 줄 능력이 자신에게 있다는 것을 알지 못했다. 시간과 경험이 쌓이고 또 능력을 발전시켜 온 결과라고 할 수 있다.

> ✨ 자신의 진실을 말하는 것은 지혜로운 사람에게 당신을 조건 없이 받아들이고 또 사랑할 수 있는 기회를 주는 것이다.

인간에게는 태어나면서부터 자연스럽게 사랑을 받고, 받은 사랑을 되돌려 주고자 하는 본성이 있다. 우리가 지금 공허함과 두려움에 사로잡히지 않았다면, 상대에게 진실을 자연스럽게 말하며 또 사람들을 있는 그대로 받아들이고 사랑해 줄 것이다. 당신이 상대에게 진실을 말하면, 상대가 지혜로운 사람이 될 가능성이 있는지를 발견할 수 있다. 뿐만 아니라 사람들이 마음속 깊이 간직하고 있는, 사랑하고 또 있는 그대로 받아들이는 본연의 재능을 발전시킬 수 있는 기회를 주는 것이기도 하다. 우리가 함께 연습을 한다면, 모든 사람이 지혜로운 사람이 될 수 있다. 하지만 믿음과 용기를 가지고 자신의 진실을 말하기 이전에는 어느 누구에게도 기회가 오지 않는다. 지혜로운 사람은 믿음이 있는 사람들에 의해 만들어지고 발견된다. 지혜로운 사람들을 찾기 위해 우리가 어떤 진실을 말해야 할까? 어떤 대화인지는 복잡하지 않으나, 우리가 익숙하게 내뱉는 말들과는 분명 다르다. 우리는 사람들과 항상 대화를 하지만, 의미 없는 대화를 할 때가 많다. 날씨가 어떤지, 자동차가 어떤지, 어떤 사건이 일어나고 또 재정은 어떤지 등에 대해서 대화를 나눈다. 이따금 우리의 감정을 말하기도 하지만, 대부분은 불평불만뿐이다. 예를 들어, 우리가 화가 났다고 말하면서 다른 누군가를 비난하며 손가락질을 한다. 이는 어느 누구에게도 도움이 안 된다. 우리의 삶에 변화를 가져올 수 있는 것들에 대해 대화를 나누는 방법을 배워야 한다.

그렇다면 우리를 있는 그대로 받아 주고 또 사랑해 줄 능력이 있는 사람들을 찾는 과정에서 정확히 무슨 말을 해야 할까? 당신은 이렇게 말할 수 있다.

"얼굴을 가리고 있던 가면을 벗고, 제 자신의 진실을 말하고 싶어요. 저는 조건 없이 사랑을 받는다고 느껴 본 적이 단 한 번도 없어요. 삶은 공허하고 또 혼자라는 것을 느꼈고, 매 순간 겁에 질려 있죠. 공허함을 채우기 위해 순간적이지만 기분이 조금이라도 나아지게 해 준다면 무엇이든 하려고 애썼어요. 칭찬받으려고 애쓰거나, 권력이나 힘을 얻거나, 돈을 벌거나, 사람들에게 인정받기 위해 열심히 일하거나, 섹스를 하거나, 불쌍하게 보여서 동정을 받으려고 애썼어요. 사람들에게 거짓말을 하고, 공격하고, 피해자 행세를 하며 공허함을 채우려고 했죠. 그리고 상처받기 싫어서 도망치면서 제 자신을 보호해 왔어요. 저는 이런 이야기를 누구에게도 해본 적이 없어요. 이런 말을 하면 사람들이 나를 비웃으며 손가락질을 할까 봐 두려웠어요. 이제 제 진실을 말하고 싶어요. 내가 진짜 누구인지 드러내고 싶어요. 그래서 있는 그대로 받아들여지고 또 사랑받고 싶어요."

'설마, 나더러 저런 식으로 말하라는 것은 아니겠지?'라고 생각할 것이다. 처음부터 위의 문장처럼 말하는 것은 현실적으로 어렵다. 이 정도의 진실을 말하려면 더 굳건한 믿음과 용기가 필요하다. 점차 경험이 쌓이고 또 더 많은 사람에게 받아들여지면, 자신의 진실을 점점 더 대담하게 말할 수 있을 것이다. 우리에게는 비유적으로 말할 수 있는 능력이 필요하다. 자신의 진실을 말하는 것이 불편하다고 느낀다면, 어느 누구도 시작조차 해보지 않을 것이다. 그러므로 이미 많은 사람에 의해 증명된 진실을 말하는 방법 몇 가지를 제안한다. 물론 당신에게 적절하지 않을지도 모른다.

예시문을 읽어 보면, 당신이 편안하게 말할 수 있는 다양한 진실이 떠오를 것이다.

💙 당신의 실수에 대한 책임을 져라.

당신이 '좋은 사람'일 때 받아들여지는 것은 아무 의미가 없다. 사람들이 우리가 아름답고, 성공적이고, 그들이 원하는 것을 할 때 우리를 좋아하는 것은 있는 그대로 사랑하는 것이 아니다. 자기들의 기분을 어떻게 만들어 주는지를 좋아하는 것이다. 조건 없는 사랑이란 많은 실수와 결점이 드러났음에도 불구하고 누군가가 있는 그대로 받아들일 경우를 의미한다. 그렇기 때문에 우리가 완벽하지 않다는 진실을 말하는 것이 중요하다.

자신이 저지른 실수를 기꺼이 인정한 후 사람들에게 여전히 받아들여지는 경험을 하는 순간, 우리가 '좋은 사람'이 아니더라도 또 약하고 어리석더라도 사랑받을 수 있다는 것을 배운다. 그러한 사랑을 받을 때, 진실을 왜 숨기겠는가? 두려울 것도 없다. 이 느낌은 황홀하다. 모든 인간은 본성적으로 옳은 행동을 하고자 하는 양심이 있다. 하지만 사랑을 받지 못했을 때는 실수를 숨기려고 애쓰고, 매 순간 실수를 하지 않으려고 노력한다. 단 한 번만이라도, 자신이 저지른 실수를 인정할 때 사랑받을 수 있다는 것을 깨닫게 된다면, 진실을 말하는 것이 더 쉬워진다. 마침내 더이상 실수를 하지 않게 되며 더 지혜로운 선택을 할 수 있게 된다.

다행히 캐롤라인과 다니엘은 돌이킬 수 없을 만큼 관계가 파괴되기 전에 진실을 말하는 방법을 배울 수 있었다. 케롤라인과 다니엘의 이야기를 들어 보자.

케롤라인은 샤워기에서 물이 새는 것을 고쳐 달라며 다니엘에게 3주 동안 부탁했다. 또다시 말을 꺼내야 했을 때, 케롤라인은 분통이 터졌다.

"샤워기에서 물이 아직도 새고 있잖아. 다음 달 수도세가 오를 거야."

그러자 다니엘은 흔하디 흔한 변명을 재빠르게 꺼냈다.

"좀 바빴어. 알잖아. 계속 야근을 했던 거…. 고칠 시간이 없었어."

하지만 그 말을 내뱉은 뒤, 다니엘은 진실을 말하는 연습을 해보기로 용기를 냈다. 숨을 깊게 들이마시고 내쉬면서 이렇게 말했다.

"인정하기는 싫지만, 샤워기 고치는 걸 계속 미뤘어. 많은 일이기도 하고, 너무 복잡해서 멍청하게 느껴졌어. 그래서 하기 싫었어. 이런 걸 어떻게 고치는지 아무도 보여 준 적이 없고…. 보통 이런 걸 고칠 때 많은 실수를 하게 되고…. 바보처럼 보이잖아. 그리고 철물점에도 다녀와야 하는데, 점원에게 멍청해 보이는 질문도 해야 하지. 사실, 할 시간은 있었어. 하지만 내가 게을렀고, 멍청하게 느껴졌어. 네가 이해할 수 있는지 모르겠지만…."

그러자 케롤라인의 분노는 순식간에 사라졌다. 남편에게 다가가 안아 주며, 서로 있는 그대로 받아들이는 황홀한 경험을 했다. 그리고 다니엘은 샤워기를 고치기 시작했다.

우리는 작은 실수를 항상 한다. 그리고 그 실수가 들통나면 사람들이 받아주지 않을까 봐, 무슨 짓을 해서라도 실수를 숨긴다. 최선을 다해 실수를 최소화하거나, 어쩌다 실수를 저지르게 되면 다른 사람에게 책임을 돌리기도 하며 거짓말을 할 때도 있다. 우리는 이런 방식으로 오랫동안 살아왔기에 이제는 그러고 있는지조차 알지 못한다. 만나는 모든 사람에게 당신이 저지른 실수를 일일이 말할 필요는 없으며, 그것은 지혜로운 방법도 아닐 것이다. 하지만 실수를 말하기 이전에는 진정한 사랑이라는 보상을 절대 경험할 수 없을 것이다.

💙 다른 사람이나 어떤 사건을 말하듯이 자신의 진실을 말하라.

우리는 언제나 자신이 하는 일을 누군가에게 말한다. 그러한 순간마다 약간의 용기를 내면, 평범한 일이 아주 특별한 순간으로 변할 수 있다.

다음은 어떻게 하면 진실을 말할 수 있는지에 대한 예시들이다.

"어제 남편이 내가 원하는 대로 행동하지 않았을 때(특정한 상황), 정말 짜증 났어. 그 순간 내가 깨달은 건, 내가 원하는 대로 남편이 행동하도록 요구할 권리가 나에겐 없다는 거야. 생각해 보면 정말 이기적인 생각이지. 그리고 내가 화가 나면 그건 내 선택이지, 남편의 잘못이 아니야. 결혼 이후 지금까지 내가 원하는 걸 남편에게 계속해서 요구했고, 내가 원하는 방식으로 행동하길 기대했어. 그로 인해 나도, 남편도 아주 불행했지. 나는 남편을 있는 그대로 받아 주지 않았고, 사랑해 주지도 않았어. 지금까지 나의 행복에만 집중했어. 어떻게 하면 사랑 넘치는 관계를 만들 수 있을지 더 배워야 해."

"우리 아들이 아주 부정적으로 세상을 바라봐. 학교나 집안일이나 가족들에 대해서 부정적인 태도를 보이지. 나는 그 아이를 아주 엄격하게 키웠어. 화를 내거나 벌을 주기도 했어. 그런데 이제는 아들을 가장 힘들게 한 것이 바로 나였다는 걸 알게 됐어. 아들이 성장하는 동안 내가 조건 없이 사랑했어야 했는데, 그러지 못했어. 아들이 원한 건 자신이 무슨 짓을 해도 사랑을 받는 것이었어. 아들이 어떤 일을 망쳤을 때 나는 짜증을 내고 화를 냈어. 그건 내가 아이를 조건적으로 사랑했다는 증거지. 지금까지는 아들에게 얼마나 상처를 주고 있는지 이해하지 못했어. 좋은 아빠라고 착각해 왔던 거야. 사실 나는 그렇게 좋은 아빠가 아니었지."

"어젯밤에 아내가 내가 싫어하는 행동을 해서 화가 났어. 자주 그러지. 계속 생각해 봤어. 몇 년 동안 부부 사이가 점점 멀어지고 있었는데, 나는 아내 잘못이라고 계속 생각하고 있었어. 이제 아내 문제만은 아니라는 걸 깨닫게 되었어. 나는 사랑이 넘치는 남편은 아니었어. 이기적이고 비판적이었지. 아내를 더 행복하게 하는 것이 무엇일까를 생각해 본 적도 없고, 내가 원하는 것에만 관심을 가졌지. 지금까지 이걸 인정해 본 적이 없어. 알고 나니 부끄러워."

"일요일에는 매주 교회에 가고 있지만, 내 자신이 위선자처럼 생각될 때가 있어. 난 보통 주변 사람들에게 화를 많이 내거든. 그리고 사람들에게 사랑을 베푼다든가, 용서를 하고 싶은 생각이 들지도 않아. 나는 사람들 앞에서 내가 믿는 종교를 잘 반영하는 좋은 모델이 아닌 거 같아."

"어제 딸에게 잔소리를 하고 있었어. 그런데 번뜩, 내가 딸에게 사랑한다는 말을 마지막으로 했던 게 언제인지 도무지 기억이 안 나는 거야. 사실, 내 부모님이 나에게 사랑한다고 말해 주었는지도 기억나지 않아. 그래서 내 딸에게도 그런 말을 잘 하지 않는 건가 봐. 나 자신이 사랑 넘치는 부모라고 항상 생각했어. 그런데 지금은 뭔가 바뀔 필요가 있다고 생각해."

"요즘 퇴근하고 돌아오면 이런 생각을 해. 돈 벌고, 이것저것 하느라 너무 바쁘게 살았어. 사람들과의 관계와 나의 행복에는 별다른 관심을 보이지 않았어. 이젠 그 생각을 좀 해볼 때가 된 거 같아."

> 🪄 약간의 용기를 내면, 평범한 일이 아주 특별한 순간으로 변할 수 있다.

💙 상대가 자신의 경험이나 주변 사람들에 대해 말할 때 당신의 진실을 말하라.

사람들은 대화를 할 때 자신의 삶이 얼마나 중요한지를 말한다. 그리고 자신이 느끼는 행복, 슬픔, 두려움, 화에 대한 말을 한다. 이것은 이들이 진정한 사랑을 얼마나 경험하지 못했는지를 말하고 있는 것이다. 그리고 이들은 얻고 보호하는 행동을 지속적으로 한다. 이런 경우, 상대가 아닌 당신의 진실과 얻고 보호하는 행동에 대해 말할 기회를 얻을 수 있다.

케이트의 상황을 살펴보자.

케이트는 누군가에게 진실을 말하는 연습을 하고 싶었다. 하지만 어떻게 시작해야 하는지를 몰랐다. 어느 날, 친구 마리가 남편 브라이언에 대한 불평을 늘어놓기 시작했다. 마리의 남편은 직장에서 일을 하면서 많은 시간을 보냈고, 집에 있는 동안 아내에게 관심을 주지 않았다. 마리가 부부 관계에 대한 대화를 시작하려고 하면, 남편은 화를 내며 방어적으로 행동했다.

"브라이언은 스스로 불행하다고 생각하는 거 같아."

케이트가 말했다.

"물론이지. 그는 내 인생도 끔찍하게 만들고 있어."

마리가 고개를 끄덕이며 대답했다. 케이트는 마리가 남편에 대한 불평을 계속 늘어놓는 것이 누구에게도 도움이 되지 않을 거라는 것을 알았다. 그리고 자신의 진실을 나누고 싶었다.

"사람들이 브라이언처럼 행복하지 않을 때, 그건 단지 조건 없는 사랑을 받지 않아서 그렇다는 걸 책을 읽고 배웠어. 사람들은 언제나 사랑받길 원하고, 사랑을 받지 못하면 그 공허함을 다른 것들로 채우려고 애쓰게 되지. 직장에서 성공하는 것처럼 말이야. 그래서 브라이언이 직장에서 많은 시간을 보내는 거야. 그리고 사랑을 받지 않을 때는 쉽게 겁에 질리게 되지. 삶이 공허하다고 느낄 때는 모든 것이 자신을 위협한다고 생각하니까. 그래서 브라이언이 너에게 화를 내는 것은 스스로 더이상 상처받지 않으려고 애쓰는 거야. 상처받을까 봐 두려워하는 거지."

"넌 그걸 어떻게 아는 거야?"

마리가 물었다.

"나도 똑같이 해 왔으니까."

케이트가 대답했다. 케이트는 마리에게 진정한 사랑, 가짜 사랑, 얻고 보호하는 행동을 설명했다. 그리고 브라이언이 사랑받지 못한다고 느끼는 것은 마리의 잘못이 아니라고 분명히 말했다. 또 마리가 남편에게 조건 없는 사랑을 충분히 주지는 못한 것은 사실이지만, 그의 공허함과 외로움은 마리와 결혼하기 훨씬 이전에 이미 존재했다는 것도 설명했다.

사람들이 자신에게 일어난 일을 당신에게 말할 때, 그들이 무슨 말을 하는지 들어줄 필요가 있다. 그러면 당신은 자신의 진실을 말할 수 있는 아주 많은 기회를 얻게 된다. 그 순간에 진실을 말하라.

여기서 케이트는 지혜로운 사람이 되어 마리와 대화를 했다. 그와 동시에 자신의 진실도 말하고 있다. 이 사실을 발견해 보자. 마리가 브라이언과 있었던 일들을 말하는 동안 있는 그대로 그녀를 받아 주고 또 사랑해 주고 있다. 우리는 지혜로운 사람을 찾는 과정에서 많은 순간 상대에게 지혜로운 사람이 되어 줄 수 있는 기회를 얻게 된다. 사람들과 소통하며, 어떻게 하면 지혜로운 사람이 될 수 있는지를 배우게 되는 것이다.

💙 당신과 아무 관련이 없는 일을 말하는 것처럼 자신의 진실을 말하라.

사람들을 만나면 우리가 본 영화나 책, 뉴스 그리고 정치적인 이슈들에 대해 매일같이 대화를 나눈다. 사실, 그 모든 내용은 진정한 사랑 없이 고난을 겪는 내용과 가짜 사랑을 어떻게 사용하는지, 그리고 얻고 보호하는 행동을 어떻게 하는지에 대한 예시들일 때가 많다. 따라서 당신이 진실을 말할 수 있는 훌륭한 기회가 될 수 있다. 예를 들어, 많은 술과 마약을 다루는 영화를 보기도 하고, 유명인들이 마약 문제로 인해 사람들의 입에 오르내리기도 한다. 이는 멈추지 않고 일어나는 사회문제다. 모든 사람이 대체로 혀를 쯧쯧거리며 놀라워하거나 멸시하기도 하지만, 그 순간 당신은 자신의 행동에 대해 다음과 같은 방식으로 진실을 말할 수 있다.

"술이나 마약중독을 무시하는 사람들이 많아. 중독에 빠진 사람들은 삶의 고통을 회피하려고 하는 것뿐이야. 모든 사람에게 가장 필요한 것은 조건 없이 사랑을 받는 것이지. 그걸 받을 수 없을 때, 고통을 무마하거나 공허함을 채우기 위해 무슨 짓이든 하는 거야. 그래서 마약에 손을 대는 거지. 마약을 해본 적은 없지만, 나 역시 많은 순간 사랑받지 못한다고 여기거나 공허하다고 느껴. 그래서 기분이 좋아지게 하려고 돈을 많이 벌려고 하거나, 권력을 가지려고 하거나, 인정을 받으려고 애쓰기도 해. 단지 이런 행동들은 마약보다는 사회적으로 용인되는 것뿐이지. 내가 이런다고 해서 사람들이 나를 무시하지는 않지만, 여전히 같은 문제야. 마약중독자들보다 내가 얼마나 더 나은 사람인지 잘 모르겠어."

얻고 보호하는 행동에 대한 진실을 말하는 예시다. 이외에도 신문이나 잡지, 저녁 뉴스를 보면 가짜 사랑과 얻고 보호하는 행동에 대한 수많은 예시를 바로 만날 수 있을 것이다. 그 이야기들과 사건들을 마주하며 가짜 사랑과 얻고 보호하는 행동들을 바라보면, 이 땅에 살고 있는 사람들 대부분이 당신의 행동과 아주 유사하다는 것을 분명히 알게 될 것이다. 우리가 더 솔직해질수록 사랑받을 기회를 더 많이 얻을 것이다.

💙 당신의 감정에 대한 진실을 말하라.

그동안 우리는 주변 사람들에게 감정은 숨겨야 한다고 배웠다. 특히 두려움과 분노는 당연히 숨겨야 했다. 어린 시절 형제자매와 싸웠을 때, "당장 멈추지 못해!"라고 소리를 지르는 부모의 목소리를 들었다. 그렇게 화를 내는 것은 "나쁘다."라고 배웠다. 또 두려움을 느끼는 것은 스스로 약하다는 것을 증명하는 것이라고 배웠다. 그래서 우리는 두렵거나 화가 나면 그 감정을 숨긴다. 자신의 감정을 감추기 위해 거짓말하는 것을 배웠지만, 결국 그로 인해 사랑받지 못한 채 언제나 혼자 남겨졌다.

두렵고 화가 날 때 진실한 모습을 보이는 것은 중요한 일이다. 사람들과 소통할 때 우리는 상대가 나를 좋아하는지 아닌지를 궁금해한다. 누군가 우리를 좋아하는지 여부를 궁금해한다는 것은 사실, 상대가 자신을 좋아하지 않을까 봐 두려워하는 것이다. 이렇게 우리는 두려움에 시달리며 살아간다. 사람들이 우리를 불편하게 할 때 인내심의 한계를 느끼는 것 역시 화를 내는 것이다. '짜증 난다, 좌절감을 느낀다, 귀찮다, 기분이 나쁘다' 등 우리는 화를 낸다는 것을 대체하기 위해 이와 같은 단어를 사용한다. 이는 '화가 났다'는 사실을 숨기기 위한 말들이다. 사람들의 말이나 행동에 의해 우리가 불쾌할 때, 두려움을 느끼는 동시에 화가 난다.

조건 없는 사랑을 받지 못한 사람들은 '두려움'과 '화'라는 두 감정을 피할 수가 없다. 우리는 매 순간 이러한 감정을 느낀다. 무의식적으로라도 이를 부정한다면, 우리의 진실을 상대에게 보여 줄 수 없고, 받아들여질 수도 없고, 사랑받을 수도 없다.

💕 **이 책을 활용해 당신의 진실을 말하는 것을 시작해 보라.**
책을 활용해 진실을 어떻게 말하는지에 대한 예시는 다음과 같다.
"요즘 사람들과의 관계에 대한 책을 읽고 있는데, 아주 흥미로워."
"무슨 내용인데?"
"그 책에서 조건 없는 사랑을 충분히 받지 않으면 관계에서 문제가 생긴다고 해. 내가 읽은 책 제목은 『리얼러브』야."
이렇게 대화를 하며 진정한 사랑의 정의를 알려 주고, 그동안 당신이 조건적인 사랑을 받았던 경험에 대해 대화를 나누어 보라. 그러면 그로 인한 영향이 무엇이었는지 다음과 같이 말할 수 있다.
"그 책에서 사람들은 진정한 사랑을 느끼지 않을 때 공허함을 느낀대. 그걸 채우기 위해 사람들은 무엇이든 한다고 해. 사람들은 가짜 사랑을 가지고 하루하루를 살아가지. 가짜 사랑이란 칭찬, 힘, 쾌락, 섹스, 돈, 동정받기와 같은 것들이지. 나는 칭찬을 받기 위해 그동안 애쓰면서 살아왔어. 다른 사람에게 좋은 인상을 남기기 위해 애쓰고, 칭찬이나 인정을 받을 만한 행동들만 하려고 노력했지. 나에게 칭찬이란 마약과 같아. 하지만 칭찬받고 좋은 기분은 그리 오래가지 않지. 내가 느끼는 두려움과 실수들을 감추어 왔어. 이제는 정말 내가 누구인지 아무도 모른다는 기분이 들어. 그래서 많은 순간이 공허하고 외로워. 이 책을 읽기 전에는 내가 그러고 있다는 것조차 몰랐지."
이런 대화를 나눈다는 것이 매우 두려울 수 있다. 하지만 이 대화를 통해 지혜로운 친구를 만나고, 그 지혜로운 친구가 당신의 결점을 있는 그대로 받아들이면 당신은 진정으로 사랑받을 수 있는 기회를 얻게 된다. 그 지혜로운 친구 역시 자신의 진실을 말할 가능성도 있다. 그러면 이제 당신이 사랑을 줄 수 있는 기회를 얻게 된다.

우리가 무대의 주인공이 된다는 것은 그리 수월하지 않다. 수업을 듣다가 질문이 생겨서 손을 들거나, 대중 앞에서 스스로 발표하는 것을 전염병인 양 꺼린다. 하지만 우리와 관련이 없는 내용에 대해서는 그나마 편안하게 말을 꺼낼 수 있다. 예를 들어, 스포츠·정치·영화 혹은 책과 같은 것들은 말을 시작하기가 쉽다. 그러니 진실을 말하는 것을 시작할 때 이 책을 이용해라. 이 책이 진실의 대화를 시작할 수 있는 도구가 되어 줄 것이다.

만약, 당신이 진실을 말하기 위해 내가 제안한 몇 가지 방식을 사용했지만, 상대가 무표정과 무반응을 보인다면 어떤 일이 일어날까? 여기서 중요한 것은, 진실을 말하는 순간 당신은 상대로부터 사랑받기 위해 애쓰고 있는 것이 아니다. 그저 상대가 지혜로운 사람이 될 수 있는 능력이 있는지를 알아보는 것이다. 상대가 반응이 없다면, 그 사람은 '지혜로운 사람이 아니다.'라는 간단한 정보를 얻는다. 따라서 당신은 잃을 것이 없다. 다시 축구나 날씨, 쇼핑과 같은 주제들로 대화를 시작하면 된다.

그렇다고 거기서 멈추지 마라. 사람들과 대화를 할 때 당신의 진실을 계속 보여 준다면, 그 이야기를 듣고 눈을 반짝거리며 당신이 진짜 어떤 사람인지를 궁금해하는 사람들을 만나게 될 것이다. 상대는 당신에게 "우와! 진짜 솔직하다."라고 말할 것이다. 그런 사람을 반드시 찾을 수 있다. 진실에 매력을 느끼고, 당신을 있는 그대로 받아 줄 사람이 나타날 것이다. 그리고 그 사람은 당신에게 진실을 나누어 줄지도 모른다. 지혜로운 사람은 어디든 있지만,

지혜로운 사람인지 아닌지는 본인조차 모른다. 지혜로운 사람을 찾아서 조건 없이 받아들이고 따뜻한 사랑을 경험하면, 지혜로운 사람을 찾는 과정에서 받게 되는 무표정과 무반응들에 더이상 영향을 받지 않을 것이다. 당신에게 있는 모든 것을 투자해서라도 찾아야 할 만큼 진정한 사랑은 가치가 있다. 정말 모든 것을 쏟아부을 만하다.

당신이 조금이라도 진실을 말했을 때 상대가 그것을 받아들인다면, 그 사람에게 조금 더 말해 보라. 각자 작은 경험을 함으로써 자신감이 올라가므로, 더 많은 것을 나누는 것이 쉽다는 것을 느낄 것이다. 지혜로운 사람은 치료자가 아니라 단지 사랑을 주는 친구다. 한 사람에게 모든 문제를 다 쏟아 내고 싶어 하지는 않을 것이다. 만약, 당신이 상대의 진실에 압도당한 것 같다면 한 걸음 뒤로 물러나자. 그리고 다시 시도해 보자. 조금 천천히 하는 것이 좋다.

여기서 중요한 것은 많은 사람이 당신을 거절하며 사랑해 주지 않는다고 해도 상관이 없다. 손에 꼽을 만큼 당신을 사랑해 주는 사람이 몇 명이라도 있다는 것이 중요하다. 하지만 당신이 누구인지를 보여 주지 않는 한 당신을 사랑해 줄 사람들을 결코 찾을 수 없다. 그러나 자신의 진실을 말하는 것은 두려울 수 있다. 잘 알고 있다. 사람들이 그 진실로 인해 당신을 좋아하지 않을 수도 있기 때문이다. 그래서 우리는 진실을 숨기고 거짓말을 한다. 하지만 거짓말로는 사랑받을 수 없고, 혼자 남겨질 수밖에 없다. 그야말로 최악의 상황이 되는 것이다. 얼굴에 뒤집어쓴 가면을 벗어 던져라. 그래도 당신에게 전혀 손해가 없다.

단 한 사람일지라도 그에게 당신이 누구인지 제대로 보이고, 있는 그대로 사랑받는다는 느낌은 우리의 삶을 완전히 바꿀 수 있다. 그 한 사람이 두 사람이 되고 또 여러 지혜로운 사람과 가까이 지내면, 사랑받는다는 느낌은 수

십 배가 될 것이다. 그렇기 때문에 많은 사람이 의도적으로라도 진실을 말하고, 서로 사랑해 주자는 의도를 내비치며 소그룹을 운영하기도 한다. 이것은 어떤 치료가 아니다. 돈이 들지도 않는다. 정식적으로 회원 가입을 할 필요도 없다. 이들은 단지 규칙적으로 만나며, 진실을 말한다. 그리고 서로 있는 그대로 받아들인다. 그 대화로 인해 인생이 변한다.

지혜로운 사람을 찾을 때 주의할 사항

한 사람이 당신을 매 순간 조건 없이 사랑해 줄 것이라고 기대하지 마라. 그것은 거의 불가능하다. 또한 상대에게 그럴 의무도 없다. 단 한 번, 있는 그대로 받아들여지는 경험조차 기적 같은 효과를 낸다. 받아들여지는 순간이 점점 길어지고 많아지면, 그 힘은 더 강력해진다.

더불어 자신의 진실을 말하는 과정에서, 3장에서 다룬 '기대의 법칙'을 기억해라. 상대에게 당신을 받아들이고 사랑해 주기를 기대하는 순간, 무조건적으로 사랑을 받을 가능성은 사라질 것이다. 진정한 사랑은 **자유롭게 주고받는 것이다.** 기대는 진정한 사랑을 느끼지 못하도록 그 가능성을 떨어뜨린다. 만약, 상대가 당신을 받아 주고 또 사랑해 주기를 요구하는 것만이라도 당신이 멈출 수 있다면, 관계에서 행복한 격정적인 변화를 맞이할 것이다. 당신을 조건 없이 사랑해 주는 사람이 누가 될지는 알 수 없다. 그저 당신의 진실을 말하고, 사랑받기를 기다려라. 이러한 믿음으로 진실을 말하는 것을 연습할 때, 조건 없이 사랑을 받는 기회를 만나게 된다.

진실을 말할 때, 우리는 놀랄 만큼 차오르는 자유를 경험하게 될 것이다. 상대가 우리를 받아들이지 않더라도, 우리를 외로움과 불행에 떨게 만들었던 거짓말이라는 엄청난 무게의 부담을 떨쳐 내게 된다. 그렇지만 주위의 모든 사람에게 진실을 말하는 것은 현명하지 않다.

진실을 말하면 해가 될 수 있는 경우를 명확히 제시해 보겠다.
진실을 말해 보지 않고서는 그것이 현명한지 아닌지를 대부분 알 수가 없다. 만약, 상대와 당신의 진실을 나누었는데, 그 사람이 당신을 받아들이지 않는다는 느낌이 명확하고 또 고통스럽다면 그 대화를 멈춰라. 또한 두려움과 화가 난다는 것을 상대에게 표현했을 때 상대가 위협을 받거나, 당신의 두려움과 화에 대한 책임이 상대방 자신에게 있다고 느낀다면 그 대화를 멈춰라. 상대가 사랑을 받았다는 것을 느끼지 못하는 상태라면, 당신의 부정적인 감정을 담은 이야기를 들을 때 압도될 수 있다. 그렇기 때문에 상대가 당신의 말에 상처를 받는다면, 민감하게 대처해야 한다.
몇 가지 경우에는 진실을 말하는 것이 다른 사람에게 해가 될 수 있다. 이것은 말을 시작하기 전에도 판단할 수 있다. 예를 들어, 공허함과 두려움이 어린 시절에 시작되었다는 것을 알게 되면, 부모님과 그것을 나누고 싶다는 생각이 들 수 있다. 하지만 부모들 중 대부분은 그런 이야기를 들으면 자기들의 실수에 따른 결과이기에 위협적으로 받아들일 것이다. 어떻게 보면 그런 대화 자체를 시작하는 것이 사랑이 없는 행동이 될 수 있다.
또 다른 경우는 직장에서 진실을 말할 때 주의해야 한다. 만약, 직원과 동료들이 우리가 느끼는 두려움과 결점을 모두 안다면, 경력을 쌓는 데 불필요하고 또 부정적인 영향을 미칠 수 있다. 자신의 진실을 말해야 한다는 것은 분명하지만, 불필요한 위험성을 만들 필요는 없다.

상대를 제대로 보기 위한 규칙

많은 사람이 너무 긴 시간 동안 거짓말을 했기 때문에, 진실하게 보이는 방법을 전혀 알지 못한다. 그리고 지금까지 사람들이 무슨 짓을 했는지, 어떻게 잘못 대했는지를 말하느라 시간을 낭비했기 때문에 사람들이 진실하게 말하더라도 그것을 제대로 보는 방법을 알지 못한다. 그러므로 어떤 사람에게는 솔직한 것이 이상하거나 불편할 수 있다. 이것은 마치 외국어를 처음 배우는 것과 같다.

다음에 제안하는 규칙들과 가이드라인은 상대를 제대로 볼 수 있도록 도와주는 쉬운 방법이다. 처음에 말을 꺼내는 사람을 '말하는 사람'으로 정한다. 말을 한다는 것은 미소 짓기, 울기, 입을 꼭 다물기, 삐치기 등의 비언어적인 것도 포함된다. 한 사람의 이야기를 듣고 그 사람을 제대로 볼 수 있다.

다음은 상대를 제대로 보기 위한 4가지 규칙을 살펴보자.

💙 **첫 번째 규칙: 말하는 사람은 한 명이다.**

진정으로 생산적인 소통에서는 말하는 사람이 오직 한 명만 존재한다. 그 이상의 사람들이 서로 말을 하기 위해 경쟁한다면, 어느 누구의 말도 온전하게 들을 수 없고 또 상대를 제대로 볼 수도 없다.

💙 **두 번째 규칙: 말을 먼저 꺼낸 사람이 말하는 사람이다.**

나머지 모든 사람은 듣는다. 이것은 다른 이들이 말하지 못하도록 막는 것이 아니다. 말할 순서를 정하고, 모든 사람의 말을 들을 수 있도록 하는 데 있다.

사라와 캐빈의 사례를 보자.

사라와 캐빈은 자주 싸웠다. 특히 이날은 사라가 더 화가 났다.

"당신이 가족들에게 계속 삐치고 싸우려고 하는데, 나도 이제 지쳤어. 퇴근하고 돌아오면 할 집안일 많아서 당신의 도움이 필요해. 그런데 당신은 으르렁거리고 불평만 할 뿐이야."

"내가 부탁한 걸 당신이 한 번이라도 했다면, 이렇게 화가 나진 않았을 거야. 세금 신고를 위해 영수증을 모아 달라고 도대체 몇 번이나 말했지?"

캐빈은 사라를 바라보며 날카롭게 쏘아붙였다. 이 대화가 어디로 가는지는 뻔하다. 상처받은 관계임에도 불구하고 더 많은 상처를 입히기 위해 서로 할퀴어 가며 비난하고 있다. 두 사람이 동시에 상대를 헐뜯는 말을 하고자 할 때 항상 이런 일이 벌어진다. 캐빈과 사라는 두 가지 주제를 놓고 대화를 시도하는데, 어느 누구도 상대의 말을 듣지 않는다.

결국 사라와 캐빈은 집으로 지혜로운 친구를 초대해 자신들을 도와 달라고 요청했다. 지혜로운 친구는 상대를 제대로 보기 위한 규칙을 설명했는데, 그 말을 듣자마자 사라가 말을 이었다.

"당신이 가족들에게 삐칠 때 나는 정말 싫어. 할 일도 많은데…. 나를 물고 뜯는 사람이 아니라, 나를 도와줄 사람이 필요해."

캐빈은 케케묵은 방식으로 사라를 공격하며 평소와 같이 말했다.

"세금 신고를 해야 하는데, 영수증들이 아직도 없어. 나도 당신의 도움이 필요해. 알잖아?"

이때 지혜로운 사람이 끼어들었다.

"캐빈, 사라가 먼저 말을 시작했어요. 영수증은 다른 주제니, 사라의 말을 끝까지 들어봅시다. 한 사람씩 말을 하는 것이 훨씬 더 좋아요. 이건 제가 알려드린, 상대를 제대로 보기 위한 규칙에서 1번과 2번에 해당하지요."

그러나 캐빈은 여전히 영수증에 대해 대화하고자 했다.

"하지만 아내는…."

"자, 한 번 생각해 보세요. 지금까지 몇 년 동안이나 서로 동시에 말을 하려고 했죠? 그리고 동시에 말을 했을 때 둘의 관계가 사랑이 넘치고 소통이 가능했나요?"

지혜로운 사람이 차분히 물었다.

"음…."

캐빈은 말문이 막혔다.

"단 한 번이라도?"

지혜로운 사람이 물었다.

"없는 것 같네요."

캐빈은 한숨을 길게 내쉬었다.

"이미 알겠지만, 서로 동시에 말을 하면 둘 다 질 수밖에 없어요. 실패하는 방법을 계속하시겠어요? 아니면 다른 방법을 시도해 보는 건 어떠신가요? 제가 말씀드릴 새로운 방법을 시도한다면, 당신이 하고 싶은 모든 말을 아내에게 전달할 수 있을 겁니다. 하지만 그건 사라의 말을 모두 듣고 난 다음에 가능해요."

"알겠어요. 그녀의 말이 끝날 때까지 기다릴게요."

캐빈이 말했다.

"아내의 말이 끝나자마자 당신의 영수증 이야기를 꺼낼 생각이라면, 그건 아내의 말을 온전히 듣는 것이 아닙니다. 그건 그저 이다음에 무슨 말을 할지 생각하는 것이죠. 그렇게 되면, 사라는 당신이 자신의 말을 온전히 들었다고 느끼지 않을 겁니다. 제가 제안하는 것은, 영수증에 관한 이야기는 내일이나 훨씬 나중에 하라는 거예요."

캐빈은 위협을 느낄 때면 항상 자신을 방어해 왔다. 방어할 때는 순간적이나마 안전하게 느꼈지만, 그 순간마다 아내는 무시당하거나 사랑받지 못한다고 느꼈다. 그리고 캐빈에게 남겨진 감정은 외로움뿐이었다. 이런 방식으로 서로 상처를 계속 입히고 있었던 것이다. 이후 자신도 말할 기회가 있을 거라는 것을 이해하고, 지혜로운 친구를 신뢰하기로 했다. 마침내 캐빈은 사라의 말을 먼저 들어 보기로 결심했던 것이다.

이 대화 방식은 캐빈과 사라에게 새롭고 즐거웠다. 사라는 방해받거나 공격받지 않고, 자신의 생각을 온전히 표현할 수 있었다. 그리고 남편이 자신을 있는 그대로 보고 이해한다는 것을 느꼈다. 또한 캐빈은 아내에 대해 알지 못했던 것을 배울 수 있었다. 둘이 동시에 말을 하려고 했다면, 이런 변화는 결코 일어날 수 없었을 것이다.

첫 번째와 두 번째 규칙에 예외가 있다. 대화를 하는 두 사람 모두 사랑을 충분히 받았으며, 서로 사랑을 줄 수 있을 때 동시에 말하고 듣는 것이 가능하다. 이때 말하는 사람이 2명이며, 듣는 사람도 2명이 되는 셈이다. 이 예외가 가능하기 위해서는 상대의 말을 있는 그대로 들을 수 있는 능력이 있어야 하며, 두 사람 모두 말하기 위해 서로 경쟁하지 않아야만 한다.

💙 **세 번째 규칙: 말하는 사람은 자신에 대해 말을 한다.**

누군가 말하는 순간, 대부분은 자신에 대한 중요한 어떤 것을 말하고 있는 것이다. 사라와 캐빈의 사례를 보면, 사라는 남편이 언제나 싸우려고만 한다는 것을 말했다. 이는 남편에 대해서 하는 말이기 때문에 의미가 없고, 산만

하게 만들 뿐이다. 더욱이 왜, 얼마나 자주 혹은 뭐라고 하면서 싸우려고 하는지는에 대해 분석하는 것은 의미가 없다. 여기서 사라가 진정으로 전하려고 하는 메시지는 스스로 사랑받지 못하며, 그 사실 때문에 겁에 질려 있고 또 외로움을 느낀다는 것이다.

사라가 말하는 동안 지혜로운 사람은 그 말을 온전히 들었고, 경우에 따라 그녀가 느끼는 두려움과 외로움을 표현할 수 있도록 도움을 주었다. 즉, 캐빈과의 관계에서 있었던 많은 다툼 속에 미세한 것에 집착하며 길을 잃지 않도록 방향을 잡아 주었다. 말을 시작했을 때는 대부분 캐빈에 대해 이야기하고 있었지만, 대화 자체는 결국 남편에 대한 내용이 아니라 그녀 자신에 대한 이야기였다.

사라는 지혜로운 사람에게 있는 그대로 받아들여지고, 사랑을 받았다. 그 순간 그녀가 남편에게 느끼던 성난 감정은 사라졌다. 캐빈은 그녀가 이렇게 빨리 안정을 찾는 모습을 본 적이 없다. 아내에게 더 화를 내며 반응했을 때는 끔찍한 상황만 남겨질 뿐이었다.

이처럼 공허함과 두려움이 주는 고통은 우리를 압도한다. 그런 상태에서 우리의 생각과 행동은 모두 자신을 보호하고 또 자신에게 필요한 것들을 채우기 위해 집중할 뿐이다. 지혜로운 사람은 이 사실을 분명히 알고 있기 때문에 말하는 사람을 있는 그대로 받아들이고 사랑해 줌으로써 그 사람이 진정 필요로 하는 것을 주었다. 그것이 바로 진정한 사랑이다.

> 🪄 어느 관계든지 진짜 문제는 항상 공허함과 두려움이고,
> 문제를 해결하기 위해서는 공허함과 두려움을 제거해야 한다.

💙 **네 번째 규칙:**
스스로 지혜로운 사람이 아니라면 다른 지혜로운 사람을 찾으라.

사람들이 말을 할 때마다 자신을 제대로 보고 또 있는 그대로 받아 줄 수 있는 사람이 필요하다. 우리가 공허하고 두려워하고 있을 때는 상대를 제대로 볼 수가 없다. 자신이 원하는 것과 두려움에 사로잡혀 다른 이들과 생산적인 대화가 불가능하다. 그러나 지혜로운 사람은 우리를 있는 그대로 받아들이기 때문에, 우리는 보호하는 행동을 멈출 수 있다. 그만큼 충분히 안전하다고 느끼며 진실을 말하게 된다. 우리가 이러한 사랑을 계속해서 받게 되면, 우리 역시 상대를 제대로 보고 있는 그대로 받아들이는 능력을 갖게 된다.

> 🪄 상대를 제대로 보기 위한 규칙
> 1. 말하는 사람은 한 명이다.
> 2. 말을 먼저 꺼낸 사람이 말하는 사람이다.
> 3. 말하는 사람은 자신에 대한 말을 한다.
> 4. 자신이 지혜로운 사람이 아니라면 다른 지혜로운 사람을 찾아라.

우리는 대화 속에서 긴장하거나 두려움을 느끼며, 짜증을 내거나 인내심을 잃을 때가 있다. 잠시 그 비효과적인 행동을 멈추고, 사랑을 받기 위해 지혜로운 사람에게 연락할 필요가 있다. 캐빈과 사라는 서로 소통하기 위해 셀 수 없이 노력을 했지만 결국 실패했다. 서로 제대로 보고, 있는 그대로 받아들일 만큼 사랑을 받아 본 적이 없기 때문이다. 자신들의 욕구와 두려움에 사로잡혀 앞이 깜깜한 상태였다. 사라는 자신들이 상대에게 지혜로운 사람이 될 수 없다는 것을 깨달았을 때 네 번째 규칙을 시도했던 것이다. 지혜로운 친구에게 전화를 했고, 그를 초대했다. 그래서 둘 다 사랑을 충분히 받고, 서로 제대로 볼 수 있도록 도움을 받았다.

캐빈과 사라의 사례는 실제 상황이었지만, 아주 이상적인 결말을 맞이했다. 이제 현실적으로 접근해 보자. 많은 관계에서 지혜로운 사람을 초대해 대화에 도움을 주도록 요청할 수 있지만, 언제나 좋은 결과가 나타나는 것은 아니다. 그런 상황을 위해서 네 번째 규칙을 약간 수정해 보겠다.

"당신과 상대가 지혜로운 사람이 아니라면, 당신만을 위해서라도 다른 지혜로운 사람을 찾아라."

자넷의 사례를 보면 이 변형된 규칙을 잘 이해할 수 있다.

자넷의 상사로 새로운 사람이 부임했다. 그녀는 더 많은 업무는 물론 이전과는 다른 업무 방식에 적응해야 했다. 자넷은 회사의 그런 변화에 위협을 느꼈고, 상사의 사무실로 가서 화를 내며 상사에게 따지듯 말했다. 그리고 집으로 돌아와 지혜로운 친구에게 전화를 했다.

"이 사람은 최악이야. 아는 게 아무것도 없어. 그런 주제에 내 업무랑 일하는 시간까지 자기 마음대로 바꿨어. 정말 화가 나."

그러자 지혜로운 친구는 침착하게 말했다.

"너는 두려워하고 있구나."

자넷이 기대한 반응이 아니었기에 의아해하며 물었다.

"무슨 말이야?"

친구가 이렇게 대답했다.

"화가 난다는 것은 그저 두려워하는 무언가로부터 자신을 보호하는 것뿐이야. 너는 새로운 상사가 두려운 거야. 화를 내서 자신을 보호하는 거지."

지혜로운 친구는 새로운 상사가 원래 하는 일과는 다른 방식으로 업무를 지시하자, 자넷은 자신의 의견이 아무런 가치가 없다고 느꼈다. 그것은 자신을 배려하는 사람이 아무도 없다는 또 하나의 증거로 해석했다. 그리고 새로운 방식의 업무를 진행하다가 실수를 하고 또 비난을 받을까 봐 두려웠다. 간단히 말해서, 그녀는 새로운 상사 때문에 벌어진 익숙하지 않은 상황에서 직장 동료들이 자신을 존중하지 않거나 좋아하지 않게 될까 봐 두려웠다. 그러므로 화가 난다는 것은 두려움에 대한 반응이고, 그 두려움은 대부분 사랑받지 못했다는 느낌에 뿌리를 둔다.

지혜로운 친구가 계속해서 말했다.

"네가 화를 내는 이유는 아무것도 할 수 없다는 느낌이 견딜 수 없어서, 화라도 내면 조금 나아지니까 그런 거야. 그리고 짜증을 내고 분풀이를 해서 사람들을 겁주면, 새로 온 상사는 너에게 하기 싫은 일을 안 시킬 수도 있지. 네가 그렇게 의도적으로 행동한다는 게 아니라 무의식적으로 하고 있는 거야. 의도적이든 아니든, 화를 내는 행동이 너를 행복하게 해 주지는 않을 거야. 지금까지 수만 번의 경험으로 이미 알고 있잖아."

"네 말이 맞아."

자넷이 고개를 끄덕였다.

"그럼, 내가 상사에게 화가 날 땐 어떡하지? 사무실로 쫓아가서 내가 화났다고 말해도 도움이 안 된다면, 마음에 담아둔 채 화가 나도 안 나는 척해야 하는 거야?"

"아니, 화가 났다는 걸 숨기는 것도 도움이 안 돼. 진실할 필요가 있어. 그렇지만 상사에게 분풀이를 하는 건 도움이 안 된다는 거지. 화가 났을 때, 그 감정 상태의 너를 있는 그대로 사랑해 줄 수 있는 누군가에게 진실을 말하는 거야. 솔직하게…. 네 말을 있는 그대로 들어주는 사람에게 말이야."

다음 날, 자넷은 직장에서 또 화가 났다. 그리고 상사에게 다음과 같이 말했다.

"잠깐만요. 해야 할 전화가 있는데, 조금 있다가 다시 이야기해요."

자넷은 다른 방으로 가서 지혜로운 친구에게 전화를 했다.

"상사에게 또 화가 났어. 따귀라도 때리고 싶은 심정이야. 너무 멍청해."

"지금 네가 두려워하는 게 뭐지?"

친구가 물었다.

그러자 자넷은 분노의 뿌리가 상사가 아니라는 것을 다시 생각해 냈다. 이윽고 얼굴에 미소를 지었다. 그녀가 두려운 것은 상대가 비난하기 때문에 더 이상 사랑받을 수 없다는 것이었다. 그 사실을 인지한 채 지혜로운 친구가 자신을 사랑해 준다는 느낌을 받자, 분노도 두려움도 사라졌다. 이러한 상황에서는 자넷은 상사를 위해 지혜로운 사람이 될 필요가 없다. 그리고 그녀와 상사의 관계를 돕기 위해 지혜로운 사람이 대화를 중재해 줄 필요도 없다. 그녀는 누군가에게 있는 그대로 보이고, 받아들여지고, 사랑받는 것이 필요할 뿐이다.

미국의 각 지역에서 자신의 진실을 말하고, 사랑받는 것을 배우기 위해 리얼러브회사로 연락이 오고 있다. 이들은 자신의 삶에 극적인 변화를 경험하고 있다. 이 세상에서 사랑보다 더 강력한 것은 없기 때문이다.

> 화가 난다는 것은 두려움에 대한 반응이고,
> 그 두려움은 대부분 사랑받지 못했다는 느낌에 뿌리를 둔다.

진실을 말하는 연습하기

자신의 진실을 말하고, 다른 사람으로부터 사랑을 받고, 또 다른 이들에게 사랑을 주는 방법을 일상에서 배울 수 있다. 그런데 그 과정을 다른 사람과 함께 훈련하는 시간으로 활용한다면 성장을 더욱 앞당길 수 있다.

상대의 진실을 듣고, 진실을 말하는 것에 관심이 있는 사람을 찾으면 다음 활동 방법을 사용해 볼 수 있다. 각 활동은 몇 번이든 반복해도 된다. 많이 반복할수록 더 많은 것을 배울 수 있다.

참가자가 두 명이라는 가정하에 설명을 해보겠다. 인원수는 관계가 없다. 진행 과정과 방법을 몇 가지 제시한다.

1. 말하는 사람과 듣는 사람이 각각 한 명씩 존재한다. 상대를 제대로 보기 위한 첫 번째 규칙에서 이미 다루었던 바와 같이 말하는 사람은 단 한 명만 존재한다. 듣는 사람은 상대방의 말을 명확히 이해하기 위해서 이따금 질문할 수 있으나, 대체로 듣는다. 말하는 사람이 말을 마치면 그에 대한 조언이나 답변을 제공하지 않으며, 듣는 사람이 이야기를 털어놓지 않는다.

2. 말하는 사람이 하고 싶은 말을 다 하면, 이제 듣는 사람이 된다. 그러면 앞서 듣는 사람이었던 사람이 말하는 사람이 된다. 이때 새롭게 말하는 사람이 지난 시간에 들은 내용에 대한 조언이나 답변을 제공하는 기회로 사용하지 않는다.

3. 두 사람이 모두 말을 끝마친 후, 대화를 통해서 무엇을 배웠는지를 나눈다. 대부분은 자신이 무엇을 배웠는지를 말하고, 상대로부터 뭘 배웠는지도 말한다. 이것은 상대에게 설교를 하며 가르치거나, 말다툼을 하

거나, 상대가 한 말에 대해 반대하고자 하는 목적이 결코 아니다.

이미 이 활동을 했던 다양한 사례를 살펴보자.

대부분의 사람들은 다수와 대화할 때보다 한두 명과 대화할 때 더 열린 마음으로 소통한다. 따라서 그룹으로 진행할 때 둘씩 짝을 지어서 대화하는 것을 제안한다. 그들 모두 말하는 사람이 되는 기회를 가진 후, 함께 모여 각각 무엇을 배웠는지를 이야기해 볼 수 있다. 이 방법으로 그룹 안에 있는 모든 사람의 경험을 배울 수가 있다.

활동에 참여하는 인원이 홀수인 경우, 한 그룹은 세 명이 될 것이다. 이런 상황에서는 말하는 사람이 1인이고, 듣는 사람이 2인이 된다. 따라서 이 그룹은 활동을 마치는 데 시간이 조금 더 필요하다.

■ **활동 1: 자신의 진실을 말하기**

처음 말하는 사람이 자신의 진실을 1~2분 정도 말한다. 듣는 사람은 이를 듣는다. 시간이 지나면 듣는 사람이 말하는 사람이 되어 1~2분 정도 말한다. 참가자는 말하고 들으며 무엇을 배웠는지를 이야기한다.

〈활동에 대한 설명〉

우리가 자신의 진실을 숨길 때 혼자 남겨졌다는 외로움을 느낄 뿐, 어느 누구와도 사랑이 넘치는 관계를 유지할 수 없다. 진실을 말하는 것은 있는 그대로 보이고, 받아들여지고, 사랑받을 수 있는 가능성을 창조하는 것이다. 특히 실수와 결점을 말하는 것이 효과적일 것이다. 자신의 실수와 실패의 경험들이 상대에게 있는 그대로 받아들여질 때, 가장 조건 없이 사랑을 받는다고 느끼는 것이 당연하기 때문이다.

이 활동을 하다 보면 사람들이 자신에 대해서 말하기보다 어떤 것에 대해서 말하는 것을 자주 보게 될 것이다. 어디서나 마찬가지다. 우리는 직장과 집, 자녀 등에 대해 대화하는 것에 익숙하다. 만약, 자신을 제대로 보이고 또 있는 그대로 받아들여지기를 원한다면, 결국 우리가 나누어야 하는 것은 내가 진정 누구인지, 사마귀 왕처럼 얼굴에 사마귀로 뒤덮여 있는지 등 내 모든 진실을 나눌 수 있도록 배워야 한다.

자신의 진실을 어떻게 말해야 하는지, 다양한 예시를 살펴보자.

"사실, 저는 이 활동 자체가 불편합니다. 저에 대해서 말하는 것이 쉽지 않네요."

"저는 원했던 것만큼 행복하지 않았어요. 그러니 여기 와서 대화하고 있겠죠."

"저는 우울증약을 먹고 있어요. 그런데 주변 사람들은 거의 몰라요. 이제 일 년이 다 되어 가네요."

"가끔 술을 지나치게 많이 마셔요."

"저는 이기적인 사람이에요. 다른 것보다 내가 원하는 것이 제일 중요하죠."

"지금 저는 긴장하고 있어요. 진실을 말하지 않는다는 거죠. 언제나 자신을 숨기고 있으니까요."

"키가 너무 작아 창피해요."

"아내에게 사랑을 주지 않아요. 소리를 지르고, 아내가 원하는 걸 무시하곤 하죠."

"외롭고, 혼자라고 느끼고, 두려워요."

"사람들이 저를 어떻게 바라보는지, 걱정해요."
"과체중이라는 사실이 창피해요."
"끔찍한 연애를 많이 했죠."
"친구가 더 많으면 좋겠어요."

〈진실을 나누고 배운 점〉

"진실을 말하는 동안 두려웠지만, 말을 할수록 편안해졌어요. 사람들과 함께 있고, 내 삶이 변하기 위해서 진실을 말하고 나니 안심이 돼요."

"진실을 말하니까, 이제 혼자가 아니라는 느낌이 들어요."

"진실을 말하고 나니 당신과 더 친해진 거 같아요. 당신이 한 실수들은 별로 신경 쓰이지 않아요. 사실, 진실을 듣고 나니 당신의 삶에 더 관심이 생겼어요."

"저에 대해서 말할 때 당신이 '진짜 내 말을 듣는구나', 하고 느꼈어요. 이런 경험은 별로 해본 적이 없어요."

"이 짧은 시간 동안 당신에 대해서 얼마나 많이 알게 되었는지, 놀라울 따름이네요. 오랜 친구들보다 당신을 더 많이 아는 것 같아요."

"대화하고 깨달은 것은 '주변 사람들이 저에 대해서 아는 것이 없구나.'라는 거예요. 단 몇 분간만 함께했을 뿐인데 제가 진짜 누구인지를 오랜 친구들보다 더 많이 알고 있을 거예요."

"당신이 지금까지 한 실수들에 대해서 들으니, 제 실수들을 말하는 게 훨씬 더 쉬워지더군요. 먼저 말해 줘서 기뻤어요."

■ 활동 2: 두려움에 대해 말하기

처음 말하는 사람이 자신이 느끼는 두려움에 대해 1~2분 정도 말한다.

듣는 사람은 이를 듣는다. 시간이 지나면 듣는 사람이 말하는 사람이 되어 1~2분 정도 자신이 느끼는 두려움에 대해 말한다. 참여자는 말하고 들으며 무엇을 배웠는지를 이야기한다.

〈활동에 대한 설명〉
진실은 말을 하면 할수록 있는 그대로 보이고 받아들여지는 더 많은 기회를 만든다. 우리가 창피해하는 것들, 즉 두려워하는 것과 같은 감정들이 있는 그대로 받아들여질 때, 가장 조건 없이 사랑받았다고 느낀다. 당신이 느끼는 두려움에 대해 말하고 또 그것이 받아들여진다면 더이상 두려워할 필요가 없다.

다음은 두려움을 나누는 방법에 관한 다양한 예시다.
"사람들이 진짜 제 모습을 알고는 비웃으며 멍청하다고 생각할까 봐 두려워요. 지금은 당신들이 저에 대해 너무 많이 알게 돼서 나를 좋아하지 않을까 봐 겁나요."
"직장을 잃을까 봐 겁나요."
"결혼 생활이 너무 힘들어요. 좋은 관계를 유지하지 못할까 봐 두려워요."
"어린 시절, 수업시간에 손을 들어 본 적이 없어요. 사람들이 저를 보고 비웃을까 봐 겁났죠. 지금도 주변 사람들과 대화하는 게 두려워요."
"두려움을 잊기 위해 술을 마셔요."
"제 자식들이 저를 사랑하지 않을까 봐 두려워요."
"제가 아는 척하는 것만큼, 실제로는 알지 못한다는 걸 인정하는 게 두려워요."

"제 머릿속에 어떤 생각들이 있는지 말하는 게 두려워요. 말을 했다가는 제가 미쳤다고 생각할 거예요."

"죽는 게 두려워요."

〈두려움을 나누고 배운 점〉

"말하고 나니 안심이 되네요. 제가 느끼는 두려움을 다른 사람과 나누어 본 적이 없어요."

"당신의 두려움을 들으니, 당신과 더 가깝게 느껴지네요. 제가 느끼는 두려움도 다른 사람들이 보기에 완전히 역겹다고 생각하지 않을 수도 있다는 것을 알게 되었어요."

"대화를 하고 나니, 제 진실을 말하는 게 더 쉬울 것 같아요."

"두려움을 말하고 나니 제가 있는 그대로 받아들여졌다고 느꼈어요. 걱정이 줄어들었고, 혼자라는 느낌이 조금 줄어들었어요."

"제 자신이 지금까지 얼마나 많은 것을 두려워하며 살아왔는지 깨달았어요."

■ 활동 3: 자신의 얻고 보호하는 행동에 대한 진실 말하기

처음 말하는 사람이 자신의 얻고 보호하는 행동에 대해 1~2분 정도 말한다. 듣는 사람은 이를 듣는다. 시간이 지나면 듣는 사람이 말하는 사람이 되어 1~2분 정도 말한다. 참여자는 말하고 들으며 무엇을 배웠는지를 이야기한다.

〈활동에 대한 설명〉

우리가 하는 좋지 않은 행동들은 단지 자신을 보호하고 또 가짜 사랑을 얻기 위해서다. 〈활동 3〉은 〈활동 1~2〉보다 좀 더 깊이 생각해 봐야 하는 주제다. 그렇기 때문에 〈활동 3〉을 하기 전에 〈활동 1~2〉를 먼저 해보는 것을 추천한다.

1. 4장에 나오는 원칙들을 복습하라.
2. 가능하다면 얻고 보호하는 행동을 구분할 수 있는 사람과 해라. 지혜로운 사람과 하는 것이 좋다.

다음은 얻고 보호하는 행동에 대한 진실을 말하는 예시다.

"사람들이 저를 비난하면, 저는 화를 내고 공격하면서 스스로 보호해요. 셀 수 없이 그런 행동을 했어요."

"실수를 하면 사람들이 비웃을까 봐 두려워서 아예 피해 버리죠. 다른 말론 도망친다고 할 수 있죠."

"요즘 불평을 많이 한다는 걸 깨닫고 있어요. 불합리하거나, 사람들이 저를 제대로 대접해 주지 않을 때 불평하죠. 그리고 그걸 주변 사람들에게 말하면서 동정을 얻으려고 해요. 이건 피해자 행세를 하는 건데, 아주 자주 그래요."

"제가 좋은 일을 할 때, 그걸 사람들에게 말해서 좋은 인상을 주고, 저를 좋아해 주길 바라요. 그런데 사람들이 저를 좋아해 주길 바라면서 애쓰고 있다는 걸 말하지는 않으니까 거짓말인 거죠."

"실수를 저지르면 숨기고, 다른 사람 탓으로 돌리곤 해요. 그건 사람들이 저를 좋아하지 않을까 봐 두려워서 그러는 거예요. 거짓말을 하는 거죠."

"아이들에게 자주 화를 내요. 화를 내는 것을 애들 탓으로 돌려요. 이제 아이들 때문에 화가 나는 게 아니라는 걸 알게 되었어요. 공허하고 두려움을 느끼기 때문이죠. 아이들의 행동과는 아무 관련이 없어요. 아이들에게 분풀이를 하고 공격할 때 짧은 순간이지만 스스로 강하다고 느끼는데, 외로움이 잠시 사라지기 때문에 계속 그 행동을 반복하는 것 같아요."

말하는 사람을 너무 자주 방해하지 않는다면 경우에 따라 말하는 이에게 특정한 예시를 제공해서 도움을 줄 수 있다. 말하는 사람이 사람들에게 화를 낸다고 할 때, 지난 이틀 동안 화를 낸 경험이 있느냐고 물어보자. 이로써 말하는 사람은 더 제대로 보이고 있다는 경험을 한다.

<얻고 보호하는 행동의 진실을 말하고 배운 점>

"나를 좋아하게 만들기 위해 사람들을 얼마나 조종하고 있었는지, 이제야 깨달았어요. 그렇게 한다고 해서 나를 좋아해 주는 것도 아니더라고요. 짧은 순간 기분이 좋을 뿐이고, 조종해서 얻는 것들로 인해 진정으로 사랑을 받는다거나 행복해지지는 않더라고요."

"제 자신을 보호할 때마다 혼자 남겨진 것 같은 느낌을 항상 받아 왔다는 걸 깨달았어요. 자신을 보호하는 것보다 진실을 말하는 편이 훨씬 기분이 좋군요."

"당신의 경험을 들으면서, '사람들이 내게 화를 낼 때, 상처를 주기 위해서 그러는 것이 아니구나.'라는 걸 느낄 수 있었어요. 단지 자신을 보호하려는 것뿐이죠. 그걸 알게 되니 상처를 받고 또 화를 낸 게 어리석었다는 것을 알게 되었어요."

"어린 시절부터 얻고 보호하는 행동을 해 왔고, 그것들이 나를 불행하게 만들었다는 걸 알게 되었어요. 이제는 얻고 보호하는 행동들을 모조리 내려놓고 싶고, 제 자신의 진실을 말하며 살고 싶어요."

■ 활동 4: 자신이 하는 거짓말들에 대한 진실 말하기

처음 말하는 사람이 자신이 하는 거짓말들에 대한 진실을 1~2분 정도 말한다. 듣는 사람은 이를 듣는다. 시간이 지나면 듣는 사람이 말하는 사람이 되어 1~2분 정도 말한다. 참여자는 말하고 들으며 무엇을 배웠는지를 이야기한다.

〈활동에 대한 설명〉

의도한 것은 아니지만, 사람들은 하루에도 수많은 거짓말을 한다. 활동을 하며 자신의 진실을 말하면, 자신이나 상대가 거짓말을 하는지 혹은 하지 않는지를 볼 수 있게 된다. 사랑을 지속적으로 받으면 거짓말하는 것을 멈추게 된다.

다음은 우리가 하는 몇 가지 거짓말에 대한 진실을 말하는 예시다.

"가끔 아내와의 약속을 지키지 않을 때, '미안해, 까먹었어.'라고 말하곤 하는데, 사실 그건 거짓말이에요. 아내가 요청한 일을 하고 싶지 않아서 다른 일들보다 우선순위 밑으로 내려 버린 거죠. 제가 그렇게 선택했고, 의도적으로 무시한 거예요. 결국 진짜로 잊어버리고 만 거죠. 하지만 제가 기억하고 싶은 건 절대 잊지 않아요. 축구 경기 시간을 잊어버린 적은 없거든요."

"저를 화나게 만든다며 남편을 비난해요. 매 순간은 아니더라도, 남편에게 다양한 방식으로 그 말을 하고 있어요. 남편도 그걸 느끼겠죠. 이건 남편에게 '나를 불편하게 만드는 일들은 결코 선택할 수 없다'고 말하는 거나 마찬가지예요. 그런데 이건 거짓말이죠. 남편에게는 선택할 권리가 있고, 화를 내는 것도 제가 선택한 거니까요. 다른 사람의 책임이 아니니까요."

"가끔 사람들에게 미안하다고 말해요. 그런데 그건 진짜 진심이 아니죠. 상대가 더이상 화를 내지 않게 만들기 위해서 하는 거짓말이에요. 만약, 진짜 미안했다면 애초부터 화나게 할 행동을 하지도 않았을 거예요. 그러니까 미안하다는 말에 숨은 의미는 들켜서 미안하고, 바보같이 보여서 미안하다는 거죠."

"친구들에게 아내를 더이상 사랑하지 않는다고 말했어요. 아내가 보기 싫다는 것은 사실, 제 자신이 얼마나 이기적인지를 보여 주는 거예요. 아내가 저를 행복하게 만들어 주길 원하는데, 행복하게 해 주지 않으니 사랑하지 않는다고 말하는 거죠. 어떻게 하면 아내의 행복에 진정으로 관심을 가질 수 있는지, 저는 많이 배워야 해요."

〈자신이 하는 거짓말을 나누고 배운 점〉

"제가 했던 거짓말들을 말하니, 같은 거짓말을 또 하게 될 가능성은 없을 것 같아요."

"남편이 저를 화나게 했다고 해서 남편을 탓했던 것이 미안하다고 사과 해야 겠어요."

"나눔 중에 '까먹었어.'라고 거짓말한다는 분과 '미안해요.'라고 거짓말한다는 분의 진실을 들으니, 저도 똑같은 거짓말을 하고 있다는 걸 알게 되었어요. 그걸 듣고 제 자신도 더 솔직해질 수 있었어요."

얻고 보호하는 행동을 포기하기

매 순간 우리는 선택을 한다. 그리고 그 선택에 따른 결과를 경험한다. 하지만 선택에 따른 결과는 우리가 선택할 수 없다. 지혜로운 선택을 하면 행복이 오고, 어리석은 선택을 하면 행복은 오지 않는다. 아주 간단하다. 얻고 보호하는 행동을 하는 결과는 가짜 사랑과 공허함 그리고 두려움뿐이다. 이 행동으로는 진정한 사랑과 진실한 행복을 절대 얻을 수 없다.

내가 의사로서 환자들을 만날 때, 한 남자가 두통을 호소하며 나를 찾아왔다. 그래서 뇌 방사선 검사를 진행했다. 아주 큰 뇌종양이 발견되었다. 나는 그에게 '왜 이렇게 늦게 병원에 왔냐'고 물었다. 그러자 그는 이렇게 대답했다.

"잘 모르겠지만, 그렇게 아프진 않았나 봐요."

아내의 표정을 보니, 이 남자가 거짓말하고 있다는 것을 알 수 있었다. 그는 자신이 한 말보다 훨씬 더 심각한 고통을 경험하고 있었던 것이다. 그래서 고통을 줄이기 위해 섭취하는 약이 있느냐고 물었다.

"가끔 위스키를 한 잔씩 마셨어요."

그가 대답했다. 그에게 몇 가지 질문을 하고 나서 알게 된 것은, 이 남자는 고통을 없애기 위해 더 많은 양의 술을 지속적으로 마시고 있었다. 하루에 1ℓ가 넘는 양의 위스키를 마셔도 고통이 줄어들지 않자 병원에 온 것이다. 수술을 하기에는 종양이 이미 너무 거대했다. 이 남자는 고통의 근본을 치유하는 것 대신 고통을 줄이려고 했기 때문에 결국 세상을 떠났다.

이와 같이 우리가 얻고 보호하는 행동을 할 때 얻게 되는 가짜 사랑으로 순간적인 고통을 줄인다. 그리고 진짜 근원적인 문제는 회피한다. 그 결과는 이 환자와 같이 참담할 것이다. 우리가 얻고 보호하는 행동을 하는 동안 순간적이고 가식적인 만족감을 느끼고, 그것을 진실한 행복이라고 착각한다. 그 가식적인 만족감에 빠진 나머지 진정한 사랑을 찾아 길을 나설 생각조차 하지 않는다. 다시 말해, 얻고 보호하는 행동은 진정한 사랑을 얻는 데까지 걸리는 시간을 늦춘다. 또한 삶의 이유인 행복을 느끼지 못하도록 방해한다.

이는 작은 문제가 아니다. 얻고 보호하는 행동은 진정한 사랑을 얻는 것을 방해하는 것뿐만 아니라, 우리에게 진정한 사랑이 주어지더라도 느낄 수 없도록 한다.

조건 없는 사랑을 느낄수록 얻고 보호하는 행동은 자연스럽게 멈춘다. 하지만 그 행동이 알아서 사라지기를 기다리면 더 오래 걸릴 수 있다. 이 처참한 결과를 고려한다면, 얻고 보호하는 행동이 사라지기를 기다리는 건 참으로 어리석다. 따라서 의식적으로, 얻고 보호하는 행동을 포기하려고 노력해야 한다.

아마도 몇몇 사람들은 의식적으로 노력해 볼 것이다. 그러나 어린 시절부터 지금까지 "행복"이라고 믿었던 것들은 얻고 보호하는 행동으로 가질 수 있었다. 가짜 사랑을 얻고 순간적이나마 기분이 좋아졌다. 그러나 지금 당장 진정한 사랑이 없으므로 칭찬과 힘, 쾌락 그리고 안전함이 주는 즐거움을 포기하는 것은 쉽지 않을 것이다.

다음에 이어지는 엘라인과 수잔의 사례를 살펴보면, 얻고 보호하는 행동을 포기하면 우리에게 어떤 혜택이 있는지 잘 알 수 있다.

엘라인은 조건 없는 사랑을 받아 본 경험이 없다. 삶은 공허하다고 생각하며 두려움에 떨고 있었고, 주변 사람들을 지속적으로 조종하며 자신을 보호했다. 누군가 자신을 비난하면 그들을 바로 공격하고, 관심과 애정을 조금이라도 표하는 사람에게는 매달리며 징징거렸다. 그러나 얻고 보호하는 행동을 아무리 해도 진정한 사랑은 결코 경험할 수 없었고, 사람들과의 관계에서 희망이 보이지 않는 듯해 불만을 품으며 절망했다.

엘라인에게는 지혜로운 친구가 한 명 있다. 그 친구는 엘라인의 이기적임과 얻고 보호하는 행동을 있는 그대로 보고, 받아들이고 또 사랑해 주었다. 그리고 엘라인이 살아가면서 지혜로운 선택을 할 수 있도록 도와주고 있었다.

어느 날 엘라인은 그 친구에게 남편과 주변 사람들이 자신을 얼마나 끔찍하고 불행하게 만드는지를 말했다. 그녀는 자신이 한 행동에 대해 거짓말을 하고, 남편과 다른 이들이 자신을 공격한다며 피해자 행세를 했다. 이 모든 것이 얻고 보호하는 행동이다. 지혜로운 친구는 엘라인에게 진실을 말할 수 있는 많은 기회를 주었지만, 친구로부터 칭찬과 동정을 받기 위해 발버둥칠 뿐이었다.

다른 지혜로운 친구들을 더 만났지만, 엘라인은 이들까지 조정하려고 애썼다. 그 때문에 자신에게 주어진 진정한 사랑조차 느낄 수 없었고, 공허하고 절망적인 마음은 지속되었다. 결국 자신을 사랑해 주고 있던 지혜로운 사람과의 관계를 끊었다. 얻고 보호하는 행동 중 도망치기를 했던 것이다.

수잔도 엘라인과 마찬가지로, 공허하다고 생각하며 두려움에 떨면서 불행한 삶을 이어 가고 있었다. 그녀는 엘라인과 같은 그룹에 참여하고 있었으며, 지혜로운 사람들과 소통하고 있었다. 하지만 엘라인과는 다르게 상대를 조종하려고 하지 않았다. 자신의 진실을 말하며 사람들이 조건 없이 사랑해 줄 수 있다는 것을 믿기로 결정하고, 지속적으로 연습했다. 지혜로운 사람들은 수잔이 거짓말을 하고, 공격하고, 피해자 행세를 할 때 그걸 식별할 수 있도록 도와주었다. 그녀는 그들의 도움을 있는 그대로 받았다. 그 과정을 통해 수잔은 진정한 사랑을 느낄 수 있게 되었다. 같은 상황이었지만, 엘라인은 진정한 사랑을 느낄 수 없었다. 그녀 스스로 진실을 말하는 것을 거절했기 때문이다. 수잔은 지금까지 한 번도 느껴 본 적이 없는 사랑의 감정과 행복함으로 가득 찼으며, 더이상 얻고 보호하는 행동을 할 필요를 느끼지 못했다. 이후 그러한 행동들은 점점 더 쉽게 포기할 수 있게 되었다.

여기서 수잔이 사랑을 더 느꼈기 때문에 얻고 보호하는 행동을 멈추게 된 것이 아니다. 그녀는 다른 사람을 믿는 것과 더불어 거짓말하기, 공격하기, 도망치기, 피해자 행세하기를 멈추겠다는 의식적인 선택을 했기 때문이다. 그 선택을 하기 위해서는 믿음과 용기가 필요하다. 우리가 자신의 진실을 다른 사람에게 말할 때마다, 얻고 보호하는 행동을 그만두겠다고 결정하는 것이다. 이는 진정한 사랑을 느끼는 능력을 더욱 가속화한다. 누구나 이런 결정을 할 수 있으며, 그것은 아주 현명한 선택이다.

많은 사람이 자신의 진실을 말하는 것과 얻고 보호하는 행동을 포기하는 것을 할까 말까 고민하면서 다음과 같이 말한다.

"난 못하겠어. 너무 어려워."

사실은 그 반대다. 진실을 말하는 것은 쉽다. 그러나 거짓말하고, 화를 내고, 피해자 행세를 하는 것은 복잡하고 또 끊임없이 노력해야 한다. 그게 아니면, 가짜 사랑을 얻기 위해서 자신을 보호하느라 에너지를 소비한다. 자신의 진실을 말하는 것은 얻고 보호하는 행동을 하느라 쏟는 노력과는 비교할 수 없을 만큼 적은 노력만이 필요하다. 단지, 상대를 조금 더 믿어야 할 뿐이다.

지금까지 설명한 내용을 다시 한 번 요약해 보자.

결국 삶을 불행하게 하는 얻고 보호하는 행동을 포기할 수 있도록 절제하는 연습을 하면, 진정한 사랑을 더 느낄 수 있다. 반대로, 진정한 사랑이 없을 때 우리는 공허하다고 느끼며 두려움에 떨고 있다. 이 상태에서는 얻고 보호하는 행동을 할 수밖에 없다. 그렇다면 우리가 사랑을 받지 못한 상태에서 얻고 보호하는 행동을 멈출 수 없다는 말일까? 절대 그렇지 않다. 얻고 보호하는 행동을 포기하려는 의도적인 행동을 하는 것, 그리고 진정한 사랑을 받는 것이라는 두 가지를 위해 동시에 노력해야 한다. 이 두 가지 행동은 상호 보완적으로 작동할 것이다.

인간에게는 스스로 결심하는 능력이 있다. 그러므로 진정한 사랑이 없을 때, 살아가며 지혜로운 결정을 하고 또 사랑을 주겠다고 선택하는 능력을 발휘할 수가 없다. 따라서 어떤 사람들은 아주 심각한 어려움을 겪는다. 그러나 우리는 얻고 보호하는 행동을 자제하겠다고 결심하면 어느 수준까지는 선택이 가능하다. 기계처럼 자동화된 얻고 보호하는 행동을 절제하는 것을 연습할수록 조건 없는 사랑을 받고, 사랑을 주는 일이 더 쉬워질 것이다. 엘라인과 수잔의 사례를 보면 분명히 느낄 수 있다. 다시 말해, 스스로 진실을 더 말하고 또 진정한 사랑을 찾는다면, 얻고 보호하는 행동을 할 필요성은 점점 줄어들 것이다.

절제하기와 진정한 사랑을 받는 것은 서로 시너지 효과를 낸다. 만약, 우리가 정말 행복해지기를 원한다면, 그저 가만히 앉아서 누군가 사랑을 주기를 기다리기만 할 수는 없다. 마치 막무가내로 움직이는 황소의 뿔에 매달린 것과 같다. 그런 황소를 안정시키기 위해 매 순간 애쓰면서 살 수는 없을 것이다. 그러므로 우리는 두 가지 방법을 동시에 실천해서 두 가지 혜택을 모두 받아야 한다.

우리는 믿음을 연습하고, 자신의 진실을 말하고, 진정한 사랑을 느낀 경험이 거의 없다. 그렇기 때문에 평생 지속했던 얻고 보호하는 행동을 포기하는 시도를 하며 겁을 먹을 수 있다. 처음 몇 번은 더욱 그럴 것이다. 가짜 사랑을 포기하고 진정한 사랑을 느끼는 시간까지의 과정을 '사이 시간'이라고 한다면, 그 사이 시간에는 그 어느 곳에도 행복이 없는 것처럼 느낄 수도 있다. 두려움을 느끼며 아직 사랑을 받지 못하고 있을 때, 우리는 이미 익숙하고 또 어떻게 하면 얻을 수 있는지를 알고 있는 가짜 사랑으로 손을 뻗고 싶어 한다.

하지만 사랑을 찾는 여러 단계를 계속 거치다 보면, '사이 시간'은 눈에 띄게 줄어들 것이다. 그러면 얻고 보호하는 행동을 포기하는 것이 혼란스럽거나 두렵지 않을 것이다. 다시 말해, 우리를 제대로 보고 또 있는 그대로 사랑해 줄 수 있는 사람들에게 진실을 더 자주 말할수록 더 빨리 제대로 보이고, 있는 그대로 받아들여지고, 사랑받을 것이다. 그리고 얻고 보호하는 행동이라는 과거의 도구들에 더이상 매혹되지 않을 것이다. 이를테면, 세상은 거칠고 잔인하며 또 사랑이 없다는 것을 믿는다고 할 때, 그 믿음을 뒷받침할 만한 증거들을 쉽게 찾을 수 있다. 그렇기 때문에 우리는 어느 누구도 공격하지 않는 순간에도 위협을 느끼며 자신을 보호한다.

하지만 수잔처럼 우리가 사랑받을 수 있다는 가능성을 믿을 때 사람들이 우리를 있는 그대로 받아들일 수 있는 기회를 얻게 되며, 세상에 있는 사랑의 증거들을 더 빨리 볼 수 있다. 그러면 '사이 시간' 역시 훨씬 짧아질 것이다.

조건 없는 사랑을 받으면
얻고 보호하는 행동을 할 필요가 없게 된다.
그와 동시에 보호하는 행동을 절제하는 연습을 하면
조건 없는 사랑을 느끼는 속도가
엄청나게 빨라진다.

제 5 장

―――

진정한 사랑이 지닌 힘
The Effect of Real Love

제5장

진정한 사랑이 지닌 힘

진정한 사랑은 통장 잔액과 같다

조건 없는 사랑을 받으면 공허함을 채우기 위해 애정을 갈구하고, 두려움으로부터 자신을 보호하는 행동을 할 필요가 없다. 거짓말을 하고, 화를 내고, 상대를 공격하며 피해자 행세를 하고 또 상황에서 도망치는 등의 얻고 보호하는 행동을 멈추면 우리의 관계는 사랑이 충만하게 될 수 있으리라.

이제 진정한 사랑이 우리의 분노를 어떻게 없애는지 설명해 보겠다.
당신의 손에 단돈 2천 원만 남아 있다고 상상해 보자. 이 돈이 당신이 가진 전부다. 지금 당신은 배가 매우 고픈 상태다. 테이블 위에 놓인 그 돈을 세어 보며 빵을 사 먹기 위해 나갈 채비를 하는 중이다. 그런데 내가 당신의 방으로 갑자기 뛰어 들어와 테이블 위에 있는 2천 원을 낚아채 밖으로 잽싸게 달아난다. 이 상황에서 당신은 화가 나는 게 당연하다.

그럼 다음 상황을 다시 상상해 보자. 이번에도 빵을 사러 나갈 채비를 하는데, 내가 갑자기 들어와 2천 원을 잽싸게 훔친다. 그런데 당신의 통장에 200억 원이라는 돈이 들어 있다는 사실을 알고 있다. 지금 기분은 어떻겠는가? 당연하게도, 당신에게 200억 원이 있을 때 2천 원을 잃는 것은 큰 문제가 되지 않는다.

이것이 바로 진정한 사랑을 충분히 받았을 때 당신의 상태다. 통장에 200억 원이라는 돈이 항상 들어 있는 것과 같다. 사람들이 당신을 배려하지 않는 행동을 하거나, 당신이 기대했던 행동을 하지 않을 때, 혹은 당신을 비난하거나 공격할 때마다 당신이 가진 돈을 2천 원씩 빼앗아 가는 것과 같다. 당신의 수중에 200억 원이 있다면 2천 원을 빼앗기는 것은 그리 큰일이 아니다.

우리가 조건 없는 사랑을 받을 때, 주변의 모든 상황은 상대적으로 작은 일이 된다. 주변 사람들이 우리를 더이상 화나게 "만들 수 없다." 예를 들어, 매일 아침 경험하는 교통 체증은 사소한 불편함이 된다. 예전처럼 교통 체증으로 인해 욕을 하거나 불행해지지 않는다. 또한 사람들이 우리를 비난하면, 위협을 받거나 화가 나지 않는다. 이 사람들은 자기들이 느끼는 두려움으로부터 스스로 보호하고 있다는 것을 이해할 수 있게 된다. 과거에 받은 상처들이 치유되고, 현재 마주하는 모든 일을 끔찍하게 바라볼 필요가 없게 된다.

마크의 사례를 살펴보면, 리얼러브의 효과가 삶에서 어떻게 나타났는지를 엿볼 수 있다.

마크는 그의 아내와 가짜 사랑을 교환했다. 이들은 섹스를 하면서 기분이 좋아질 수 있도록, 허용과 칭찬 그리고 관심을 주고받았다. 이것들이 본질적으로 나쁘다는 것이 아니다. 하지만 우리가 진정한 사랑이 필요한 상황에서 단지 공허함을 채우기 위해 사용했을 때는 가짜 사랑이 될 뿐이다. 그것을 기억해야 한다. 처음에 마크와 아내는 가짜 사랑을 주고받는 것만으로 충분했다. 이들이 알고 있는 '행복'해지기 위한 단 하나의 방법이었기 때문이다. 하지만 결혼한 지 1년이 지나자 점점 불만족스러워했다.

마침내 마크는 지혜로운 친구를 만나게 되었다. 지혜로운 친구는 마크에게 자신의 진실, 특히 실수에 대해 말하게 되면 삶이 행복해질 것이라고 조언했다. 그러자 마크는 의문이 들어 이렇게 물었다.

"실수를 말하는 것이 나를 어떻게 행복하게 만들 수 있다는 건가요? 이해가 안 돼요."

"실제로 경험하기 전까지는 결코 이해할 수 없을 거예요. 그리고 실수를 말하기 위해서는 믿음이 필요하죠. 당신의 진실을 말하고 또 있는 그대로 받아들여졌을 때 행복해질 수 있다는 거예요. 그러기 위해서는 이것이 행복을 가져올 거라는 걸 우선 믿어야 해요. 지금 당장은 잃을 게 없어요. 새로운 행동을 시도해 보는 게 얼마나 손해일까요? 지금 이대로 괜찮으신가요?"

지혜로운 친구가 되묻자, 마크는 작은 소리로 허탈하게 말했다.

"아니요."

이후 마크는 자신이 거짓말을 하거나 사람들을 공격하고 또 피해자 행세를 하거나 관계에서 도망칠 때, 그 상황에 직면하도록 도와주었던 친구들 몇몇과 사랑을 충분히 받고 있다고 여기는 사람들에게 진실을 말하기 시작했다. 마크는 얼굴에 뒤집어쓴 가면을 벗어 놓고, 사람들이 자신의 모든 결점을 비롯해 자신이 진정 누구인지를 볼 수 있도록 했다. 그로 인해 상대로부터 있는 그대로 받아들여지는 경험을 했다.

어느 날, 마크는 지혜로운 친구에게 전화를 했다.

"지금 아내와 놀라운 대화를 했어요."

"어떤 대화였나요?"

지혜로운 친구가 물었다.

"아내와의 약속을 지키지 않아서, 아내가 제게 불같이 화를 내고 있었어요. 이럴 때 보통 저도 화가 나서 짜증을 내는 터라 같이 나락으로 떨어지죠. 하지만 이번에는 제가 다른 선택을 했어요. 당신이나 다른 친구들과 했던 대화들 덕분에 나에게 신경을 쓰고 또 사랑해 주는 사람들이 있다는 것을 기억했죠. 그래서 그랬는지, 아내가 화를 내도 아무렇지 않았어요."

"사랑을 받으니 변화가 일어났군요. 그런가요?"

지혜로운 친구가 물었다.

"엄청난 변화예요. 다른 사람들에게 사랑을 받으니 화를 낼 이유가 없어지다니…. 정말 놀랍네요."

마크가 지혜로운 친구의 말에 동의했다.

"아내에게는 뭐라고 했나요?"

지혜로운 친구가 다시 물었다.

"아내를 꼭 안아 주면서 '내가 정말 생각 없고 이기적이었어. 오늘뿐만 아니라 많은 순간, 당신을 배려하지 않았어.'라고 말했더니, 아내가 울었어요. 믿을 수 없었어요. 정말 황홀해요. 조금이라도 더 일찍 이렇게 했더라면 좋았을 텐데…."

"당신은 그때 사랑을 충분히 받고 있지 않았기 때문에 그러지 못했을 거예요."

이것이 바로 진정한 사랑이 주는 효과다. 믿음을 갖고 자신의 진실을 말하는 것을 연습하면, 우리는 사랑을 느끼기 시작하고 또 이를 통해 공허함과 두려움은 사라지게 된다. 그렇게 되면 얻고 보호하는 행동으로 인해 스스로 파놓은 함정에서 다시 빠져나올 수 있다.

> 진정한 사랑을 충분하게 받는 것은
> 통장에 200억 원을 언제나 가지고 다니는 것과 같다.
> 그리고 사람들이 당신을 배려하지 않거나 불친절할 때는
> 단돈 2천 원을 빼앗기는 것과 같다.
> 하지만 우리는 그런 작고 사소한 일에 더이상 신경 쓰지 않을 것이다.

진정한 사랑이 우리의 과거와 현재에 미치는 영향

사람들 중 대부분은 우리가 경험했던 과거와 현재가 분리할 수 없이 이어져 있다고 여긴다. 그렇게 생각하는 것이 당연하다. 과거에 어떤 사람과의 부정적인 상호작용은 현재와 미래에 그 상대를 보는 방식에 어마어마한 영향을 미친다. 뿐만 아니라 그 경험으로 인해 다른 모든 사람을 보는 방식에도 영향을 미친다. 쉽게 말해, 어린 시절에 부모님과 다른 사람들이 막대한 영향을 미치며 우리가 세상을 바라보는 관점이 형성되었다. 만약, 우리가 부모님과 다른 사람들로부터 진정한 사랑을 충분히 받지 못했다면, 남은 시간은 다른 모든 사람에게 얻고 보호하는 행동으로 반응하는 게 일반적이다. 이것은 부모님과 다른 사람들을 비난하는 것이 아니라, 우리가 얻고 보호하는 행동을 왜 하는가를 이해해 보기 위한 것이다.

앞 사례에 소개된 마크가 아내의 화에 왜 화로 반응했는지를 설명하는 것

이다. 마크는 아내를 만나기 이전, 어린 시절부터 진정한 사랑을 충분히 받지 못했다. 그러면서 스스로 사랑받지 못한다고 여겼고, 공허함을 느끼며 두려움에 떨었다. 즉, 그는 그동안 겹겹이 쌓인 공허함과 두려움으로 인해 고통 속에 허덕이고 있었다. 그런 그에게 아내가 화를 내며 비난하자, 그는 아내에게 순간적으로 화를 내며 반응했던 것이다. 여기서 아내는 마크가 사랑받고 있지 않다는 것을 증명해 주는 사람이며, 그로 인해 그동안의 공허함과 두려움으로부터 자신을 보호하기 위한 반응적인 행동인 화를 냈던 것이다.

하지만 마크가 지혜로운 친구와 대화를 하고 또 자신의 진실을 말하자, 진정한 사랑을 충분히 느낄 수 있었다. 그 덕분에 어린 시절부터 쌓여 온 사랑받지 못했다는 고통이 줄어들었다. 이처럼 자신을 고통스럽게 조여 오던 만성적인 공허함과 두려움의 무게를 덜어 내고 나니, 마크는 아내가 자신을 비난하더라도 겁에 질리지 않을 수 있었다. 그래서 화를 낼 만한 한계에 도달할 필요가 없었고, 영향을 받지도 않았다. 진정한 사랑을 충분히 받으면 과거를 포함한 현재의 공허함과 두려움 역시 사라지게 된다.

다른 사람들이 화를 낼 때, 우리는 자신이 사랑받지 못한다는 느낌을 받기 때문에 불쾌해한다. 그 불쾌한 감정을 해결하기 위해 상대의 화를 통제하거나, 스스로 화를 내어 다시 갚아 주거나, 상황에서 도망치며 피해자 행세를 한다고 해서 동정을 받을 수는 없다. 얻고 보호하는 행동을 한 번 하기 시작하면, 절대 끝을 맺을 수 없다. 진이 빠지도록 애쓰고 에너지를 낭비하기에 결코 행복해질 수도 없다.

해결책은 단 하나다. 조건 없이 사랑을 받는 것이다. 하지만 모든 사람에게 사랑을 받을 필요는 없다. 과거에 나를 사랑해 주지 못했던 사람들에게 사랑받을 필요도 없다. 단지, 한 사람이라도 나를 사랑하고 있다는 사실을 기억하는 것이 중요하다.

> 🪄 단 한 사람으로부터 진정한 사랑을 받더라도,
> 만나는 모든 사람과 상호작용할 때 엄청난 힘이 된다.

　우리는 과거부터 켜켜이 싸여 온 상처들을 짊어진 채 살아가고 있다. 사람들은 우리와 했던 셀 수 없이 많은 약속을 지키지 않았고, 불친절한 말투로 우리를 대했으며, 사람들에게 있는 그대로 받아들여지고 싶었던 간절한 마음은 잔인하게 짓밟혔다. 어떤 이들은 학대와 배신을 더 많이 경험하기도 한다. 그 고통을 간직한 채 어떻게 살아갈 수 있는가? 사람들이 우리에게 상처를 준다는 것은 그들 스스로 물속에 빠진 채 허우적거리며 살려 달라고 하는 것이나 다름없다. 그들 자신을 보호하고, 공허함을 채우기 위해 할 수 있는 모든 것을 하는 것이다. 이 두 가지를 기억하는 것만으로도 엄청난 도움이 될 것이다.

　위 내용은 제1장과 제2장에서 이미 다룬 바 있다. 이제 우리가 받은 상처들이 개인적인 문제들로 여겨지지 않게 될 것이다. 물론 여전히 고통스럽고, 공허하고, 외롭다고 느낄 것이다. 하지만 우리의 상처가 한 개의 뿌리로부터 시작된다는 것을 알게 되었다. 그 뿌리는 바로 사랑받지 못했다는 것이다. 그러므로 그 해결책 역시 아주 명확해진다. 상처를 주는 사람들이 도대체 왜 그런 행동을 하는지, 정확한 이유를 찾을 필요도 없고 또 지금까지 받은 하나하나의 상처에 집착할 필요도 없다. 우리에게 필요한 것은 진정한 사랑을 줄 수 있는 사람들을 찾아, 진정한 사랑을 받기 위한 단계들을 거치는 것이다. 진정한 사랑이 주는 치유의 효과는 보편적이다. 누군가에게 사랑을 받게 되면 모든 상처가 치유되기 시작한다.

하지만 당신은 지금 이 순간에도 계속해서 상처를 주는 이들은 어떻게 해야 하냐고 여전히 물을 것이다. 상대방의 행동을 통제할 수 없다. 그것은 불가능하다. 당신의 삶을 진정한 사랑으로 가득 채우면 된다. 이로써 통장 잔고가 가득 쌓이는, 이른바 200억 원이 당신에게 있는 것과 같은 느낌을 받게 된다. 이때 사람들이 적대적으로 행동을 하더라도 과거처럼 나에게 상처를 더 이상 주지 못한다. 그렇다고 해서 사람들이 원할 때마다 테이블 위에 올려 둔 당신의 2천 원을 가져가도록 내버려 둘 필요는 없다. 당신은 2천 원을 계속해서 취해 가는 사람과의 관계를 끝낼 수도 있다. 그 내용은 9장에서 다루도록 하겠다.

진정한 사랑은 가장 충격적이며 끔찍한 상처도 치유할 수 있다. 니콜의 사례를 살펴보자. 니콜이 청소년 시절에 오빠와 계부에게 성적 학대를 당했다. 그녀가 이미 30살이 넘은 나이에 나를 찾아와 상담을 했다. 하지만 그녀는 여전히 불행했고, 수년간 전문 치료를 받아 왔다. 전문 상담가들은 각각의 성적 학대에 대한 에피소드를 세밀하게 분석했다. 그녀는 성적 학대를 당한 피해자들을 위한 소그룹 치유 과정에도 참여하며, 비슷한 경험을 해 온 많은 사람과 대화를 하기도 했다. 하지만 모든 과정은 자신이 피해자라는 것을 더욱 부각시킬 뿐이었다. 남성과 일반적인 관계를 맺는 것은 아예 불가능했다. 그렇다고 해서 여성들과 일반적인 관계를 맺을 수 있는 것도 아니었다. 그녀의 삶은 분노로 가득 차 있었으며, 순간적으로 안심할 수 있게 해 주는 동정심을 얻으며 공허함에서 벗어나려고 애썼다. 그리고 가짜 사랑을 얻기 위해 매 순간 부단히 노력해야 했다. 하지만 그녀의 마음에는 평화도, 사랑도, 행복도 여전히 존재하지 않았다.

학대의 피해자들은 피해자 행세를 하는 것이 아니다. 이들은 정말 피해자들이다. 다른 사람들이 우리를 공격하고 파괴했을 때, 우리가 느끼는 분노와 상처는 자연스러운 일이다. 하지만 불행하게도, 이를 그저 자연스러운 감정이라고 내버려 두게 되면 우리는 절대 행복해질 수 없다. 우리 스스로 피해자라고 느끼면, 자신을 약하고 또 아무것도 할 수 없는 존재로 인식한다. 그리고 피해자 행세를 하면, 행복을 위해 절대적으로 필요한 진정한 사랑으로부터 점점 멀어질 뿐이다.

나는 지금 피해자들이 자신들이 겪은 고통을 말로 할 필요가 없다고 말하는 것이 아니다. 또한 이들의 고통에 동정할 필요가 없다고 말하는 것은 더욱 아니다. 하지만 피해자들은 자신의 상처를 삶의 중심에 둘 필요가 없다. 단지, 상처는 내가 누구인지를 나타내는 한 부분일 뿐이다. 오직 한 부분이라는 것이다. 이들 역시 자신이 한 실수와 결점들을 말할 필요가 있다. 다른 모든 사람과 마찬가지다. 자신의 얻고 보호하는 행동에 대해 진실을 말할 필요가 있다. 더불어 피해자 행세를 함으로써 다른 이들을 어떻게 조종하고 있는지를 볼 필요가 있다. 또 화를 내면서 자신이 원하는 행동을 다른 이들이 하게끔 하고 있다는 것을 스스로 말할 필요가 있다. 뿐만 아니라 자신의 진실을 말하는 것이 어려운 상황에서 도망친다는 것을 스스로 말할 필요가 있다.

특히 학대의 피해자들은 진정한 사랑을 받고 난 후 스스로 갇혀 있는 대신, 밖으로 나와 사람들에게 사랑을 나눠 줄 필요가 있다. 사랑을 나눌 때 진실한 행복이 오기 때문이다. 이는 결코 쉽지 않다. 하지만 매우 아름다운 치유의 과정이다.

니콜은 진정한 사랑을 찾는 과정을 배우고, 지혜로운 사람들에게 있는 그대로 받아들여졌다. 그리고 평생을 겪어 온 고통에서 빠져나올 수 있었다. 이제 그녀는 피해자라는 느낌 없이, 사람들과 사랑이 넘치고 또 충만한 관계를 만드는 방법을 배웠다.

과거에 진정한 사랑을 얼마나 받았는지에 따라 현재 우리가 사람들을 대하는 많은 방식을 결정한다고 이미 설명한 바 있다. 그러나 우리는 과거의 노예가 결코 아니다. 우리는 이 순간 무슨 결정을 할지를 선택할 수 있는 능력이 있다. 그리고 우리가 삶에서 다른 선택지들을 보게 된다면, 삶을 다른 방향으로 전환할 수 있다. 따라서 우리가 진정한 사랑을 찾고, 그 사랑을 다른 이들과 나눈다면, 과거의 불행에도 불구하고 현재 엄청난 행복과 즐거움을 경험할 수 있다.

관계에서 부딪히는 모든 문제의 해결책: 진정한 사랑

나를 찾아오는 부부들은 보통 자신들의 '관계'에서 경험하는 문제들을 해결하기 위해 도움을 요청한다. 즉, 서로 배우자를 더 잘 조종할 수 있는 기술들을 배우고자 한다. 그들은 나를 찾아오기 전에 이미 많은 기술을 적용해 본 경험이 있다. 하지만 관계라는 것은 각 개인의 결정에 의해 만들어진 자연스러운 결과다. 서로 사랑하는 것을 결정하지 않는 이상, 사랑이 넘치는 관계는 불가능하다.

다음은 샬롯과 대럴의 사례다.
지난 15년간 결혼 생활을 하는 동안, 샬롯과 대럴은 밖에서 보기에는 '꽤 잘 지내는' 부부였다. 대부분이 그러하듯, 상대적으로 큰 갈등이 일어나지 않는 한 행복하다고 믿었다. 하지만 이들은 부부 관계에서 무언가 여전히 결여되어 있다고 느꼈다. 샬롯은 지혜로운 친구에게 자신의 느낌을 찬찬히 말했다.

"결혼 생활이 만족스럽지 않아. 여기서 더 뭘 할 수 있지?"

"지금 당장은 아무것도 없을 거야. 부부 관계에서 네가 책임질 수 있는 단 한 사람은 바로 너 자신뿐이지. 그리고 네가 뭔가를 하지 않는 한 변하는 것은 아무것도 없겠지."

지혜로운 친구가 이렇게 말하자, 샬롯은 놀라우면서도 그 말을 이해하지 못했다.

"무슨 말인지 잘 모르겠어. 내가 뭘 잘못하고 있다는 뜻이니?"

"잘못했다고는 말하지 않았어. 하지만 네가 행복하지 않다면, 항상 뭔가가 빠져 있다는 거지. 그건 진정한 사랑을 받지 못하고 있다는 거야. 아주 어린 시절부터 사람들은 네가 자기들이 원하는 행동을 했을 때 너를 더 좋아했어. 자연스러운 일이지만, 그게 바로 조건적인 사랑이야. 지금까지 네가 받아 온 건 조건적인 사랑이야. 지금 당장 네게 필요한 건, 바로 진정한 사랑이야. 진정한 사랑에는 조건이 없어. 하지만 지금까지 받아 본 적도 없고, 받고 있지도 않지. 그것 때문에 네가 만족스럽지 않고 불행한 거야. 조건 없는 사랑만이 우리를 진정 행복하게 해줄 수 있어."

친구는 잠깐 멈췄다가 계속해서 말했다.

"네가 결혼을 하기로 결정했을 때, 대럴이 너를 행복하게 만들어 주길 원했을 거야. 당연해. 그런데 대럴 역시 누군가에게 조건 없는 사랑을 받아 본 적이 없어. 마치 둘 다 굶어 죽어가면서 서로 음식을 달라고 간절하게 요구하고 있는 것과 같아. 이건 불가능한 상황이야. 그것 때문에 너는 관계에 뭔가가 빠져 있다고 느끼는 거야."

샬롯의 결혼 생활이 이렇게 된 데는 어떤 이유가 있는지를 이해할 수 있을 때까지 대화는 계속되었다. 그것은 비난이 아니다. 샬롯과 대럴의 문제는 서로 만나기 이전부터 시작되었던 것이다. 샬롯이 이를 이해한 후 진실을 말할 수 있었다. 얻고 보호하는 행동들과 더불어 자신이 생각했던 것보다 부부 관계 속에 더 많은 갈등이 존재하고 있었다는 것을 인식할 수 있었다.

"대럴과 내게 조건 없는 사랑이 필요하다는 건 분명하구나. 그걸 어디서 찾지?"

샬롯이 물었다.

"부부 사이에서 지금 당장 진정한 사랑을 찾는 것은 어려울 거야. 이미 말했듯이, 서로 나눠 줄만큼의 사랑을 갖고 있지 않으니까. 그건 진정한 사랑을 줄 수 있는 사람들로부터 얻을 수 있어. 그리고 그 사랑은 너 자신만을 위해서 받을 수 있지. 대럴을 위해 네가 대신해서 받을 수는 없어. 네가 사랑을 받으면 받을수록, 그동안 간절히 바라 왔던 행복을 느낄 수 있을 거야. 그리고 사랑을 돌려주고 싶다는 생각이 들겠지. 그렇게 되면 부부 사이가 사랑이 넘치는 관계로 변화할 가능성을 보게 될 거야."

지혜로운 친구는 이어서 말했다.

"네가 사랑받기 위해서는 너를 조건 없이 받아 주고 사랑해 줄 사람들에게 네 진실을 지속적으로 말하는 것으로 시작할 수 있어. 나에게도 말할 수 있고, 원한다면 몇 명을 더 소개해 줄 수 있어. 네가 사랑을 충분히 받기 시작하면, 네 삶도 변하기 시작할 거야."

그러자 샬롯은 이마를 살짝 찡그리며 물었다.

"그런데 부부는 배우자로부터 서로 사랑을 받아야 하는 거 아니야? 부부 사이에 사랑이 없어서 다른 사람에게서 찾아야 하다니…"

"남편에 대한 신의를 잃게 하기 위해서가 아니야. 다른 사람으로부터 받는 사랑이 더 많을수록 대럴과 그 사랑을 나눌 수 있게 될 거야. 이는 부부 사이에 아주 많은 도움이 될 거야. 모든 부부가 그 관계 안에서 필요한 사랑을 나눌 수 있으면 얼마나 좋겠니? 하지만 가끔은 도움이 필요하지. 많은 사람이 배우자에게 사랑을 줄 수 있을 만큼 조건 없는 사랑을 충분히 받지 못했어. 대부분은 서로 진정으로 사랑해 줄 만큼 사랑을 가지고 있지 않아. 아무리 주고 싶어도 말이야."

지혜로운 친구는 샬롯을 안심시켰다.

"오늘 너에 대해서 많은 것을 알게 되었어. 너는 밖으로 보이는 것보다 그렇게 행복하지 않았어. 스스로 보호하기 위해서 화를 내기도 하고, 대럴을 조종하기 위해 얻고 보호하는 행동을 한다고 말했지. 그리고 네 결혼 생활은 바랐던 만큼 성공적이지도 않았어. 그리고 너는 남편을 조건 없이 사랑하는 게 가능하지 않아. 네 모든 실수와 결점을 나와 나누고 나니 기분이 어때?"

지혜로운 친구가 물었다.

"사실, 안심이 돼. 그리고 놀라워. 아주 친절하게 나를 있는 그대로 받아 주니까. 어느 때보다도 더 가깝게 느꼈어."

샬롯이 말했다. 지혜로운 친구와 샬롯은 서로 얼굴을 바라보며 미소를 지었다.

"만약, 너를 있는 그대로 받아 주는 사람들에게 진실을 계속해서 말한다면, 사랑받는다는 느낌이 마음속에 가득 찰 거야. 그리고 네 인생은 완전히 변하게 될 거야."

친구와 대화를 하면서 샬롯은 충만감을 느꼈다. 하지만 시간이 지나고, 진실을 말하고, 있는 그대로 받아들여진 그날의 경험은 점점 잊히기 시작했다. 그리고 마음을 열고 자신의 진실을 말하는 것이 다시 두려워졌다. 이는 진실을 말하기 시작하는 사람들에게 흔하게 일어나는 느낌이다. 그동안 쌓아 온 공허함과 두려움을 없애기 위해서는 사랑을 한 번 받는 것보다 더 많은 양의 사랑이 필요하다.

그 이후 샬롯은 부부 사이를 어떻게든 개선하기 위해 스스로 노력했다. 좋은 의도를 가지고 시도했던 모든 노력이 또다시 공허함과 두려움으로 바뀌었다. 오래전부터 해오던 행동 방식으로 새로운 관계를 만들려고 애쓰다 보니, 남편과의 관계에는 아무런 변화가 일어나지 않았다.

몇 달간의 좌절 끝에, 지혜로운 친구와의 경험이 다시 떠올랐다. 마침내 지혜로운 친구에게 연락을 하고, 또 다른 지혜로운 친구를 찾아 다시 진실을 말했다. 그러자 진실을 말하는 것이 점차 일상이 되었다. 제대로 보이고, 있는 그대로 받아들여지고, 사랑받는 것의 효과가 느껴지자 샬롯은 기분이 들떴다. 그러나 대럴을 조건 없이 사랑하는 것은 아직 불가능했다. 하지만 샬롯은 훨씬 행복하다는 것을 느꼈다.

대럴은 샬롯의 곁에서 그녀의 변화를 지켜봤다. 그러면서 자신도 지혜로운 사람과 대화하고 싶다는 생각을 했다. 그 결과, 대럴 역시 언제나 바라고 바라 왔던 조건 없이 받아들여지는 경험을 할 수 있었다. 이들은 진실을 지속적으로 말하면서 점점 더 사랑받고, 심지어 안정적인 생활을 하며 행복하다고 느꼈다.

처음에 부부 관계에서 나타나는 변화는 느리고 작아 보였지만, 그 행복감과 만족감은 진실하고 또 오랫동안 지속되었다. 그리고 부부 사이에 드디어 진실을 말하기 시작했다. 이들의 관계는 어느 때보다 사랑이 넘치며, 그 사랑은 아무런 노력도 없이 자연스럽게 이어졌다. 다른 사람을 사랑할 수 있기 전에 우선 우리 스스로 사랑받아야 한다. 우리를 있는 그대로 받아들이는 사람에게 우리의 진실을 말함으로써 진정한 사랑을 받는 과정을 시작할 수 있다.

지혜로운 친구는 샬롯의 삶에서 남편 대럴의 입장을 다른 사람으로 대체하려고 하지 않았다. 이 부분은 매우 중요하다. 당신이 미래를 약속한 파트너가 있다면, 그 파트너를 대신할 사람을 찾는 것이 아니다. 사실, 진정한 사랑을 찾기 위해 진실을 가장 먼저 말할 사람은 파트너다. 관계에서 한 명이라도 상대를 조건 없이 사랑하겠다고 한다면, 격정적으로 변화할 수 있다. 반면, 미래를 약속해 놓고도 그 관계를 떠나기로 선택하는 사람들도 많은데, 그런 선택은 하지 않는 것이 최선이다. 이에 대해서 제8장과 제9장에서 더 다루도록 하겠다.

따라서 당신의 진실을 말할 사람을 고려할 때, 성적인 매력을 느끼지 않는 사람을 선택하는 게 좋다. 상대방이 당신에게 이성적인 호감을 얻기 위해 애쓰고 있을 때, 진정한 사랑을 주는 것은 불가능하기 때문이다. 당신 역시 미래를 약속한 상대가 있으므로, 당신의 신의가 꺾이기를 바라지는 않을 것이다.

한편, 지혜로운 사람에게 진실을 말할 때 주의할 점이 하나 더 있다. 파트너와 솔직하게 소통하며 지혜로운 사람에게 진실을 말하는 당신의 의도를 털어놓아야 한다. 그렇지 않으면 당신의 파트너가 질투를 하거나 홀로 남겨졌다는 느낌을 받을 수 있다. 물론 우리에게는 상대가 어떤 느낌을 받을지를 통제할 능력이 없다. 하지만 더 열린 마음으로 솔직하게 대화함으로써 파트너가 함께하는 느낌이 들 수 있도록 해줄 수 있다. 만약, 당신이 다른 누군가에게 진실을 말하는 행동에 대해 파트너가 계속 못마땅하게 생각하는 터라 어려움을 느낀다면, 삶에서 가장 필요로 하는 진정한 사랑을 찾기 위한 노력이라는 것을 스스로 상기하라.

진정한 사랑을 지속적으로 받는 것이 중요한 이유

스테이시의 사례를 살펴보며 진정한 사랑을 지속적으로 받는 것이 중요한 이유를 설명하겠다. 스테이시는 거의 모든 사람이 그렇듯, 어린 시절부터 조건적인 사랑을 받았다. 청소년기에 들어서자 점차 반항을 했고, 스테이시가 19살이 되었을 때 나와 상담을 시작했다. 이미 그녀는 다수의 남성과 끔찍한 연인 관계를 경험했고, 이별을 겪었다. 심지어 술과 마약을 가까이하고 있었다.

스테이시는 친구의 추천으로 나에게 전화를 했다. 그녀는 엉망진창이 된 삶을 묘사했다. 그리고 나는 있는 그대로 받아들였다. 그러자 스테이시는 나와 대화를 하는 동안 있는 그대로 받아들여지는 경험을 하며 깜짝 놀라면서도 기뻐했다. 그래서 나는 그녀에게 또 다른 지혜로운 여성들을 추천해 주었고, 매일 진실을 말할 것을 제안했다. 이후 그녀는 나에게 여러 번 전화를 했지만, 원래 자신의 삶으로 점차 돌아갔다. 익숙하고 또 당장 자극을 받을 수 있는 가짜 사랑을 얻기 위해 애쓰고 있었다. 결국 그녀와의 연락이 끊겼다. 그동안 쌓아 온 공허함과 두려움이 너무 막대한 나머지 처음으로 경험한 진정한 사랑이 삶을 바꾸기에는 충분하지 않았던 것이다.

1년 뒤, 스테이시로부터 다시 전화가 왔다. 그녀는 한 남자와 동거를 하고 있었는데, 그 남자는 매일같이 마약을 하며 그녀에게 폭력을 일삼고 있었다.

우리 집 상담실에서 그녀와 대화를 했다.

"인생은 거지 같아요."

그녀가 말을 시작했다.

"이번에는 새로운 걸 시도해 볼 의지가 있니?"

내가 물었다.

"무슨 말이죠?"

"지난번에 대화할 때 내가 무슨 제안을 했는지 기억나니?"

"조금은요. 몇몇 사람들과 대화해야 한다고 하셨죠. 그렇게 했어요."

"얼마나 자주 그렇게 해야 한다고 했었지?"

"당신의 방식을 따라야 한다는 거죠? 그럼, 조건 없는 사랑은 아니네요."

"네가 어떤 선택을 하든, 난 네 행복에 진심으로 관심을 가지고 있단다."

이렇게 말하며 나는 그녀를 안심시켰다.

"그게 바로 조건 없는 사랑이지. 하지만 평생 쌓아 온 네 불행을 바꾸는 데 간단한 노력으로는 안 되겠지? 더 많은 노력이 필요하단다. 나는 그걸 알고 있어서 그래. 만약, 네 삶을 정말로 바꾸고 싶다면, 자신의 진실을 말함으로써 지속적인 사랑을 받아야만 해. 그렇게 했을 때 모든 게 변할 거야. 이랬다저랬다 변덕이 심하다면 아무것도 변하지 않을 거야. 하지만 나를 기쁘게 하기 위해서 이 행동을 할 필요는 없단다. 날 기쁘게 하기 위해 네가 해야 하는 것은 아무것도 없어. 이건 네 자신을 위한 행동이란다."

이후에도 스테이시는 몇 주간 우리 집에 매일같이 찾아왔다. 그리고 그녀는 하루에 두어 번 전화를 하기도 했다. 그녀는 자신이 여전히 사랑받고 있는지 확신을 받고 싶어 했다.

어느 날, 그녀는 내 상담실에 들어와 아주 환한 미소를 지으며 앉았다. 그녀는 자신에게 폭력을 가하던 남자 친구와 헤어졌다고 했다. 그리고 3주간 마약을 하지 않았다며 자랑스럽게 말했다.

"처음 내가 여기 왔을 때, 저에게 직설적으로 말해 줘서 정말 감사해요. 제가 게으르다고 콕집어 말하진 않으셨지만, 사실 게을렀던 거예요. 제 문제를 심각하게 받아들이지 않았던 거죠. 심각하게 받아들였어야만 했어요. 매일같이 당신과 대화를 하고 나서 제 인생이 그 어느 때보다 사랑받는다고 느껴요. 행복해요."

이후 스테이시는 많은 사람과 탄탄한 관계를 만들 수 있게 되었고, 현재 그녀는 아주 행복한 사람이 되었다.

조건 없는 사랑을 찾는 데 진심을 담으면, 엄청난 결과를 얻게 된다. 하지만 한쪽 발만을 담근 채 적당히 노력한다면, 그 결과는 형편없을 것이다. 보통 아무런 결과도 얻지 못한다. 절반만 노력하는 것은 보통 가치가 없다. 마치 자동차에 바퀴를 두 개만 다는 것과 같다.

세상 그 어느 것도 진정한 사랑보다 귀한 것은 없다. 모든 노력을 쏟아부을 만한 가치가 있는 것이다. 어떤 위험을 감수하더라도 얻어 낼 만한 가치가 있다. 다시 말해, 우리가 사람들에게 진실을 지속적으로 말할 때, 공허함과 두려움을 완전히 사라지게 할 수 있는 진정한 사랑의 기회를 만나게 된다. 그리고 인생을 살아갈 이유인 행복을 경험하게 된다.

🪄 세상 그 어느 것도 진정한 사랑보다 귀한 것은 없다.
진정한 사랑이야말로 모든 노력을 쏟아부을 만한 가치가 있다.

감사하는 마음은 진정한 사랑의 효과를 극대화한다

감사하는 마음은 당신에게 주어진 행복과 사랑 넘치는 관계를 가속화할 것이다. 감사하는 마음이 없이 사랑을 받고 또 사랑을 줄 때는 즐거움을 제대로 느끼지 못할 것이다.

다음은 잭과 페트리샤의 사례다.

이들은 가짜 사랑을 서로 교환하며 불만족스러운 관계를 유지하고 있었다. 서로 원하는 것을 줄 때 상대적으로 **행복**하다고 느꼈다. 하지만 기대에 미치지 않을 때는 서로 화를 내기도 하며 깊은 공허함을 느꼈다.

지혜로운 친구는 이들에게 진정한 사랑을 찾는 방법을 가르쳐 주었다. 그러나 지혜로운 친구와 대화를 한 잭과 페트리샤는 서로 다른 선택을 했다. 잭은 자신의 진실을 말할 친구들을 찾기 시작했는데, 처음으로 진실한 행복감을 느꼈다. 하지만 페트리샤는 지혜로운 친구의 말을 냉소적으로 받아들였으며, 아무것도 하지 않았다.

몇 주가 지난 후, 그들은 지혜로운 친구와 다시 만났다. 지혜로운 친구는 두 사람에게 이렇게 물었다.

"둘 사이에 변화가 느껴지는 사람 있나요?"

그러자 페트리샤는 새침한 표정을 지으며 말했다.

"남편은 여전히 하루 종일 텔레비전을 보며 저를 무시해요."

지혜로운 친구는 잭에게 물었다.

"잭, 지난 24시간 동안 패트리샤와 시간을 함께 보냈나요?"

"오늘 오후에는 부엌에 같이 앉아서 아내가 하루 동안 뭘 했는지 들었죠."

직장에서 점심시간에 짬을 내어 아내에게 전화를 해서 어떻게 지내냐고 물어봤어요. 또 어젯밤에는 침대에서 30분 정도 대화도 나눴어요."

"페트리샤, 기억나나요?"

"음… 네…. 하지만 남편은 여전히 텔레비전 앞에 앉아 있고…. 그리고….''

잭이 여전히 텔레비전을 많이 본다는 것은 사실이었다. 잭은 처음으로 새로운 것을 시도해 보고 있는 중이었고, 그의 마음과 행동이 변화하기 시작했다. 페트리샤에 대한 행동도 변화했다. 이처럼 우리는 하룻밤 사이에 사랑이 넘치는 관계로 변하지 않는다. 모든 것을 새롭게 배울 때와 사랑하는 방법을 배우는 것은 동일하다. 연습을 하고 점차 더 나아지고 성장한다. 하지만 상대가 사랑을 배우기 위해 내미는 손길에 감사하지 못하면, 그들이 성장하는지도 알 수 없다. 결국 상대에게 계속 실망함으로써 불행한 삶이 이어지기 마련이다. 마치 페트리샤처럼 말이다.

상대에게 무언가를 기대하고 있을 때 감사하지 못하는 건 당연하다. 공허함과 두려움의 고통 속에서 힘들어할 때, 하던 일을 멈추고 달려와 우리를 도와주기를 기대한다. 기대해도 된다며 스스로 합리화한다. 하지만 이런 기대는 행복한 삶을 불가능하게 한다. 만약, 당신이 나에게 사과 5개를 줄 것이라고 기대하고 있을 때, 나에게 3개의 사과를 준다면 감사하기는커녕 실망하거나 불쾌해할 수도 있다. 받지 못한 사과 2개만을 생각할 것이다. 선물로 받은 사과 3개를 보며 즐거워할 수조차 없다. 이 얼마나 불행한가. 이처럼 기대한 것을 받지 못하면 언제나 실망하기 마련이다. 심지어 기대하는 것을 모두 받더라도, 우리가 느낄 수 있는 최고의 감정은 그저 "실망하지 않았다."라는 것뿐이다. 이것이 바로 상대에게 무언가를 기대함으로써 나타나는 최악의 결과다. 그러니 사랑을 받고 감사하는 마음을 갖는 것이 훨씬 더 즐겁다. 감사하는 것은 우리 스스로 선택하는 것이다. 이를 통해 모든 경험에서 즐거움을 새롭게 느낄 수 있다.

게리와 멜리사의 사례를 살펴보며 설명하겠다. 그들도 앞서 언급했던 페트리샤와 잭처럼 가짜 사랑으로 가득 찬 관계를 유지하고 있었다. 의도적으로 서로 상처를 주거나 조종한 것은 아니었지만, 서로 얻고 보호하는 행동을 하고 있었기에 진정한 사랑을 주고받는 것은 불가능했다.

지혜로운 친구가 이들에게 진정한 사랑을 찾는 방법을 가르쳐 주었고, 게리는 자신의 진실을 지혜로운 사람들에게 말하기 시작했다. 그러나 멜리사는 게리처럼 많은 사람에게 자주 말하는 것이 두려웠다. 그래서 남편이 새롭게 시도하는 선택을 믿어 보기로 마음먹고, 관심을 기울이며 남편을 주시했다.

몇 주가 지나고, 다시 지혜로운 친구를 만났다. 친구가 물었다.

"둘의 관계에서 어떤 변화가 느껴지나요?"

"게리는 좀 달라졌어요. 오늘 오후에는 주방에서 저를 바라보면서 제가 하루 종일 뭘 했는지를 들어줬어요. 정말 좋았어요. 그리고 점심시간에는 회사에서 저에게 전화를 걸었어요. 그리고 어젯밤에는 잠들기 전에 30분 정도 대화를 했죠. 오랜만에 느껴 보는 관심이었어요. 크리스마스보다 더 좋은 날이었죠."

"지난번에는 남편이 텔레비전을 너무 많이 본다고 불평을 했지요? 여전히 그런가요?"

지혜로운 친구가 물었다.

"그렇죠. 여전히 많이 보긴 해요. 하지만 상관없어요. 이젠 나와 함께 시간을 충분히 보내 주고, 나에게 관심이 많다는 걸 깊이 느끼는 걸요. 매 순간 사랑을 느껴요."

그러자 게리가 멜리사를 지그시 바라보며 말했다.

"저도 아내와 함께하는 시간이 즐거워요. 예전보다 훨씬 더 즐기고 있어요. 아내가 행복해하는 걸 보는 게 좋아요."

게리가 아내에게 한 행동이 잭보다 더 많은 것이 아니다. 그러나 그 결과는 엄청난 차이가 있다. 멜리사는 자신이 받지 못한 것을 불평하기보다 게리의 새로운 도전과 새로운 경험들에 감사하는 것을 선택했기 때문이다.

감사하는 것은 긍정적인 생각들로, 자신을 속이는 속임수가 아니다. 감사하는 것은 당면한 진실을 단순하게 받아들이기로 선택하는 것이다. 이 행동으로 인해 우리가 받게 되는 모든 것에 대한 즐거움을 엄청난 양으로 증폭시킨다.

그러나 페트리샤는 감사하는 것에 실패했다. 남편의 노력에 대해 악의를 품은 것은 아니었으나, 변화를 믿을 수 없었다. 자신이 느끼는 공허함과 두려움이 너무 과했기 때문이다. 악의는 없었지만, 페트리샤의 냉소적인 태도로 인해 남편과 사랑이 넘치는 관계로 개선할 수 있는 가능성을 파괴해 버렸다. 더불어 그녀가 감사할 줄 몰랐기에, 남편의 노력을 가치 없는 것으로 만들어 버렸다. 더욱이 아내를 사랑하는 잭의 노력을 지속적으로 힘들게 만들었다.

> 🪄 감사하는 것은 당면한 진실을 단순하게 받아들이기로 선택하는 것이다.
> 감사하는 선택은 행복과 사랑을 어마어마한 양으로 증폭시킨다.

다른 이들이 성장하는 것을 보며 감사하는 것도 중요하지만, 자신이 성장하는 데 감사하는 것 역시 매우 중요하다. 어느 누구도 하룻밤 사이에 사랑이 넘치도록 만들 수 있는 완벽한 사람이 될 수 없다. 그래서 우리는 연습을 통해 배운다. 스스로 내딛는 긍정적인 한 발자국을 인정해 주지 않아 힘이 빠지기도 하고, 노력하는 것을 멈추기도 한다. 그러나 한 발자국 또 한 발자국을 내디디면서 점진적으로 변하게 될 것이다. 게리와 잭, 샬롯이 그랬듯이 말이다. 순간순간 당신의 마음은 더욱 평화로워지고, 주변 사람들에게 인내하게 되고, 용서할 수 있으며, 사랑을 주게 될 것이다. 물론 오래된 습관인 얻고 보호하는 행동들로 돌아갈 때도 있으리라. 그런 실수를 하며 기가 죽을 필요는 없다. 그저 작은 성장이라도 감사하자. 자만하지 않고, 자신의 성취에 감사할 수 있다면, 감사함으로 인해 당신의 행복과 믿음을 더욱 키워 나갈 수 있을 것이다.

안타깝게도, 우리는 감사하는 것이 행복을 방해한다고 성장하면서 배웠다. 어린 시절, 우리를 위해 무언가를 해준 사람들에게 감사하라고 배웠다. 만약, 누군가 아이스크림을 사 주거나, 생일 선물을 주었을 때 감사하지 않으면 몇몇 어른들이 훈계를 했다.

"이제 뭐라고 말해야 하지?"

사실, 이 말은 무언가를 해준 사람들에게 감사하라고 말하며 압박을 가하는 것이다.

아이러니하게도, 이러한 방식으로 감사의 의미를 가르친다는 것은 '선물을 받은 사람'과 '선물을 준 사람'에게 모두 부정적인 인식을 심어 줄 뿐이다. 감사해야 한다는 압박을 느낄 때는 사랑과 행복을 경험하지 못한다. 감사해야 한다는 의무적인 느낌만 남을 뿐이다. 다시 말해, 누군가 우리에게 무언가를 주었을 때, 감사하는 표현을 요구하는 이들로부터 조건 없는 사랑을 받았다는 느낌을 받을 수 없다. 물론 우리도 누군가에게 어떤 것을 주고 나면 감사함을 요구하도록 배웠고, 그들이 감사를 표현할 때 순간적으로 기분이 좋아지기도 한다. 사람들이 감사함을 표현할 때 우리는 마치 자애롭고 관대한 사람이 된 듯하다. 이 감사함의 경험은 가짜 사랑의 형태로, 자신의 공허함을 채우는 데 사용되기도 한다.

그러나 우리가 가진 것에 대해 감사하는 것은 매우 좋은 일이다. 이러한 종류의 감사함은 매 순간의 경험에서 느끼는 즐거움을 확장시킨다. 감사함은 에너지가 되고, 우리에게 희망과 행복을 안겨 준다. 감사하는 마음을 가질 때 질투와 실망은 사라진다. 더불어 우리를 사랑하는 사람들과 더 가깝게 느끼도록 한다.

제 6 장

―――

사랑을 나눈다는 것
Sharing Your Fortune

제6장

사랑을 나눈다는 것

나눔으로 얻게 되는 힘

사랑을 받을 때 그 느낌은 말로 형언할 수 없다. 하지만 다른 사람에게 당신의 사랑을 돌려줄 때 돌아오는 힘은 그보다 더 강하다. 진정한 사랑을 충분히 받고 나면, 타인에게 사랑을 돌려주는 것은 아주 간단하고 자연스럽다. 공허함과 두려움으로 인해 더이상 앞이 깜깜하지 않다. 또한 상대가 누구인지를 제대로 바라볼 수 있게 된다. 더불어 상대를 있는 그대로 받아들이는 것도 아주 자연스러우며, 노력조차 필요하지 않게 된다. 이처럼 비판도 기대도 하지 않고 사람들의 행복에 진심으로 귀 기울이는 것은 진정한 사랑이 충만한 이들에게 무척이나 당연한 일이다.

> ✨ 진정한 사랑을 충분히 받고 나면,
> 타인에게 사랑을 돌려주는 것은 아주 간단하고 자연스럽다.

사랑을 받고, 다른 사람에게 사랑을 돌려주는 것은 다음과 같이 4단계로 진행된다.

① 사랑을 받기
② 있는 그대로 보이기
③ 조건 없이 받아들여지기
④ 받은 사랑을 돌려주기

사랑을 먼저 받아야 하는 이유
: 우리에게 없는 것을 다른 이에게 줄 수 없다

누군가에게 사랑을 주고 싶어 하는 마음은 아주 귀하다. 그러나 사랑을 주기 이전에 우리가 먼저 진정한 사랑을 찾고 경험해야 한다. 이것은 아주 중요한 문제다. 우리에게 없는 것을 상대에게 줄 수 없다는 것을 이해하지 못하면, 사랑을 주려고 애쓰다가 관계를 악화시키게 된다. 사랑을 주었는데 오히려 상대가 얻고 보호하는 행동으로 저항할 수도 있기 때문이다. 그러면 우리도 상대에게 얻고 보호하는 행동을 하게 되는 상황이 된다.

미셸의 사례를 살펴보며, 사랑을 주기 전에 먼저 받는 것이 얼마나 중요한지를 알아보자.

미셸과 그녀의 남편은 서로 사랑을 갈구했다. 조종하고, 비난하고, 방어하면서 관계를 유지했다. 그러던 중 그녀는 내가 진행하는 관계 세미나에 참석했고, 내가 강의에서 한 모든 말을 간절한 마음으로 노트에 적어 집으로 돌아갔다. 그리고 그중 일부를 남편에게 활용했다.

며칠 후, 미셸로부터 전화가 왔다.

"세미나에서 선생님은 사랑이 넘치는 부부 관계를 위해 어떤 대화를 해야 하는지에 관한 예시를 알려 주었잖아요. 그 말들을 남편에게 했는데, 아무런 효과가 없었어요. 오히려 나에게 화를 냈다고요. 끔찍했어요."

"남편에게 뭐라고 말했죠?"

내가 물었다.

"몇 가지 말을 해봤는데, 한 가지만 말해 볼게요. 어제 퇴근 후 저도 남편도 집으로 돌아왔는데, 남편이 불평을 하는 거예요. 결국 싸움이 났어요. 상사에 대한 불평으로 시작해서 아이들의 성적표를 가지고 기분 나쁜 말들을 줄줄이 해대는 거예요. 그리고 그게 다 제 잘못이라고 하는 거예요. 남편이 그런 식으로 잘못을 제게 다 뒤집어씌우는 데 진절머리가 났어요. 하지만 화를 내진 않았어요. 보통은 제가 덤벼들어 같이 싸우거든요. 그런데 남편을 있는 그대로 보고 사랑할 수 있도록 노력했죠. 그리고 선생님의 말씀처럼 '당신, 화가 난 것 같아.'라고 말했어요. 남편이 자신의 진실을 말하고 받아들여지는 경험을 할 수 있도록 노력했지만, 남편은 더 크게 화를 내며 폭발해 버렸어요."

"잠시 생각해 보세요. 당신이 지금까지 한 말들의 의미를 되새겨 보세요. '남편이 나에게 잘못을 뒤집어씌우는 데 진절머리가 났다.'라고 하셨죠? 이 말 속에 남편의 행복을 위한 진정한 관심과 사랑이 담겨 있나요?"

내가 물었다.

"흠…. 하지만 전 남편의 행복에 관심이 있는 걸요."

그녀가 말했다.

"네, 어느 정도는요. 그 말을 정말 믿어요. 하지만 대체로 남편에게 화가 나 있죠. 그리고 화를 표현하기도 했어요. 더이상 상처받지 않기 위해 화를 내서 자신을 보호한 겁니다."

"저는 화를 내지 않았어요."

미셸이 주장했다.

"당신은 분명히 화를 냈습니다."

나는 부드럽게 말을 이어 갔다.

"남편에게 진절머리가 났다고 했죠. 그건 화가 났다는 것을 다른 방식으로 표현한 것뿐이에요."

"'화가 났다'는 것을 드러내지 않았어요. 아주 친절하게 말했는 걸요."

나는 살짝 웃었다.

"당신을 비난하는 게 아니에요. 나는 당신이 상상하는 그 이상으로, 당신 자신을 제대로 볼 수 있도록 도움을 주고 있습니다. 이 깨달음으로 인해 인생이 변할 거예요. 자신이 화를 드러내지 않았다고 해도, 귀에서는 연기가 나고 눈에서는 불을 뿜고 있었어요. 그리고 목소리 톤으로도 감정을 명확하게 전달하죠. 우린 화를 숨긴다고 생각하지만, 사실은 그렇지 않아요. 처음 나에게 전화를 한 순간부터 당신은 남편에게 짜증이 나 있었습니다. 목소리에도 화가 잔뜩 묻어 있었죠. 내가 그걸 느꼈다면, 남편도 그걸 느낀 게 당연하지요."

미셸은 가만히 듣고 있었다. 그래서 나는 계속 말을 이었다.

"지금 당신은 나에게도 조금 짜증이 났군요. 세미나에서 내가 했던 말들이 부부 관계에 아무런 도움을 주지 못했으니까요. 숨을 깊이 들이마시고 내쉬어 보세요. 당신이 나에게 화를 내든 짜증을 내든, 나에게는 아무런 상처를 주지 않아요. 하지만 그 화는 당신의 부부 관계에 상처를 주죠. 현재 자신을 제대로 들여다보는 것이 부부 관계에 변화를 가져올 거예요."

미셸은 내가 그녀를 있는 그대로 받아들였다고 생각할지 혹은 비난하고 있다고 생각할지를 결정하느라 깊은 생각에 잠겼다. 그리고 긴 침묵이 이어졌다. 그녀는 한숨을 푹 내쉬었다. 그리고 말했다.

"좋아요. 선생님 말이 맞아요. 이제 난 어떻게 해야 하는 거죠?"

미셸은 내가 자신을 공격하고 있는 것이 아니라고 선택을 했던 것이다.

"당신이 남편을 사랑하기 위해 노력하고 있다는 걸 잘 이해합니다. 하지만 다른 사람을 사랑하기 전에 당신이 해야 할 일이 뭔지 기억하시나요?"

"아니요."

"자신이 먼저 사랑을 받아야 해요. 남편을 사랑하고, 부부 관계가 변하길 희망하는 것보다 더 선행되어야 할 일이죠."

"전 사랑받고 있다고 느끼는 걸요."

그녀는 내 말에 반대했다.

"그렇게 믿는다는 거 알겠어요. 하지만 그건 사실이 아니에요. 만약, 당신이 조건 없이 사랑을 받았다면, 당신이 원하는 행동을 남편이 하지 않았을 때 화를 내거나 실망하지 않았을 겁니다. 하지만 당신은 실망했죠. 그건 자신이 공허함을 느끼고 두려워한다는 증거예요. 삶에서 진정한 사랑을 느끼고 있었다면, 남편의 행동이 당신에게 전혀 거슬리지 않을 거예요."

이렇게 말한 후 우리는 진정한 사랑을 찾기 위해 무엇을 할 수 있는지에 대해 대화를 나누었다.

사랑을 주기 전에 사랑을 받아야 한다는 말의 의미는, 우리가 괴롭고 또 어려움을 겪고 있는 순간에 사람들을 사랑할 수 있는 능력이 없다는 것을 설명하기 위해서다. 미셸이 그러했듯이 말이다. 사랑이 없는 사람들에게 핑곗거리를 주기 위함이 결코 아니다. 만약, 사랑을 주기 전에 사랑을 받아야만 한다는 말이 사실이라면, 어떤 이들은 평생 뒷짐만 진 채 다른 사람들의 사랑을 마음대로 가져가면서 이렇게 말할 것이다. "난 어느 누구도 사랑할 준비가 안 되었어. 나 자신이 사랑을 더 느껴야만 해."

다음 장에서 사랑을 줄 수 없는 순간에 사랑을 주는 방법을 살펴볼 것이다. 여기서 이해해야 하는 것은, 상대를 사랑하기 위해서 반드시 진실을 말해야만 하는 것은 아니다. 미셸이 남편에게 요구했듯이 말이다. 다른 사람들에게 사랑을 주는 것은 보통 말이 필요 없는 '받아들여짐'이나 소리 없는 '친절한 행동'들이다. 때때로 사랑 넘치는 관계에 있다면 상대에게 진실을 말할 수 있다. 그 단계에 이르기 위해서는 미셸보다 사랑을 더 많이 받아야만 한다. 이 내용 역시 다음 장에서 논의할 것이다.

> 🪄 우리가 진정한 사랑을 먼저 받기 전까지
> 다른 사람들을 조건 없이 사랑해 줄 수 없다.
> 우리에게 없는 것을 다른 사람에게 줄 수 없는 것은 당연하다.

상대를 제대로 바라보기
: 눈가리개를 버리자

상대에게 원하는 것이 있거나 두려움을 느낄 때, 그들이 누구인지를 명확하게 볼 수 없다. 상대를 제대로 본다는 것은 그들이 진정 필요로 하는 것이 무엇인지, 무엇을 두려워하는지, 결점이 무엇인지, 재능이 무엇인지를 보는 것이다. 즉, 상대를 조건 없이 사랑하려면 우선 상대를 제대로 볼 수 있어야 한다.

우리가 사랑받고 있다는 것을 느끼지 못할 때 공허하고 두렵다. 이 공허함과 두려움에 사로잡혀 상대를 제대로 볼 수가 없다. 이 상황에서 우리가 볼 수 있는 것은, 어쩌면 상대가 하게 될지 모르는 위협적인 행동들 혹은 '우리를 위해 무엇을 해줄 수 있을까'라는 것뿐이다. 마치 눈에 가리개를 덮은 듯 상대에게 기대하고, 실망하고, 편협한 시각을 가지고 보는 것과 같다.

사랑을 받지 못한다는 것은 인간에게 참을 수 없는 고통이다. 그 고통을 경험하는 동안 상대가 무엇이 필요한지를 제대로 보지 못한다. 그 고통을 완화하기 위해 상대로부터 무엇인가를 얻어 내고자 애쓰고, 상대에게 기대하는 자신을 정당화하느라 바쁘다. 또한 사람들이 우리에게 도움을 주지 않으면 고통스러워 견딜 수 없어 한다. 주변을 둘러보았을 때, 대부분의 사람들은 조건 없는 사랑을 받아 본 적이 없다. 우리 모두 자신이 원하는 것과 필요한 것들을 채우기에 급급하다. 이러한 상황에서 사람들은 우리에게 행복을 가져다줄 수도 없는 것은 물론 더 나아가 우리에게 상처를 입히기도 할 것이다. 다른 사람들에 대한 실망과 갈등은 이미 정해져 있는 것이나 마찬가지다.

상대를 제대로 바라보지 못하는 또 다른 영향은, 사람을 인격적으로 바라보지 않는다는 데 있다. 사람들은 우리에게 도움이 되는 도구 혹은 상처를 주는 어떤 것으로만 바라볼 뿐이다. 상대가 진정으로 어떤 사람인지는 눈에 보이지 않는다. 결국 우리는 명백하게 혼자 남겨진다. 이는 인간이 삶에서 가장 두려워하는 상태다.

물론 상대를 제대로 바라보는 방법을 배울 수 있다. 하지만 그것은 책으로 배울 수 있는 기술이 아니다. 공허함과 두려움에 사로잡혀 있을 때는 결코 상대를 제대로 볼 수 없다. 그러니 진정한 사랑을 충분히 받고 또 공허함과 두려움을 제거한 상태에서 상대를 바라봐야 한다. 진정한 사랑을 받기 전에는 상대를 아무리 제대로 보고 또 사랑을 주려고 해도 마음먹은 대로 되지 않을 것이다.

이제 당신이 조건 없는 사랑을 받기 시작하는 과정에서 상대를 제대로 볼 수 있는 능력을 가속화할 추가적인 내용들을 알려 줄 것이다. 4장에 있는 '상대를 제대로 보기 위한 규칙'을 기억한다면 그 능력은 훨씬 빠르게 확장될 것이다. 특히 네 번째 규칙을 떠올려 보자. "스스로 지혜로운 사람이 아니라면 다른 사람을 찾으라."

불행하다고 느낄 때는 상대를 제대로 보는 것이 매우 어렵다. 당신이 지혜로운 친구와 대화를 하면 당신과 상대의 상황을 더 명확하게 보고, 서로 있는 그대로 받아들이며 사랑하는 길로 인도해 줄 것이다. 그러기 위해서는 상대를 바라보는 데 있어 선입견이나 편견을 버려야 한다. 그러면 위협을 받고 있다는 느낌은 물론 외로움도 사라진다.

우리는 모두 얻고 보호하는 행동을 한다. '사랑스럽지 않은' 행동들이다. 상대를 공격하고, 비난하고, 조종하고, 이기적으로 행동하는 등 공허함과 두려움으로부터 자신을 보호하기 위한 반응이라는 것을 깨달을 필요가 있다. 그러면 우리가 사랑을 충분히 받을 때, 타인의 얻고 보호하는 행동조차 '사랑스럽지 않은 행동'으로 보이지 않게 된다. 그저 물에 빠진 채 허우적거리며, 생존하기 위해 애쓰고 있다는 것을 알 수 있기 때문이다.

리차드의 사례를 살펴보며 이를 이해해 보자.

리차드를 처음 만났을 때, 그는 항상 화가 나 있었다. 그래서 사람들도 그를 피해 다녔다. 그때는 나 역시 불행하다고 느꼈고 또 사랑을 받지 못했기 때문에 그를 거세게 비난하며 피해 다녔다. 그 이후 나는 진실을 말하는 법을 배우고 또 사랑을 느끼면서 공허함과 두려움으로부터 벗어날 수 있었다. 그리고 가려졌던 내 눈은 어둠에서 벗어나 제대로 볼 수 있기에 이르렀다. 그 후 리차드를 다시 보게 되었을 때, 나는 그가 사람들을 의도적으로 공격하는 게 아니라는 것을 알 수 있었다. 그는 단지 자신을 보호하기 위해 사람들을 공격하는 것뿐이었다. 그것을 깨닫자, 내게는 리차드가 완전히 새로운 사람으로 보이기 시작했다.

이처럼 사람들을 제대로 보게 되면, 그 사람들과 함께 살아가는 세상이 훨씬 더 아름다워진다. 다시 말해, 상대를 얼마나 제대로 볼 수 있느냐의 정도에 따라 그 사람과의 관계에서 극적인 변화를 경험한다. 예를 들어, 배우자를 제대로 바라볼 수 있는 상황에서 배우자가 모든 것에 비판적이고 또 당신에게 화를 낼 때, 당신은 상대가 두려움에 떨고 있고 또 자신을 보호하기 위해 애쓰고 있다는 것을 인지한다. 그렇게 이해함으로써 상대를 더이상 원망하지 않는 것은 물론 그 행동에 화를 내지 않으며 자연스럽게 사랑하는 것을 선택하게 된다.

또한 같은 맥락에서 자기 자신을 제대로 볼 수 있다. 자신이 느끼는 화 및 이기적인 행동들이 공허함과 두려움에서 나타나는 반응이며, 자신이 저지르고 있는 실수들도 이성적으로 볼 수 있게 된다. 따라서 죄책감을 지나치게 느끼며 창피해할 필요가 없다는 것을 알고는 사람들에게 가짜 사랑을 얻고자 애쓰고, 자신을 보호하려고 발버둥치는 것도 어리석다는 것을 이해하게 된다. 이처럼 우리는 진정한 사랑 없이 매 순간 생존하기 위해 그저 발버둥칠 뿐이다.

그렇다고 해서 모든 죄책감이 불필요하다는 것은 아니다. 어느 정도의 죄책감은 삶에서 유용하게 작용한다. 자신에게 해가 되는 여러 행동을 버릴 수 있도록 동기를 부여하기 때문이다. 그러나 사랑을 주는 사람이 되는 과정에서 우리는 많은 실수를 할 것이다. 그 실수들에 대해 죄책감을 지나치게 느낄 필요는 없다. 그 실수들이 자녀들과 배우자 그리고 주변 사람들에게 고통스러운 경험이 되더라도 말이다. 불필요한 죄책감은 진실을 말하는 것 대신, 얻고 보호하는 행동을 하게 만든다. 그 상황에서는 사랑을 온전히 느끼거나 사랑을 돌려주는 것이 불가능하다.

한편, 우리가 내뱉는 말과 행동들에 따라 세상을 바라보는 관점이 결정된다. 조건 없는 사랑을 느끼고 또 사람들을 제대로 보는 방법을 배우면, 눈앞에 펼쳐진 세계가 변할 것이다. 다른 사람들에게 사랑을 돌려주는 일이 매우 자연스러우며, 노력조차 필요하지 않을 것이다. 그 일이 당신에게 일어나면, 만나는 모든 이와 상호작용을 하는 매 순간 서로 연결되는 것을 느끼므로 외로움으로 인해 더이상 허덕이지 않을 것이다.

있는 그대로 받아들이기
: 상대를 제대로 바라볼 때 나타나는 자연스럽고 평화로운 결과

우리는 사람들을 있는 그대로 받아들이지 않는 이유가 있다. 그 이유는 두 가지다.

   1. 사람들에게 기대하는 바가 있고, 그 기대가 충족되지 않았을 때다. 사

랑을 충분히 받지 않으면, 원하는 것을 주지 않는 사람들이 누구든 그들을 있는 그대로 받아들이는 것은 불가능하다.

2. 사람들이 우리를 비난하거나, 조롱하거나, 피하고 있다고 생각하기 때문에 이들을 두려워하고 있다. 두려워하는 상대를 어떻게 받아들일 수 있겠는가?

다시 설명하자면, 사람들을 받아들이지 않는 것은 우리가 공허함을 느끼고 두려움에 떨고 있기 때문이다. 그래서 우리는 조건 없이 사랑받을 필요가 있다. 그렇게 되면 공허함과 두려움은 사라질 것이다. 그리고 상대를 제대로 볼 수 있게 되고, 그들을 이용하거나 두려워하는 대신 있는 그대로 받아들이는 것이 쉬워질 것이다.

엘리슨의 사례를 살펴보자.

그는 세상을 비판적으로 바라보는 남자였다. 그는 흑인, 가난한 사람들, 이웃, 뚱뚱한 사람들, 외국인들, 정치인들, 경찰들을 모두 비난했다. 그러나 그에게는 지혜로운 친구가 있었다. 그 친구는 엘리슨이 사랑을 충분히 받지 못해 공허함을 느끼고 또 세상을 두려워하고 있을 뿐이라는 것을 알고 있었다. 그래서 엘리스에게 진정한 사랑에 대해서 알려 주며, 그의 삶에 어떤 변화를 가져올 수 있는지도 알려 주었다. 그러나 엘리슨은 친구의 말을 믿기 힘들었다.

"네 말은 내가 사랑을 받고 또 사람들을 제대로 볼 수 있게 되면, 모든 사람을 사랑하게 될 거라는 거야?"

"맞아."

친구가 대답했다. 그러자 엘리슨은 배꼽 빠지게 큰 소리로 웃어 댔다.

"설마, 내가 못생기고 뚱뚱한 여자들을 사랑하게 될 리가 없어."

그의 말에 지혜로운 친구는 미소를 지었다.

"조건 없는 사랑을 받지 못한 채 사람들을 바라보면, 사람들이 너에게 가짜 사랑을 줄 수 있는 도구로 나타날 거야. 가짜 사랑이라는 건 칭찬, 힘, 쾌락, 안전함들을 말하지. 그건 바로 네가 공허함을 느낄 때마다 그걸 순간적이나마 잊게 해줄 수 있는 것들을 찾는다는 거야. 그리고 사람들을 공허함을 채워 줄 수 있는 도구로 바라보지. 내가 이 말을 하는 이유는, 내가 네 행복에 진심으로 관심을 가지기 때문이야. 네가 여자들을 바라볼 때, 넌 이기적이기 때문에 상대가 진짜 어떤 사람인지 볼 수가 없어. 상대가 너를 순간적으로 행복하게 해줄 수 있는지…. 예를 들어 아름다움으로 기쁨을 주거나, 설레게 하거나, 성적인 환상이 되어 준다면 너는 상대를 좋아하는 거야. 상대의 행복이 아니라 네 행복에만 집중하기 때문에 그건 가짜 사랑이야. 네가 '못생기고 뚱뚱한 여성'들을 좋아하지 않는 건, 그런 여성들이 네가 원하는 가짜 사랑을 줄 수 없기 때문이지."

엘리슨은 눈살을 찌푸렸다. 그러자 친구는 엘리슨을 안심시키기 위해 다시 대화를 이어 갔다.

"너를 비난하는 게 아니야. 나는 단지 네 행동에 대해 설명하고 있어. 네가 진정한 사랑을 충분히 받게 되면 더이상 공허하지 않을 거야. 그러면 사람들은 공허함을 채우기 위한 도구가 아니라, 진정으로 그들이 누구인지를 볼 수 있게 될 거야. 그러면 모든 사람이 정말 아름다워 보일 거야. '사랑스럽지 않은' 몸매를 가졌다는 이유로 사람들을 거절하지 않게 되겠지. 누구든지 있는 그대로 받아들이게 될 거야."

우리에게 진정한 사랑이 충분하지 않을 때는 사람들을 바라볼 때, 그들이 우리가 원하는 것을 줄 수 있는지, 줄 수 없는지를 살핀다. 그리고 원하는 것을 주지 않는 사람들은 거절하고, 그들을 비난한다. 상대가 너무 부유하기 때문에, 너무 가난하기 때문에, 키가 너무 커서, 피부가 너무 까무잡잡하거나 너무 하얗거나, 너무 뚱뚱하거나 너무 말라서, 너무 아름답거나, 너무 매력이 없어서 등 그 이유는 무한하다.

> 삶에 진정한 사랑이 부족하기에
> 이 세상에는 혐오와 편견, 인종차별, 증오가 생겨난다.

많은 부부가 자신의 배우자를 있는 그대로 받아들이고 있다고 여긴다. 하지만 그들의 행동은 그와 반대다.

릭과 마리의 사례를 살펴보자.

이들은 결혼한 지 수해가 지났고, 부부 관계는 점점 더 불만스러웠다. 릭과 마리는 자신들의 관계를 개선하기 위해 몇 가지 시도를 해봤지만 결국 실패했다. 그리고 지혜로운 친구를 만나 자신들의 상황을 털어놓기로 결정했다.

마침내 지혜로운 친구를 집으로 초대해 거실에 모여 대화를 하기 시작했다. 마리가 말을 먼저 꺼냈다.

"전 결혼 생활이 행복하지 않아요."

"어떤 부분에서 달라지길 바라죠?"

지혜로운 친구가 물었다.

"릭이 저를 있는 그대로 받아들이고, 제 모든 행동을 사사건건 비난하지 않았으면 해요."

그러자 릭이 끼어들었다.

"무슨 소리야? 널 있는 그대로 받아들이고 있어."

"아니, 전혀 아니야. 내가 뭘 잘못하고 있는지, 하나하나 말하잖아. 당신은 내가 과체중이고, 소비를 너무 많이 하고, 직장에서 너무 오랜 시간을 일한다며 비난하고, 아이들의 문제까지 하나하나 내 잘못으로 만들지. 그리고…."

지혜로운 친구는 릭이 잘못한 모든 내용을 다 듣더라도 부부 관계에 아무런 도움이 되지 않는다는 걸 알았다. 그래서 마리가 비난하는 것을 멈추도록 한 후 이번에는 릭에게 물었다.

"릭, 저런 말들을 한 적이 있나요?"

"그런 적이 없어요. 거의…."

릭이 대답했다. 이어 지혜로운 친구는 부드러운 눈빛으로 마리를 바라보며 물었다.

"마리, 당신은 어떻게 생각하나요?"

"남편이 말을 내뱉은 건 아니에요. 하지만 그의 얼굴 표정으로, 그리고 목소리 톤으로…. 그런 주제가 나올 때마다 느껴지는 걸요. 남편은 화가 나면 제 몸에 손도 대지도 않아요."

"릭, 당신이 이런 행동들을 하고 있다는 걸 알고 있나요?"

지혜로운 친구가 물었다.

"잘 모르겠어요."

릭이 말했다.

"릭, 당신의 말을 믿어요. 우린 수년간 친구였으니까요. 그동안 당신이 사랑받지 못했고, 공허함을 느꼈다는 걸 잘 알고 있어요. 그 상태에서 마리가 당신이 원하는 걸 주지 않을 때 실망하게 되는 건 당연하죠. 너무 늦게 퇴근하거나 당신이 이해하지 못 하는 곳에 돈을 쓰면, 본인은 의도하지 않았지만 그 실망감을 다양한 방법으로 표현했겠죠. 그리고 그걸 아내가 느낀 겁니다. 제가 이걸 아주 잘 이해해요. 저도 과거에 제 아내에게 똑같이 행동했었거든요."

지혜로운 친구는 기대와 실망이 관계에 독이 된다는 것을 설명했다. 그리고 릭이 실망을 표현하는 것은 마리의 잘못이 절대 아니라는 것을 분명히 말했다. 릭은 지금까지 사랑을 받지 못했기에 그 공허함으로 인해 매 순간 반응하고 있었던 것이다.

보통 우리는 사람들을 있는 그대로 받아들이지 않는다. 말로는 받아들인다고 하지만, 실제로는 그렇지 않다. 스스로 있는 그대로 받아들이고 있기를 간절히 바라며, 그렇게 하는 것이 더 좋다는 것도 알고 있다. 하지만 받아들이지 못하고, 그것을 행동으로 표현한다.

상대를 있는 그대로 받아들이지 못한다는 것을 표현하는 것이 바로 실망하는 것이다. 진정한 사랑 없이 우리의 삶은 비참하고 끔찍하므로, 상대가 우리가 원하는 것을 줌으로써 내 기분이 더 좋아지게 도와주기를 기대한다. 그 도움을 주지 않을 때는 실망한다. 우리는 주변의 모든 사람이 우리를 행복하게 만들어 주기 위해 존재하는 거라고 은연중에 믿고 있다. 그리고 그들이 우리를 행복하게 만들어 주지 않을 때는 그들의 행동을 심판하고는 한다.

실망은 사람들 사이에 너무나 흔하게 행해지고 있기에 실망하는 것이 정상이며, 피할 수 없는 것처럼 생각한다. 우리가 실망하는 상황은 아주 많다. 운전 중 다른 운전자가 예의가 없을 때, 직장 상사가 우리가 한 일에 대해 감사하지 않을 때, 배우자가 협조적이지 않고 우리를 사랑해 주지 않을 때, 자녀들이 부모에게 감사하지 않을 때 등 끝이 없다. 중요한 것은 우리가 실망한다는 것은 상대를 있는 그대로 받아들이지 않는다는 증거라는 것이다. 그렇기 때문에 실망은 언제나 이기적이며 잘못되었다.

레이첼과 비키의 사례를 살펴보자.

둘은 긴 시간 동안 친구로 지내 왔다. 최근 들어 비키는 레이첼에게 점점 짜증이 나기 시작했다. 그리고 그것을 지혜로운 친구와 상의했다.

"전화로 안부를 묻는 건 나쁜이야. 레이첼은 나에게 전화를 하지 않아."

지혜로운 친구는 우리가 불행하고 또 사랑을 충분히 받지 못했을 때 다른 사람들을 사랑할 수 없다는 사실을 이해하고 있었다. 그래서 비키의 말을 듣고 미소를 지으며 대답했다.

"너와 레이첼의 문제는, 네가 레이첼을 있는 그대로 받아들이지 않는다는 거야."

비키는 자신이 기대하던 대답이 아니었기에 놀란 눈으로 지혜로운 친구를 쳐다봤다.

"레이첼을 있는 그대로 받아들이고 있어. 다만, 레이첼이 나한테 전화를 먼저 걸지 않는다는 게 섭섭하다는 거야."

"레이첼이 전화를 한 번도 걸지 않아서 어떤 기분이 들어?"

지혜로운 친구가 물었다.

"실망하고 상처받아. 당연한 거 아니야?"

"네가 실망하면 레이첼은 자신이 네 기대를 충족시키지 못했다는 걸 분명히 느낄 거야. 그리고 네 스스로 행복해지기 위해 레이첼 자신을 바꾸려고 한다는 것도 느낄 수 있어. 여기서 너는 네 행복에 관심을 갖고 있지, 레이첼의 행복에는 관심이 없어. 레이첼도 그걸 느낄 꺼야."

비키는 지혜로운 친구가 자신의 행복을 위해 진정으로 신경 쓰고 있다는 것을 믿고 있었기에 그 말을 온전히 들었다. 그리고 레이첼이 변하기를 기대하고 있었다는 것을 스스로 깨닫기 시작했다. 자신이 이기적이었다는 진실을 자신의 입으로 말하고 나서 지혜로운 친구로부터 있는 그대로 받아들여짐을 느꼈다. 자신의 결점이 있는 그대로 받아들여졌을 때 비키는 마음의 평화와 행복을 느꼈다. 그로 인해 레이첼 역시 제대로 바라보며 있는 그대로 받아들일 수 있게 되었다.

내 경험을 이야기하자면, 나는 수년간 실망과 한숨 그리고 눈살을 찌푸리며 자녀들에게 다음과 같은 메시지를 전달했다. "내가 원하는 대로 네가 행동한다면, 너를 받아들이겠다. 하지만 그렇지 않으면, 너에 대한 사랑은 줄어들 것이다." 이것이 바로 실망이 보내는 메시다. 우리는 부모로부터 이런 메시지를 받으며 성장했다. 그리고 배우자와 자녀, 친구들, 직장 동료를 비롯해 만나는 모든 사람에게 같은 메시지를 전달해 왔다. 물론 의도적이지는 않았을 것이다. 이는 실망의 표현으로서 우리는 상대에게 '당신은 결함이 있고, 당신을 받아들일 수 없다.'라는 선고를 내린 것이나 마찬가지다. 이처럼 아이들은 부모가 자신을 받아들이지 않는다는 것을 감지할 때, 자신에게 문제가 있다고 여긴다.

사람들 대부분은 실망해도 된다는 정당성을 확보하기 위해 다양한 핑계를 댄다. 이는 매우 위험하다. 한 여성이 나를 찾아와 이런 말을 한 적이 있다.

"모든 실망이 잘못된 것이라고 생각하지 않아요. 예를 들면, 공원으로 소풍을 가기 위해 하루 종일 준비를 했는데 비가 온다면, 내 계획이 수포로 돌아갈 거예요. 이런 상황에서는 실망하는 것이 이기적인 것만은 아니잖아요."

우리는 상황에 대한 실망과 사람에 대한 실망을 구분할 수 있을지도 모른다. 그렇다고 해서 상황에 대해서는 실망을 해도 된다는 정당성을 찾는 것은 핑계에 불과하고, 사람에 대한 실망이 결국 상대는 비난하는 것이라는 사실은 변하지는 않는다. 이런 상황에서 윤리적인 관점으로 세세한 차이를 따지는 것이 삶에 어떤 도움이 될 수 있을까. 상황에 대한 실망에서 사람들에 대한 실망으로 넘어가기란 너무나 쉽다. 또한 우리는 자신을 속이기 위해 사람에게 느끼는 감정과 그 사람이 하는 행동을 보며 느끼는 감정을 구분할 수 있는 것처럼 행동한다. 그러면서 "나는 남편(아내)의 행동에 실망한 거지, 그 사람 자체에 실망한 게 아니야."라고 말한다. 하지만 사실, 이것은 자신을 기만하며 자기를 합리화하는 것일 뿐이다. 따라서 어떤 형태로든 실망하는 것은 행복으로 가는 길을 가로막는다는 것을 명심해야 한다.

나는 실망은 항상 이기적이며 잘못된 것이라고 말했다. 그렇다고 해서 실망했을 때, 우리가 악하다거나 처벌을 받아야 마땅하다고 말하는 것이 아니다. 당신이 사랑을 충분히 받지 못했다면, 실망하는 것은 아주 당연하다. 이것은 자연스러운 현상이다. 그러나 이미 앞서 언급했듯이, 사랑을 받고, 돌려주고, 행복을 느끼는 데 있어 방해하는 것이 무엇이든 그것은 잘못된 것이라고 말한 바 있다. 비가 와서 당신의 소풍을 망친 것이 매우 실망스러웠다는 것은 이해할 수 있다. 여기서 중요한 것은 당신이 진정한 사랑을 더 깊이 경험하게 되며, 당신이 소유한 것들에 대해 감사하는 마음이 가득하기 때문에 그 가운데 실망하는 마음이 들어설 자리가 없어질 것이다. 그러므로 조건 없는 사랑을 받으면 받을수록, 특정한 상황이나 누군가의 행동에 의해 실망하는 일이 줄어들 것이다.

너무 많이 실망을 하게 하면, 그것은 화를 내는 것이다. 이는 언제나 이기적이며, 그 안에는 사랑이 없다. 우리가 화를 내는 한, 어느 누구와도 사랑이 넘치는 관계를 맺는 것은 불가능하다.

> 🪄 실망과 화는 이기적이다. 만약, 당신이 상대에게 실망하거나 화를 낸다면, 당신은 그들에게 진정한 사랑을 줄 수가 없다.

또한 우리가 상대방의 행동을 통제하는 것 역시 상대를 있는 그대로 받아들이지 않는다는 것을 의미한다. 사람들은 스스로 선택하고, 그들만의 방법으로 배울 권리가 있다. 그런데 통제하려 할 때 그 권리를 부정하게 된다. 이는 앞서 설명한 '선택의 법칙'을 침해하는 행동이며, 조건 없이 받아들이는 것도 아니다. 게다가 조건 없이 받아들여짐 없이는 사랑이 넘치는 관계도 불가능하다. 이와 반대로, 우리 모두 스스로 생각하고, 말하고, 행동할 수 있는 선택권이 있고 또 그 속에서 실수할 가능성이 있다는 것을 이해하고 기억한다면, 사람들을 있는 그대로 받아들이기가 훨씬 쉬울 것이다. 상대가 당신을 아무리 불편하게 하고 상처를 주더라도 말이다.

한편, 사람들이 "사랑에 빠졌다."라고 말하는 순간, 가짜 사랑이 풍족하게 제공되고 있기에 만족스러울 수 있다. 그렇기에 자신이 상대를 쉽게 받아들인다고 여길지도 모른다. 하지만 그 순간 당신이 원하는 것을 상대로부터 충분히 얻고 있을 뿐이다. 그렇기 때문에 진정한 받아들여짐으로부터 느끼는 만족감으로 인해 혼란스러울 수 있으나, 당신이 주고 있는 조건적인 사랑에 대한 진실은 당신이 원하는 것을 얻지 못할 때 명백하게 드러난다. 그러므로 사람과 사람 사이에서 받아들여지고 있다는 것을 알 수 있는 가장 명백한 증거는 비난하지 않는다는 것이다.

앞서 소개한 릭과 마리의 사례로 다시 돌아가 보자.

릭은 마리의 외모와 소비 습관 그리고 늦게 퇴근하는 것을 부정적으로 바라보며 비난했다. 그때 마리가 얼마나 불행했겠는가. 릭은 마리를 위해 생일, 결혼기념일, 크리스마스, 발렌타인데이 등 기념일들을 잘 챙겨 주었고 또 특별한 이유가 없더라도 값비싼 선물들을 주었다. 하지만 그것들이 아내를 행복하게 만들지 못했다. 그녀의 삶은 여전히 비참하고 불행했다. 그래서 릭은 아내와 함께 좋은 곳으로 여행을 가기도 했다. 이처럼 릭은 자신의 방식으로 사랑을 주기 위해 노력했지만, 그 모든 노력은 비난을 하는 동시에 사라지고 말았다. 남편의 비난을 느끼는 순간, 마리는 절망감에 빠졌다. 그 비난 속에는 남편이 있는 그대로의 자신이 아닌, 다른 사람이 되기를 원한다는 것을 직감했던 것이다. 그 생각은 사실이었다. 이것이 바로 상대에게 짜증을 내고 비난을 하는 것이 내포하고 있는 의미인 것이다.

릭은 그동안 조건 없는 사랑을 한 번도 받은 적이 없다. 그랬기에 자신이 느끼고 있던 공허함을 마리가 채워 주며 자신을 행복하게 만들어 주기를 요구했다. 그러나 아내는 남편의 행복을 위해 자신의 모든 것을 쏟아붓지는 못했다. 집에 돌아와서 대화할 사람이 필요한데 아내가 직장에서 아직 돌아오지 않았을 때, 자녀들에 대한 교육과 훈육에 대해 대화하고 싶을 때, 더 매력적인 몸매를 가진 배우자를 원할 때 등 릭은 자주 실망했다. 더 나아가 미래에 하게 될 실망을 미연에 방지하고자 아내에게 잔소리를 해서 변화시키려고 했다. 진정한 사랑이 없을 때 릭은 아내가 가짜 사랑으로 자신을 만족시키기를 끊임없이 원했기 때문에 실망을 했던 릭의 상황은 이해할 만하다. 하지만 릭은 부부 관계에서 자신이 아내에게 얼마나 해를 입히고 있었는지는 알지 못했다. 더욱이 사랑을 주는 방법도 알지 못했다. 즉, 행복해질 수 없는 방법으로 아내와 상호작용을 하면서 끔찍한 결과로 치닫고 있음을 이 두 사람은 전혀 알지 못했던 것이다.

릭은 지혜로운 친구와의 대화 이후 더 많은 지혜로운 사람을 찾아가 진실을 말하는 것을 배우고 연습했다. 진정한 사랑은 릭의 공허함을 서서히 채워 주었다. 그가 공허함에 빠져 있을 때는 이기적인 욕구만 충족시키고자 애쓰고 있었지만, 조건 없이 받아들여지고 또 진정한 사랑을 받은 후에는 충만하고, 완전하고, 행복하다고 느낄 수 있었다. 그제야 릭은 삶에서 가장 중요한 것이 무엇인지를 깨달을 수 있었다. 이제는 자신의 이기적인 욕심을 다른 사람들이 채워 주기를 기대하고 요구할 필요가 없어졌다. 또한 마리가 자신을 기쁘게 해주기 위해 제시간에 집으로 돌아올 필요가 없다는 것도 발견했다. 게다가 아내가 살을 뺄 필요도 없었고, 릭에게 받아들여지기 위해서 남편이 원하는 모든 것을 들어줄 필요도 없었던 것이다. 릭은 아내가 있는 그대로 아름답다는 사실을 깨달았다. 그리고 아내의 행복에 진심으로 관심을 갖기 시작했는데, 마리도 그 관심과 사랑을 느낄 수 있었다.

어느 날 저녁, 마리는 돌아오겠다고 약속한 시간보다 한 시간 더 늦게 집으로 돌아왔다. 그 행동으로 인해 모든 가족이 불편한 상황이 되었다. 그날은 마리가 저녁 식사를 준비하는 날이었기 때문이다. 문을 박차고 뛰어 들어와서 미안하다고 말하는 마리의 한 손에는 중국집에서 포장해 온 음식이 들려 있었다. 가족들은 음식을 허겁지겁 먹어 치웠다.

식사 후, 마리는 릭의 어깨를 어루만지면서 이렇게 말했다.

"내가 늦게 오는데도 당신이 아무 말도 하지 않은 지 꽤 오랜 시간이 지났어. 그리고 당신이 중국집 음식을 그렇게 좋아하지 않는 것도 잘 알고 있어. 제일 빨리 가지고 올 수 있는 음식이라, 내가 할 수 있는 최선의 선택이었어.

그런데 당신은 중국집 음식을 포장해서 왔는데도 아무 말도 하지 않았어."

릭은 미소를 지었다. 그리고 고개를 잠깐 푹 숙였다. 다시 고개를 찬찬히 들어 아내를 바라보았다.

"내가 당신에게 가끔 어떤 말들을 내뱉었는지 믿을 수 없을 정도야. 난 그저, 누군가 나를 행복하게 만들어 주길 기다리고 있었어. 당신이 내가 좋아하지 않는 행동을 할 때마다 얼마나 매몰차게 몰아붙였는지, 정말 부끄러운 일이야. 내가 미안했어."

마리는 눈물을 쏟아 냈다. 이 순간만큼 릭은 자신의 행복을 위해 마리를 바꾸고 싶은 마음이 전혀 없었다. 릭은 그녀가 누구인지를 있는 그대로 받아들였다. 이 부부에게 찾아올 수 사랑이 만 가지라면, 이것은 제일 첫 순간이었다.

우리가 사람들을 진정으로 받아들일 때, 우리의 행동도 변한다. 예를 들어, 사람들이 우리를 불편하게 하는 실수를 할 때는 우리에게 와서 사과를 해야 하지만, 관대한 마음으로 용서해 줄지 말지를 결정한다. 그러나 우리가 상대를 진정으로 받아들인다면, 사람들이 배우며 성장하는 과정에서 흔히 하게 될 수 있는 불가피한 실수들에 대해 일일이 사과를 요구하지 않을 것이다. 당신 역시 실수를 함으로써 배우며 성장했다. 당신의 배우자도 마찬가지다. 사람들은 스스로 선택할 권리가 있고, 그 선택지에는 당신을 불편하게 만드는 것들도 포함된다. 그러므로 사과를 요구하는 것은 이기적이며 오만한 행동이다. 따라서 어떤 경우든, 사과를 요구한다는 것은 당신을 불행하게 만들 것이다.

진의 사례를 살펴보며 더 깊이 이해해 보자.

진은 거의 매 순간 화가 나 있었다. 사람들이 자신에게 혹은 타인에게 항상 저지른 실수들에 대해 시끄럽게 떠들어 대거나, 상대가 없는 곳에서 뒷담화를 하고는 했다.

어느 날, 그가 인상을 찌푸리고 있기에 내가 다가가 말을 걸었다.

"짜증이 났나 봐?"

"당연하지."

그는 자신의 상사가 얼마나 생각이 없고 멍청했는지를 하나하나 설명하기 시작했다.

"또 다른 문제를 일으키는 직원들은 없어?"

내가 물었다. 그는 한 치의 망설임도 없이 사람들의 이름을 줄줄이 꺼냈다. 나는 그의 반응이 궁금해서 또 물었다.

"아내는 요즘 어때?"

그는 내가 일부러 질문하고 있다는 사실을 눈치채지 못한 채 아내의 잘못들과 결점들을 세세히 쏟아 냈다.

"그러니까 너는 네가 아는 모든 사람은 네게 와서 사과를 해야 한다고 믿는 모양이구나?"

진은 놀란 표정으로 나를 바라보며 말했다.

"무슨 말이야?"

"우린 모두 실수를 해. 그게 인간이야. 피할 수 없지. 너도 그래. 네가 화를 낼 때 상대에게 하는 말은 '감히 고귀한 나를 불편하게 만드는 큰 죄악을 저지르고 있다'고 말하는 거나 마찬가지야. 그리고 사람들이 네게 사과를 하길 기대하지. 그건 그들의 존재 자체를 무시하는 거나 마찬가지야. 결점도, 실수도 모두 그들 자신인데…. 그런데도 네게 모든 것을 맞추라고 요구하고 있는 거야."

진은 내가 한 말들을 공격으로 받아들일 수도 있었다. 하지만 우리는 오랜 친구 사이였기에 내가 한 말들을 머릿속으로 잠시 되새기는 듯했다.

마침내 그가 입을 열었다.

"그런 식으로 생각해 본 적이 없어. 아마도 내가 꽤 까다로운 사람이었나 봐."

이처럼 상대를 진정으로 받아들인다는 것은 사람들이 배우며 성장하는 과정에서 실수를 할 수밖에 없다는 것을 이해한다는 의미다. 사람들은 실수를 할 것이고, 우리 역시 실수를 계속할 것이다. 그러나 상대를 있는 그대로 받아들일 때는 상대에게 사과를 요구하지 않는다. 그리고 이들이 자신의 실수를 직면하고 제대로 바라볼 때 그 실수가 줄어들 것이라고 믿는다. 우리가 상대의 실수에 대한 사과를 요구하지 않고, 자신의 진실을 말하며 있는 그대로 사랑해 주지 못한 점을 사과해 보자. 그러면 상대를 더 빨리 용서하게 되고 또 있는 그대로 받아들일 수 있게 된다. 그러면 우리의 관계는 훨씬 더 행복해질 것이다. 다시 말해, 있는 그대로 받아들이는 선물을 상대방에게 주는 법을 배운다면, 그것은 삶에 엄청난 즐거움을 가져다줄 것이다. 또한 그들과의 관계 역시 엄청난 변화를 가져올 것이다.

사람들을 자연스럽게 받아들일 수 있기 위해 진정한 사랑을 찾는 동안 당신이 할 수 있는 간단한 절제력 연습이 있다. 배우자가 치약 뚜껑을 계속 열어 둔다고 가정해 보자. 무슨 말을 꺼내기 전에 생각해 보라. 치약 뚜껑이 열리고 닫혀 있는 것이 중요한가, 아니면 사랑이 넘치고 충만한 부부 관계가 더 중요한가? 그에 대해서 깊이 고민해 본 적이 있는가? 짧은 순간, 당신이 옳다는 것을 증명하고 만족감을 얻기 위해 짜증 나는 표정으로 배우자를 비난하고 싶은가? 비난의 끝에는 사랑이 넘치는 충만한 관계가 결코 존재하지 않는다. 그럼에도 불구하고 입을 열겠는가? 말을 하기 전에 생각해 보라.

　우리가 배우자를 있는 그대로 받아들일 때, 그들은 더 사랑받고 행복하다고 느낄 것이다. 우리도 마찬가지다. 다른 사람을 바꾸려고 애쓸 때는 많은 노력과 에너지가 낭비된다. 기대하고, 실망하고, 비난하고, 화를 내는 것은 사람을 지치게 만든다. 삶에서 그러한 행동들을 제거하자. 사람들을 있는 그대로 받아들이면 마음속 깊이 만족스러움과 평화로움이 가득 찰 것이다. 진정한 사랑을 충분히 받게 되면, 굳이 노력을 하지 않더라도 상대를 있는 그대로 받아들일 수 있게 될 것이다.

　이쯤에서 이렇게 질문하고 싶을 것이다. 있는 그대로 받아들인다는 것이, 우리가 원하는 것을 절대 요구할 수 없다는 뜻인가? 그 말은 상대가 무엇을 하든지 호구처럼 참고 견뎌야 한다는 말인가? 그런 말이 전혀 아니다. 우리는 자신이 원하는 것을 여전히 요청할 수 있다. 반면, 사람들의 요청이나 요구에 대해 "싫어!"라고 말하며 거절할 수 있다. 더 나아가 우리에게 해가 되는 행동을 하지 말아 달라고 주장할 수 있다. 제7장과 제9장에서 이 내용을 더 설명하도록 하겠다.

　다시 말해, 있는 그대로 받아들인다는 것은 부적절한 행동들을 허용하라는 의미가 절대 아니다. 사랑이 없고 또 파괴적인 행동을 하는 사람을 있는 그대로 받아들이면서, 그러한 행동들을 식별하고 규탄하는 것은 가능하다. 그러나 많은 사람이 사랑한다고 말하면서 행동은 다를 때가 있다. 특히 부모들이 자녀에게 이런 말을 많이 한다. "너를 사랑한단다. 하지만 네 행동에 화가 난 거야." 이 말은 화를 합리화하기 위해 사용하는 거짓말이다. 누군가를 진정으로 받아들일 때는 상대의 실수를 설명하면서 화를 내거나 실망감을 표현하지 말아야 한다. 즉, 조건 **없는 사랑을 충분히 받은 사람들은 화를 내지 않는다.**

결과를 가르치자

어느 날, 내가 가장 아끼는 펜이 사라졌다. 아이들에게 혹시 내 펜을 본 적이 없냐고 물었다. 그러자 벤자민이 이렇게 말했다.

"제가 빌렸어요. 학교에 가져갔는데, 찾을 수 없었어요."

예전이었다면 나는 불같이 화를 냈을 것이다. 내가 공허하다고 느낄 때는 작은 불편함이라도 나를 너무 고통스럽게 만들었다. 그래서 감히 나를 불편하게 한 이 불쌍한 어린 영혼을 처벌하기 위해 화를 내고야 말았을 것이다. 하지만 나는 오랜 시간 진정한 사랑을 받아 왔기에 충분히 행복하다고 느꼈다. 이를테면, 200억 원의 돈이 통장에 가득했던 것이다. 그러한 상태에서 작은 실수는 나를 불편하게 만들 수 없었다.

하지만 아들은 자신이 저지른 실수로부터 교훈을 얻을 필요가 있었고, 나는 가르칠 책임이 있었다. 그래서 내가 부드러운 목소리로 물었다.

"네가 한 실수가 뭔지 말해 볼래?"

우리는 그동안 가족회의를 하며 진실을 말하고 또 책임을 지는 것에 대해 대화를 나누어 왔다. 그 덕분에 벤자민은 펜을 빌려 가고, 그것을 잃어버렸다는 것을 인정한다고 말했다. 하지만 스스로 모든 진실을 말하지 않았다는 것을 깨닫고는 입을 열었다.

"제가 이기적이었어요. 저는 펜이 필요했고, 아버지를 생각하지 않은 채 책상에 있던 펜을 그냥 가져갔어요. 잃어버리고 나니까 잔소리를 듣고 싶지 않아서 먼저 말씀드리지 않았어요. 실수를 숨겼고, 실수를 숨기는 건 거짓말을 한 것이나 다름없어요."

"훌륭하구나. 너는 네가 한 잘못을 잘 알고 있고, 이제 같은 실수를 또 하진 않을 거야. 잘됐어. 지금 기분이 어떠니?"

"안심이 돼요. 진실을 말한 후 아버지가 저를 여전히 사랑한다고 느낄 때 기분이 좋아져요."

벤자민은 이기적인 선택을 했다. 그리고 펜을 잃어버렸다. 이를 직시해 볼 필요가 있었다. 하지만 그 자리에서 내가 화를 냈다면, 그것은 아이를 비난하는 것이고 또 아이는 사랑을 느낄 수 없었을 것이다.

과거에 나는 화를 내면서 아이들의 잘못을 바로잡으려고 한 적이 많다. 그것은 언제나 잘못된 것이다. 그 당시에는 "네 행동에 화가 난 거지, 너에게 화가 난 게 아니야."라고 말하면서 화를 낸 것을 합리화하려고 애썼다. 하지만 그건 거짓말일 뿐이다. 벤자민에게 화를 냈다면, 그에게 어떤 도움도 되지 않았을 것이다. 오직 나와 벤자민의 관계에 상처만 남겼을 것이다. 벤자민이 알아야 했던 것은 그가 실수를 했다는 사실이다. 이 상황에서는 내가 말로 설명하지 않아도 스스로 이미 알고 있었다. 더욱이 자신의 무책임한 행동으로 인해 나를 불편하게 만들었지만, 그래도 나에게 여전히 사랑받고 있음을 알아야 했다. 만약, 자신이 한 실수가 무엇인지 벤자민 스스로 알지 못했다면, 그것을 가르치는 것도 부모인 나의 책임이었을 것이다. 하지만 가르치는 그 순간에도 실망과 화는 없어야 한다. 벤자민은 실수를 하고 교훈을 얻었다. 우리는 삶도 이와 같은 방식으로 배운다. 실수를 하고, 실수를 통해서 교훈을 얻는다. 나 역시 그렇게 성장했다. 나는 벤자민을 있는 그대로 받아들였다. 이처럼 화를 내며 잘못을 바로잡을 때보다 상대에게 사랑을 느낄 때 훨씬 더 잘 배운다.

아무튼 화는 결코 정당화될 수 없다. 화를 낸다는 것은 상대를 받아들이는 능력이 부족하다는 뜻이다. 하지만 상대를 받아들인다고 해서, 그들의 어리석은 선택을 용서하는 등 결과를 부여할 수 없다는 의미는 절대 아니다. 예를 들어, 자녀가 내 차를 끌고 나가 사고를 냈다고 가정해 보자. 이때 우리가 보여 줄 수 있는 결과는 다양하다. 추가된 보험료를 지불하게 할 수 있고, 일정 기간에 운전하는 것을 허락하지 않을 수 있다.

이상적인 사회에서 모든 사람이 서로 조건 없이 사랑할 수 있다면, 결과를 부여하는 것 자체가 필요하지 않을 수도 있다. 실수를 하면, 스스로 볼 수 있기 때문에 그걸 인정하고 또다시 실수하지 않으려고 노력할 것이다. 하지만 우리는 그런 이상적인 사회에 살고 있지 않다. 실수를 통해 배우는 것 대신, 대부분은 실수를 숨기고, 거짓말을 하며 같은 행동을 반복한다. 심지어 그 실수로 인해 많은 사람이 다치더라도 말이다. 그렇기 때문에 결과는 가끔 부여되어야 한다. 자신이 저지른 행동으로부터 부정적인 결과가 나올 수 있다는 것을 스스로 경험하면서 깨닫고 또 같은 실수를 반복하지 않도록 말이다. 때로는 범죄 가해자들의 경우, 피해자들의 권리를 보호하는 차원에서라도 구속되어야만 한다. 그것이 감옥이 존재하는 목적이다.

한편, 실수에 대한 결과를 부여할 때도 주의를 기울여야 한다. 화를 내면서 결과를 부여하면 처벌이 된다. 처벌은 누구에게도 이익을 가져오지 않는다. 처벌받은 사람은 두려움을 느끼고, 두려움은 화를 부른다. 더 나아가 그 사람은 미래에 얻고 보호하는 행동을 더 강하게 할 가능성이 있다. 이는 반복해서 처벌을 받는, 돌고 도는 악순환에 빠지는 셈이니 어느 누구에게도 도움이 안 된다. 또한 화를 내며 상대를 처벌하면, 이는 스스로 상처를 입히는 것이나 마찬가지다. 사랑을 받고, 사람들에게 돌려주는 능력을 방해하는 것들은 모두 나쁘다고 보기 때문이다. 비록 사랑으로서 부여하는 결과라고 할지라도, 행동이 변하지 않는 사람들도 있다. 그러나 우리가 사랑으로서 결과를 부여했기에 그 혜택은 우리에게 돌아온다. 사랑을 주는 것이 언제나 더 행복하기 때문이다.

그러므로 상대방의 행동을 바꿀 책임이 있는 상황에서만 결과를 부여해야 한다. 당신이 부모로서 자녀의 행동을 바로잡아야만 할 때, 직장 상사로서 부하 직원을 교육할 때, 교도관으로서 수감자들을 교육할 때 등을 예로 들 수 있다. 하지만 배우자 혹은 친구 등 당신이 직접적으로 가르치고 지도해야 할 책임이 없는 사람들에게 결과를 부여하고자 시도한다면, 당신은 그 관계 속에서 불필요한 갈등을 겪게 될 위험이 있다.

여기서 반드시 언급하고 넘어가야 할 부분은, 당신이 아무리 지혜로운 방법으로 결과를 부여했다고 하더라도 상대가 항상 긍정적으로 반응하는 것은 아니라는 것이다. 어떤 이는 이를 여전히 처벌로 받아들일 것이다. 아무리 진정한 사랑을 주어도 얻고 보호하는 행동을 하는 이는 가짜 사랑으로 받아들이는 것과 같은 이치다. 만약, 사랑으로서 결과를 부여해도 상대가 나를 적대적으로 바라보고 저항한다면, 그 결과는 처벌로 다가올 것이다.

그러면 누군가를 있는 그대로 받아들인다는 것을 두고, 상대와 함께 시간을 보내야 하는 의무라고 여기는 사람이 있을지도 모른다. 전혀 그런 의미가 아니다. 예를 들어, 내가 진정한 사랑으로 가득 차 있는 상태라면, 마약과 폭력을 일삼는 사람들 역시 있는 그대로 받아들일 수 있다. 이 사람은 얻고 보호하는 단순한 행동을 하고 있고, 사랑받지 못한 공허함과 두려움에 사로잡혀 있기 때문에 마약과 폭력을 자극제로 삼고 있다는 것을 알 수 있을 것이다. 그러나 내 자유 시간까지 그와 함께 보내야 할 의무는 없다.

이미 언급했듯, 우리에게는 스스로 선택할 권리가 있다. 만약, 어떤 사람이 얻고 보호하는 행동을 포기할 수 없다고 선택한다면, 또 그 행동이 위험하거나 나를 불쾌하게 한다면, 그 관계를 떠나는 것을 선택할 수 있다. 가끔은 떠나는 것이 최선이 될 수 있다. 제9장에서 관계를 떠나는 것에 대해 더 자세히 다루도록 하겠다.

사랑을 돌려주는 것
: 다른 사람들의 행복에 관심 갖기

사람과 사람이 만나 관계를 맺는 것은 서로 사랑을 받고 주는 것을 연습하는 기회를 얻는 것이다. 이를 통해 우리는 많은 즐거움을 경험할 수 있다.
마릴린의 사례를 통해 이를 살펴보자.
나는 세미나를 진행하고 있었는데, 마침 쉬는 시간이었다. 마릴린이 내게 다가와서 말을 걸었다. 그녀는 진정한 사랑을 어떻게 찾는지에 대해 나와 이미 대화를 나눈 적이 있다.
"그러니까…. 우리가 사랑을 충분히 받게 되면, 우리가 아는 **모든 사람**을 사랑할 수 있게 된다는 말인가요?"
"그래요. 물론 시간이 걸리겠지만…. 당신의 마음속에 진정한 사랑이 가득 차게 되면, 이제 다른 사람들에게 그 사랑을 돌려주려고 할 거예요. 계속하다 보면 결국 주변의 모든 사람을 조건 없이 사랑할 수 있을 겁니다."

"그건 너무 부담스러운데요."

대화를 계속하면서 마릴린이 겪고 있는 혼란이 어디서부터 시작되었는지 알 수 있었다. 그녀에게는 사랑을 돌려준다는 것의 의미가 주변 사람들에게 친절을 베풀며 봉사를 해야 하는 의무같이 느껴졌던 것이다. 마치 간디나 마더 테레사와 같은 존재가 되는 것을 상상하며, 마릴린은 자신이 그런 사람이 되고 싶은지를 확신할 수 없었다.

"진정한 사랑이 뭔가요?"

내가 마릴린에게 물었다.

"다른 사람의 행복에 관심을 갖는 것이죠."

세미나에 참석했기에 마릴린은 간단히 대답할 수 있었다.

"그래요. 다른 사람의 행복에 관심을 갖는 것은 다양한 방법으로 할 수 있어요. 친절을 베풀고, 봉사하는 것도 그중 하나예요. 과거에 저지른 범죄를 용서하는 것도 사랑을 주는 방법이 될 수 있죠. 상대의 차이와 결정을 말없이 있는 그대로 받아들이는 것도 사랑을 주는 겁니다. 그리고 아무것도 하지 않고, 상대의 행복에 진정으로 관심을 갖는 것만으로도 사랑을 줄 수 있지요. 아마도 당신은 자신을 있는 그대로 사랑해 주는 사람을 만나 보지 못했기 때문인지도 몰라요. 나는 사람들에게 특별한 행동을 하지 않았지만, 사람들이 완전한 사랑을 경험하는 걸 봐 왔습니다. 그러니 당신도 할 수 있어요."

마릴린은 또 다른 궁금증이 생겼는지 다시 물었다.

"받아들인다는 것과 사랑을 주는 것에 차이가 있나요?"

있는 그대로 받아들인다는 것은 상대를 용서하고, 비난하거나 화를 내며 통제하려고 하지 않는 것이다. 그리고 조건 없이 사랑을 주는 것은 그보다 더 능동적이며, 다른 사람들의 행복에 관심을 갖는 것을 의미한다. 그러니 사랑을 주는 것은 그 안에 있는 그대로 받아들이는 것이 포함되는 것이다. 제3장에서 소개한 조안과 테일러의 사례를 통해 받아들이는 것과 사랑을 주는 것에 대한 차이를 설명할 수 있다. 다시 한 번 간단히 설명하자면, 테일러는 자신이 어지른 방을 치울 의지가 없었기 때문에 아내와 갈등의 골이 매우 깊었다. 그리고 제3장을 마무리하면서 테일러가 변하겠다는 의지가 결코 없고, 어지른 방에서 계속 살겠다고 결정한다면, 아내인 조안이 어떻게 할 수 있는지를 다루겠다고 말한 바 있다.

조안과 테일러의 사례로 돌아가 보자.
조안은 지혜로운 친구가 설명한 세 가지 선택을 생각해 봤다.
'그 상태를 좋아하면서 살기, 그 상태를 싫어하면서 살기, 관계를 떠나기'
조안은 널브러진 양말과 속옷 때문에 테일러와의 관계를 떠나고 싶지는 않았다. 하지만 매번 화를 내면서 불행의 연속을 경험하는 것을 선택하는 것도 어리석다는 것을 깨달았다. 그래서 친구가 말했던, 진정한 사랑을 믿어 보기로 선택한 후 자신을 사랑해 줄 수 있는 사람들에게 진실을 말하기 시작했다. 마침내 사랑을 받기 시작하자, 조안은 충만함과 평화로움을 마음속 깊이 경험할 수 있었다. 이제 그녀는 다른 사람들에게 사랑을 줄 수 있는 방법을 배우기 위한 첫 계단에 발을 올려놓은 것이다. 테일러는 옷을 방 안에 여전히 어질러 놓고 있었지만, 조안은 예전처럼 그리 신경 쓰지 않았다. 조안은 테일러에게 화를 내는 것을 멈추고, 테일러를 있는 그대로 받아들이기로 했다. 그녀는 말 한마디 없이 옷가지를 정리했는데, 그리 오래 걸리지 않았다. 결국 화는 사라졌고, 남편을 있는 그대로 받아들이기 시작하자 그의 행복에 더 관심을 가질 수 있었다. 이는 엄청난 성장이다. 남편의 어지르는 습관에 대해 잔소리를 멈춘 것뿐만 아니라, 남편을 위해 뭔가를 더 할 수 있게 된 것이다. 지금까지 남편과 육체적인 관계도 피하고 있었다는 것을 알게 되었고, 스킨십을 더 자주 하기 시작했다.

    테일러는 조안이 변했다는 것을 확실히 느꼈다. 사랑을 느꼈고, 자신도 변하기 시작했다. 한편, 테일러가 옷을 어지러이 두는 이유 중 한 가지는 조안을 괴롭히기 위함이라는 점도 없지 않아 있었다. 물론 뿌리 깊은 게으름도 한몫했지만 말이다. 또한 그 내면을 깊이 살펴봤을 때, 끊임없이 이어지는 잔소리와 비난에 대해 '복수'라는 측면도 있었던 것이다. 하지만 그가 조안으로부터 사랑을 느끼자, 아내에게 복수를 해야겠다는 감정이 사라졌고, 자신의 물건을 예전보다 더 자주 정리하기 시작했다.

    마음속으로 배려심 없고, 불친절한 사람 한 명을 떠올려 보자.
    가까이 있는 것도 별로 좋아하지 않을 것이다. 그러나 당신이 진정한 사랑으로 가득 차게 되면, 그 사람이 더이상 불쾌한 사람으로 다가오지 않을 것이다. 당신의 행복을 위해 어떤 특정한 방식으로 상대방이 행동해 주기를 원하지 않을 것이며, 불친절하고 배려심 없는 행동들이 당신을 불행하게 만들려는 의도가 없다는 것을 알게 될 것이다. 당신은 이제 그 사람이 진정 어떤 사람인지 볼 수 있으며, 있는 그대로 받아들이기 시작할 것이다. 상대를 비난하지도, 조종하지도, 화를 내지도 않을 것이다. 하지만 이 모든 결과가 마법처럼 즉각 일어나지는 않는다. 상대를 명확하게 보는 것은 가능할지라도, 상대를 비판적으로 바라보고 화를 내는 감정을 없애는 데 걸리는 시간은 사람에 따라 다르다. 어떤 사람은 더 오랜 시간이 걸린다.

마지막 단계는 상대의 행복에 신경을 쓰는 것이다. 사람들을 조건 없이 받아들일 때, 상대의 행복에 관심을 갖다는 것은 자연스러운 일일 것이다. 그러나 이렇게 되는 데까지 오랜 시간이 걸린다. 단순히 '화를 내지 않는 것'을 넘어 상대의 행복에 진정한 관심을 갖는 것은 큰 차이가 있다. 전자가 단순한 받아들임이라면, 후자는 진정한 사랑이라고 할 수 있겠다.

마릴린과의 대화에서 내가 설명했듯이, 진정한 사랑을 주는 것은 다양한 방식으로 표현된다. 의자에 편하게 앉아서, 눈앞에 없는 상대의 행복에 진정한 관심을 갖고 사랑을 줄 수 있다. 또한 실제로 만나서 대화를 나누며 상대의 행복에 관심을 가질 수도 있다. 이제 당신은 상대방이 즐거워하는 것을 볼 수 있을 것이다. 스킨십, 사랑스럽게 바라보기, 작은 선물 주기, 부드러운 말, 혼자 있는 시간을 주기, 사과하기, 봉사하기 등 이런 행동들을 하며 상대가 조건 없는 사랑을 느낄 수 있는 기회를 주고 또 당신 역시 더 행복해질 수 있는 기회를 얻게 된다.

명심해야 할 것은, 당신에게 뭔가 돌아올 것이 있기 때문에 상대를 사랑하는 것은 결과적으로 봤을 때 전혀 생산적이지 않다는 것이다. 조안과 테일러의 상황을 보면, 테일러의 어지르는 습관을 없애고, 집을 정리하도록 유도하기 위해 조안이 그를 받아들였던 것이 아니다. 그것은 조안의 조건 없는 사랑에 대한 결과였고, 운이 좋았을 뿐이다. 다시 한 번 강조하지만, 조건 없는 사랑을 줄 때 무엇인가 돌아올 것을 기대해서는 안 된다.

사랑하는 법을 배우는 과정은 세상에 있는 다른 모든 것을 배우는 과정과 동일하다. 시간이 걸리고, 연습이 필요하다. 처음에는 잘하지 못하기에 넘어지는 일도 많을 것이다. 특히 사랑을 느끼는 과정에서 실수를 더 많이 할 수 있다. 따라서 넘어지는 것에 대해 죄책감을 지나치게 느낄 필요는 없다. 조건 없이 사랑을 받게 되면 주변 사람들을 받아들이고 또 사랑을 돌려주는 것이 자연스럽고 쉬울 것이다. 그러나 처음에는 진정한 사랑을 경험할 때, 그동안 사랑받지 못했던 상처 때문에 스스로 저항할 수 있다. 하지만 완전한 사랑의 힘으로 과거의 영향을 극복할 수 있을 것이다. 더불어 지나치게 스트레스를 받는 상황에 놓여 있다면, 우리를 사랑해 주고 있는 사람들이 있다는 사실조차 잊게 된다. 우리에게 까다로운 요구와 비난을 끊임없이 하는 사람들과 함께 있는 것은 쉽지 않다. 그러면 생존을 위해 다시 두려움에 떨며, 얼고 보호하는 익숙한 행동으로 돌아가기도 한다. 그 상태에서는 어느 누구도 사랑할 수 없다.

> 🪄 있는 그대로 받아들인다는 것은 상대를 용서하고,
> 비난하거나 화를 내며 통제하려고 하지 않는 것이다.
> 그리고 조건 없이 사랑을 주는 것은 그보다 더 능동적이며,
> 다른 사람들의 행복에 관심을 갖는 것을 의미한다.
> 사랑을 주는 것 안에 있는 그대로 받아들이는 것이 포함되는 것이다.

그럼에도 불구하고 우리의 진실을 계속해서 말하고 또 사랑을 지속적으로 채워 나가면, 자신감이 생기는 것은 물론 우리를 사랑해 주는 사람들을 더 오래 기억하게 된다. 마치 선순환이 되듯, 다른 사람을 사랑해 주는 것도 더 잘하게 되며 쉬워진다. 그렇기 때문에 조건 없이 사랑을 받은 기억들을 의식적으로 떠올리려는 노력이 필요하다. 그런 노력으로 인해 주변 사람들이 사랑이 없는 행동이 주는 영향으로부터 조금은 벗어날 수 있게 될 것이다.

산드라의 사례를 통해 사랑하는 방법을 배우는 과정에서 실수하는 것은 피할 수 없다는 것을 살펴보겠다.

산드라는 몇 달 동안 자신의 진실을 말하는 방법을 배우고 있는 중이었다. 그녀는 조건 없는 사랑이 주는 놀라운 경험을 하고 있었고, 이를 통해 남편 찰스를 제대로 바라보며 있는 그대로 받아들이기 시작했다.

어느 날 오후, 찰스는 기분이 상한 채 집으로 돌아왔다. 그리고 산드라에게 불쾌감을 표현했다. 예전이었다면 산드라는 찰스의 행동에 화가 나거나 그냥 피해 버렸을 것이다. 그러나 그날은 사랑을 충분히 받았고, 행복하다고 느끼고 있었기에 남편의 행동을 위협적으로 느끼지 않았다. 산드라는 남편의 기분이 나아질 수 있도록 도우려고 했지만, 남편은 그 모든 도움조차 귀찮아하며 더 짜증을 냈다. 결국 어떻게 할 수 없는 상황에 이르자, 그녀는 남편을 향해 거친 말들을 내뱉고는 문을 쾅 닫고 나와 버렸다. 그리고 지혜로운 친구에게 바로 전화를 해 상황을 설명했다.

"나는 사랑을 줄 수 없는 사람인가 봐. 뭔가 좀 이해했다고 생각했는데, 또 화를 내다니…. 나 자신이 너무 싫어. 의욕이 다 사라졌어."

"나도 실수를 많이 했었지. 아마도 계속해서 많은 실수를 하게 될 거야. 너도, 나도, 모든 사람이…. 그렇다고 해서 죄책감을 느낄 필요는 없어. 네가 한 행동들에 대한 진실을 보고, 실수하는 그 순간조차 사랑받고 있다는 걸 알면 되는 거야."

지혜로운 친구가 말했다.

"사랑받을 수 없을 정도로 바보같이 느껴져."

산드라가 절망적인 목소리로 말했다.

"찰스와 대화를 시작했을 때는 사랑을 느끼고 있었잖아. 그래서 남편에게 더 다가가 도와주려고 시도할 수 있었어. 그게 바로 진정한 사랑이야. 너는 최근에 와서야 사랑을 받는다고 느끼기 시작했을 뿐이야. 그런데 찰스가 계속해서 화를 내니 위협적으로 느꼈고, 사랑받고 있다는 사실조차 잊어버리고 만 거야. 지금 네 상황에서는 감당할 수 없었을 뿐이야. 그러니 자신을 보호하는 익숙한 행동으로 돌아가 버린 거지. 아주 자연스러운 일이야. 사랑하는 법을 배우기 위해서는 많은 실수를 하게 될 거야. 이렇게 생각해 봐. 넌 피아노 연주를 아주 매력적으로 잘하잖아. 그런데 어린 시절에는 피아노 연주를 배우면서 많은 실수를 했었지?"

"그랬지."

산드라가 고개를 끄덕였다.

"그때 했던 실수들이 바보 같다고 생각하니?"

그제야 산드라는 미소를 지을 수 있었다.

"아니, 모든 사람이 피아노 연주를 배우면서 실수를 하지."

"바로 그거야. 모든 사람이 사랑하는 법을 배우면서 실수를 해. 무슨 말인지 이해가 되니? 끊임없이 사랑을 줄 수 있을 만큼 사랑을 충분히 받지 못했을 뿐이야. 이 경험에서 좌절하기보다는, 어쩔 수 없이 실수를 했다는 것을 인지하는 거야. 더 많은 사랑을 받게 되면, 네가 지금처럼 쉽고 빠르게 공허해지지는 않을 거야. 찰스가 너에게 계속 쏘아 대는, 더 어려운 순간에도 그를 사랑할 수 있을 거야."

산드라의 사례에서 주는 교훈은 또 하나가 있다. 우리가 처음으로 진실을 말하는 법을 배우고 또 사랑하는 법을 배우는 동안 기꺼이 사랑해 줄 수 있는 사람들로부터 지속적으로 사랑을 받을 필요가 있다는 것이다. 상대에게 줄 수 있는 사랑이 우리에게 없을 때, 얻고 보호하는 행동을 하고 있을 때 우리는 사랑을 받을 필요가 있다. 우리뿐만 아니라 다른 사람들도 이와 같은 경험이 필요하다. 그렇다면 당신은 그들을 기꺼이 사랑해 주겠는가? 상대가 우리에게 아무런 보상을 해 주지 않거나, 작은 보답만 하더라도 기꺼이 사랑하겠는가? 만약, 여기서 당신이 "아니!"라고 대답한다면, 사랑을 주는 것을 결코 배울 수 없다. 더불어 사랑 넘치는 관계는 불가능할 것이다.

산드라는 스스로 진실을 말하고, 조건 없는 사랑을 지속적으로 받는 경험을 했다. 그러나 찰스는 그렇게 할 생각조차 하지 않았다. 그렇기에 한동안 산드라가 찰스보다 사랑을 더 줄 수밖에 없다. 사실, 어느 관계에서나 두 사람 중 한 사람이 사랑을 더 주고 느끼는 능력이 앞서 있다. 둘 중 어느 한 사람은 언제나 한 걸음 먼저 내디뎌야만 한다. 찰스가 자신에게 돌려주는 게 아무것도 없을지라도, 산드라는 남편을 계속 사랑하겠다고 결정했다. 이 선택은 우리의 관계가 성장하기 위해서는 필수적인 것이다.

그러나 많은 사람은 되돌아오는 보상이 즉각적이지 않을 때는 사랑을 주지 않는다. 관계에서 주고받는 교환이 '정당하지 않다'고 여기며 그 관계를 무시한다. 이런 사람들은 사랑이 넘치는 관계를 만드는 것이 불가능하다. 얻고 보호하는 행동과 가짜 사랑을 교환하는 관계를 깨부술 때까지, 상대가 동의하지 않더라도 둘 중 한 사람은 자신의 진실을 항상 말하고 또 조건 없는 사랑을 찾을 의지가 있어야만 한다. 그러면 언젠가는 상대가 사랑을 돌려줄지도 모른다. 하지만 사랑을 돌려줄 때까지 기다리거나, 진정한 사랑을 주고받는 것에 동의할 때까지 기다리는 것은 이기적이며 비효율적이다.

제5장에서 샬롯은 어떤 노력이 필요하더라도 진정한 사랑을 찾겠다고 결정했다. 그런 아내를 보고 남편 데릴 역시 같은 선택을 하기로 결심했다. 여기서 샬롯이 남편에게 함께하기를 강요했다면, 지금과 같은 관계로는 절대 성

장하지 못했을 것이다.

　만약, 데럴이 진정한 사랑을 찾는 것을 거부했다면 어땠을까? 몇몇 관계에서 둘 중 한 사람만 진정한 사랑을 찾기로 결정한 후 사랑을 주는 법을 배우는 경우도 있다. 심지어 이런 경우조차 관계가 성장한다. 둘 중 한 사람이 사랑을 가득 채우면 더 행복해지고, 한 사람이 더 행복해지면 그 관계도 자연스럽게 더 행복해지기 때문이다. 상대가 전혀 변하지 않더라도 말이다.

　사랑을 받고 또 사람들을 제대로 보며 있는 그대로 받아들이게 되면, 우리는 자연스럽게 지혜로운 사람이 된다. 많은 사람이 있는 그대로 받아들여지고 사랑받을 필요가 있다. 우리가 사랑을 줄 수 있는 순간은 짧을 수 있다. 그러나 그 짧은 순간이라고 할지라도, 어떤 이들에게는 물에 빠져 허우적거리는 일생일대의 급박한 순간이다. 또한 우리가 사랑을 더 많이 받게 되면, 더 많은 시간 동안 지혜로운 사람이 될 수 있다.

　사랑을 주는 것을 양동이에 든 물을 나누어 주는 것으로 표현해 보겠다. 우리의 양동이가 비어 있는 것이 사랑이 비어 있는 것이라고 가정해 보자. 양동이가 비어 있으니, 어느 누구에게도 줄 수 있는 것이 없다. 심지어 다른 누군가를 열렬히 사랑하고, 도와주기를 원해도 할 수가 없다. 양동이 안에 아무것도 없기 때문이다. 사랑을 채우기 위해 할 수 있는 모든 것을 하게 되면 다른 이들이 가진 사랑을 나누어 내 양동이에 채워 줄 것이다. 그제야 우리는 가진 것을 나눌 수 있게 된다. 가진 게 많으면 많을수록 더 많은 것을 줄 수 있다. 결국 우리의 양동이가 흘러넘칠 때, 다른 사람을 사랑하는 것은 노력할 필요도 없이 쉬운 일이 된다.

　그러나 사람을 사랑하는 것과 양동이에서 물을 나누어 주는 것은 다르다. 주변 사람들과 진정한 사랑을 나누게 되면, 주기 전보다 더 많은 양이 남겨져 있다는 사실이다. 심지어 상대는 받기만 하고, 아무것도 돌려주지 않더라도 말이다. 기적 같은 힘으로, 당신의 양동이는 비울수록 더욱더 가득 채워진다.

그렇기 때문에 다른 이들에게 사랑을 나눌 수 있는 모든 순간을 놓치지 않고 나눔으로써 행복이 극대화된다는 사실을 나는 강력하게 주장한다. 그저 뒷방에 앉아서 다른 사람들이 우리를 찾아와 사랑해 주고, 양동이가 흘러넘치도록 사랑해 주기를 기다릴 수도 있다. 그렇게 하더라도 다른 사람들과 나눌 수 있는 어느 정도의 사랑을 받게 될 것이다. 그러나 우리는 그보다 더 사랑할 수 있다. 양동이가 채워지기 전에 사랑을 돌려주겠다는 의식적인 선택을 함으로써 그 과정을 더 쉽고 빠르게 만들 수 있다. 즉, 사람들의 실수와 결점이 무엇인지와 상관없이, 그들을 있는 그대로 받아들이고 용서할 수 있다.

인생에서 화라는 뿌리를 뽑아야 한다. 상대가 슬퍼하고 화를 낼 때, 위로하고 안심시키는 것을 넘어 우리가 저지른 실수들에 대해 진실을 말하고 용서를 구할 수 있어야 한다. 더불어 이유 없는 친절을 베풀며, 그들을 사랑한다고 말할 필요가 있다.

> 🪄 주변 사람들과 진정한 사랑을 나누게 되면
> 그 전보다 더 많은 양이 남겨지는 것은 진실이다.
> 심지어 상대는 받기만 할 뿐, 아무것도 돌려주지 않더라도 말이다.
> 다시 말해, 기적의 힘이 발휘되어
> 당신의 양동이는 비울수록 더욱더 가득 채워진다.

사랑을 주는 법을 배우는 동안, 가진 것보다 더 주려고 할 때가 있으리라.

그런 상황이 오면, 당신의 양동이는 완전히 비워질 것이다. 마치 산드라가 남편을 위로하려고 애썼던 순간처럼 말이다. 그럴 때는 산드라가 했던 행동들을 따라 할 수 있다. 양동이를 다시 채워 줄 사람에게 전화하거나 그 사람을 찾아갈 수 있다. 우리가 받을 수 있는 진정한 사랑에는 한계가 없다. 당신이 주는 것을 연습하면 할수록 더 가득 채우게 될 것이다. 그리고 비워지는 일은 줄어들게 될 것이다.

한편, 사람들에게 사랑을 주는 일이 너무 부담스럽다고 생각할 수 있다. 이는 당신이 사랑을 충분히 받게 되면 자연스러운 일이다. 아주 자연스럽게 다른 사람들의 행복에 관심을 갖게 된다. 얻고 보호하는 행동은 엄청난 노력과 에너지가 소비된다. 거짓말을 하고, 공격하고, 피해자 행세를 하고, 조종하려고 들 때를 떠올려 보라. 그와 비교해 봤을 때, 진정한 사랑을 주는 데 사용되는 에너지는 아무것도 아니다. 사랑하면서 스트레스를 받는다는 것은 조건 없이 사랑하지 않는다는 명확한 증거가 되므로, 이런 상황에서는 진정한 사랑을 더 받을 필요가 있다.

우리는 매 순간 주변 사람들을 사랑해 줄 기회를 만난다. 그 기회들을 사용한다면, 상상하기도 어려웠던 관계를 만들고 또 행복을 경험하게 될 것이다. 더 빨리 시작하면 할수록 더 많은 사랑을 받고, 더 행복해질 것이다.

그러나 여러 가지 질문이 여전히 있을 수 있다. 잘 알지도 못하는 사람들을 어떻게 사랑할 수 있으며, 용납할 수 없는 행동을 하는 이들을 어떻게 사랑하느냐? 이 질문들의 뿌리는 다음과 같다. "어떤 사람을 사랑하게 되는 이유가 그 사람의 외모가 출중해서, 똑똑해서, 끼가 많아서 등이라면 그건 가짜 사랑이 아닌가? 가짜 사랑을 주란 말인가?" 이에 답하기 위해서 마릴린과의 대화로 다시 돌아가겠다.

마릴린은 내게 이런 질문을 던졌다.

"세미나를 듣고 신경 쓰이는 부분이 있는데요. 선생님은 우리가 잘 알지 못하는 사람들도 모두 사랑할 수 있다고 하셨는데, 잘 모르는 사람들을 어떻게 사랑할 수 있죠? 사람을 사랑하기 이전에, 그 사람에 대해서 많이 알아야 하는 거 아닌가요?"

"우리가 처음 나누었던 대화를 기억하나요?"

내가 물었다.

"물론이죠."

말릴린이 미소를 지으며 대답했다.

"왜, 미소를 짓고 있지요?"

나는 부드러운 목소리로 물었다.

"그때 나누었던 대화가 정말 좋았거든요. 선생님이 제 삶에 관심을 갖는다는 걸 느꼈어요. 그리고 그 경험으로 인해 다른 이들에게 조건 없는 사랑을 주는 방법을 이해할 수 있었죠."

"처음 우리가 대화를 나눌 때, 내가 당신에 대해서 얼마나 알고 있었나요?"

그녀는 잠시 망설이다가 입을 열었다.

"아마도, 저에 대해서 잘 모르셨을 거라고 생각되네요."

"나는 당신에 대해서 아무것도 몰랐어요. 이제 다른 사람을 사랑하기 전에 그 사람에 대해서 많이 알아야 하냐는 질문에 대한 답이 되었을까요?"

"어느 정도는요. 그럼, 저에게 왜 관심을 가져 주시는 거죠? 아마 그게 진짜 질문인 거 같네요. 선생님이 저에 대해서 아무것도 몰랐다면, 어떻게 저를 진정으로 사랑할 수 있나요?"

"내가 당신을 사랑한 이유는, 바로 당신이 그걸 필요로 했기 때문이에요.

이게 바로 우리가 누군가를 사랑할 이유입니다. 사람들이 필요로 하니까요. 당신이 가진 어떤 조건 때문에 사람들이 당신을 좋아하는 데 익숙해져 있지요. 그건 조건 없는 사랑이 아니에요. 아기가 태어났을 때, 그 아이에 대해서 우리가 아는 게 있나요? 아무것도 없어요. 아이를 사랑하는 이유는 아이가 사랑을 필요로 하기 때문이에요. 또 굶주린 사람을 보면 왜 음식을 주지요? 그들이 배가 고프니까 음식을 주는 겁니다. 그 이상은 알 필요가 없지요. 내가 당신의 행복에 관심을 갖기 위해서 당신의 모든 것을 알 필요는 없어요. 당신도 느꼈을 거예요. 그로 인해 사랑을 얻어 내야 한다는 부담을 내려놓을 수 있었을 거예요. 아닌가요?"

나는 사람들을 조건 없이 사랑할 수 있는 이유는 그들이 조건 없는 사랑을 필요로 하기 때문이라는 부가적인 설명까지 했다. 사람들을 점점 더 알아 가면, 상대적으로 특정한 사람과 함께 지내는 시간이 더 즐겁게 여겨진다. 이는 아주 자연스러운 일이다. 어떤 사람들은 더 재미있고, 더 사랑을 주고, 다른 이들과 있는 것보다 더 쉽게 느껴지기에 우리가 이들과 더 오랜 시간을 함께 지내려고 선택하는 것은 당연하다.

> 🪄 사랑하는 법을 배우는 과정은
> 세상에 있는 다른 모든 것을 배우는 과정과 동일하다.
> 시간이 걸리고 연습이 필요하다.
> 인내심을 갖고 당신의 실수들과 성장들을 바라보자.
> 그와 마찬가지로 다른 사람들의 실수와 성장도
> 인내심을 갖고 바라보라.

어떤 사람들은 인간이 조건 없이 사랑을 주는 것은 불가능하다고 생각한다. 이는 사실이 아니다. 나는 수많은 증거를 봤다. 우리는 주변 사람들의 행복에 관심을 갖기를 원한다. 그러지 못하는 이유는 단 한 가지뿐이다. 우리가 스스로 공허함과 두려움에 휩싸여, 얻고 보호하는 행동으로 생존하느라 바쁘기 때문이다. 따라서 처음 사랑하는 법을 배워 가는 과정에서 진정한 사랑을 공평하게 주지 못할 수도 있다. 가끔은 가짜 사랑과 섞어서 줄지도 모른다. 그러나 사람들의 행복에 조건 없는 관심을 갖는 게 조금씩 가능해지고 또 얻고 보호하는 행동이 조금씩 줄어들 것이다. 그렇다고 해서 의욕을 너무 잃지는 말자. 계속해서 연습한다면 사랑을 지금보다 훨씬 더 잘 주게 될 것이다.

제 7 장

관계는 듀엣이다
Playing a Beautiful Duet

제7장

관계는 듀엣이다

사랑이 넘치는 관계가 주는 행복

사랑이 넘치는 관계를 맺는다는 것은 세상에서 가장 행복한 경험이다. 서로의 행복에 관심을 기울이며 무엇인가 돌아오겠다는 기대가 없는 관계를 맺는다고 생각해 보라. 모든 사람이 이러한 관계를 원하지만, 소수의 사람만이 준비가 되어 있다. 사랑이 넘치는 관계를 맺기 위해서는 자신의 진실을 말하는 법을 배워야 한다. 그리고 나서 조건 없이 사랑을 받고, 다른 이들을 사랑하는 법을 배우게 된다. 이는 무대에서 누군가와 듀엣 공연을 하기 위해서는 나 혼자서 악기를 연주하는 방법을 연마해야 하는 것과 같다.

자신의 진실 말하기

상대가 우리를 조건 없이 사랑한다는 것을 알고 있을 때, 거짓말을 할 필요성이 없어진다. 어떤 실수를 하든지, 내가 실수함으로써 상대가 불편함을 겪게 되더라도 숨길 필요가 없다. 스스로 보호할 이유가 없어지는 것이다.

엘리자베스의 사례를 살펴보며, 자신을 사랑해 주는 상대가 있을 때 진실을 말하는 것이 얼마나 쉬운지를 알아보자.

엘리자베스는 퇴근 후 집으로 돌아왔다. 방문을 열고 들어서자마자 헨리는 다짜고짜 질문했다.

"당신, 은행에 입금했어?"

"아니, 내일 할게."

그녀는 남편이 무슨 말을 하는지 즉각적으로 알아차렸기에 짧게 대답했고, 아내의 대답을 듣자마자 헨리는 짜증 났다는 것을 얼굴 표정으로 드러냈다.

"당신이 오늘 꼭 입금하겠다고 했잖아."

엘리자베스는 입을 열기 전에 숨을 고른 뒤 찬찬히 말을 꺼냈다.

"당신 말이 맞아. 그런다고 했어. 그러다가 더 중요하다고 생각되는 일들을 해야겠다고 생각했지. 지금 다시 생각해 보니 내 실수였어. 은행에 가서 입금을 해야 했는데…. 내가 이기적이었어."

아내가 솔직하게 인정하자 헨리의 마음이 조금 편안해졌다.

대부분의 경우, 헨리가 화를 내면 엘리자베스는 두려움을 느끼며 자신을 보호했다. 실수를 하고도 자기 잘못이 아니라고 부정했다(거짓말하기). 그리고 상대가 상처를 줬다는 것과 불쾌함을 온몸으로 표현했다(피해자 행세). 가끔은 자신이 제공한 것들에는 감사할 줄 모른다며 남편을 비난하기도 했다(공격하기). 또한 눈물을 흘리며 다른 방으로 가 버리기도 했다(피해자 행세, 도망치기). 이렇게 자신을 보호하는 행동을 하며 순간적으로 안전함을 느꼈다. 그와 동시에 남편과의 관계는 점점 멀어짐을 느꼈으며, 이런 행동 방식이 반복될수록 부부 관계에 심각한 해를 끼쳤다.

그러나 엘리자베스는 더이상 얻고 보호하는 행동을 하지 않았다. 그 대신 진정한 사랑을 찾는 원칙들을 관계에 적용했던 것이다. 그 원리들이 무엇이었는지 살펴보자.

1. 헨리가 최선을 다해 자신을 사랑하고 있다는 것을 의식적으로 기억하려고 했다. 그것이 가능했던 이유는, 지금까지 1년이라는 기간 동안 진정한 사랑을 찾는 과정을 밟아 왔기 때문이다. 그러나 헨리가 은행 입금이라는 말을 꺼내는 그 순간, 아내에 대한 사랑이 없었다는 것은 사실이다. 그래서 아내를 공격하며 화를 냈다. 하지만 엘리자베스는 영향 받지 않았다. 지금까지 헨리 외에도 조건 없는 사랑을 충분히 받아 왔으므로, 자신의 마음속에는 공허함과 두려움이 있을 공간이 없었다. 그러한 방해물이 없을 때 우리는 상대를 제대로 바라볼 수 있고, 상대가 화를 내는 것은 일시적인 공허함과 두려움의 영향이라는 것을 기억하게 된다. 그러면 우리는 자신을 더이상 보호할 필요가 없어지며, 자신의 실수에 대한 진실을 말할 수 있게 되는 것이다.

2. 엘리자베스는 지금까지 자기를 절제하는 방법을 연습해 왔다. 자신을 보호하는 행동을 하지 않겠다고 의도적으로 선택을 했던 것이다. 엘리자베스가 사랑으로 가득 차 있었다고 하더라도, 헨리가 화를 내며 공격하는 것은 여전히 위협적으로 다가왔다. 그러자 자신을 보호하고 싶다는 마음이 들었다. 하지만 지금까지의 경험으로 볼 때 얻고 보호하는 행동이 얼마나 비생산적인 결과를 가져오는지를 기억했다. 또한 자신에게 행복을 가져다주지 않으며, 부부 관계를 사랑으로 가득 채울 수 없을 것이라는 것을 알았다. 이미 설명한 바와 같이 진정한 사랑을 받

는 것과 자기를 절제하는 연습이 합쳐질 때 시너지 효과가 발생한다. 우리가 받은 사랑만으로 변하고자 한다면 더 오랜 시간 동안 기다려야 할 것이다. 따라서 얻고 보호하는 행동을 멈추고, 다른 사람들에게 사랑을 돌려주겠다는 의식적인 선택을 할 필요가 있다.
3. 엘리자베스는 남편이 자신을 공격한 것을 용서했다. 그리고 그의 행복에 관심을 갖는 의식적인 선택을 했다. 진정한 사랑을 주겠다고 선택했던 것이다. 그 선택을 하는 것은 과거보다 쉬웠다. 그 이유는 스스로 사랑받고 있다고 느끼기 때문이며, 남편은 이 순간 공허하고 또 두려워하고 있다는 사실을 기억하고 있었기 때문이다.

이처럼 사랑이 넘치는 관계는 진정한 사랑을 찾는 과정을 믿고 또 그것을 실천한 이후에 온다. 당신도 이런 관계를 원한다면, 상대가 나를 사랑해 줄 것이라는 확신이 없는 가운데에서조차 자신의 진실을 말하겠다는 의지가 있어야 한다.

> 🪄 사랑이 넘치는 관계를 맺기 위해서는
> 자신의 진실을 말하는 법을 배워야 한다.

초기에는 상대가 어쩌면 당신을 있는 그대로 받아 줄 수도 있다는 희망을 갖고 진실을 말할지도 모른다. 그러나 지혜로운 사람들에게 사랑을 충분히 받고 있다는 것을 계속 느끼게 되면, 어떤 상대를 만나더라도 진실을 말하는 것이 쉽다는 것을 깨달을 것이다. 그 순간은 마치 통장에 많은 돈이 들어 있는 것과 같은 경험일 것이다. 상대에게 진실을 말하는 것이 두렵지도 않을 뿐만 아니라, 상대가 당신을 받아들이는 것조차 필요하지 않게 된다. 그 상태에서 진실을 말하는 것은 훨씬 더 수월하다.

상대에게 그들의 진실을 말하는 것

엘리자베스가 진실을 말한 후 헨리의 화는 수그러들었지만, 여전히 불행해하고 있다는 것을 볼 수 있다. 그리고 그녀는 자신이 진실을 말하고 또 있는 그대로 받아들여졌을 때 더 행복하다는 것을 알고 있었기에, 헨리도 진실을 말하고 받아들여져야지만 사랑을 더 느낄 수 있을 거라고 생각했다.

보통은 자신의 선택으로 진실을 말하는 것이 최선이다. 하지만 경우에 따라 상대의 진실을 말해 주는 것이 도움이 될 때가 있다. 어떤 이가 공허하고 또 사랑을 느끼지 못할 때가 바로 진실을 말해야 하는 그 순간이다. 진실을 말해야만 제대로 보일 수 있고, 있는 그대로 받아들여질 수 있다. 그러나 사람들은 공허하고 두려울 때 자신을 보호하는 데 정신이 팔린다. 따라서 이런 상황에서는 자신의 진실을 거의 마주할 수 없다. 그래서 그것을 볼 수 있는 사람이 상대의 느낌과 행동에 대한 진실을 말해 주면 도움이 될 수 있다. 여기서 충분히 고려해 봐야 할 중요한 부분이 있다. 사람들은 누구나 진실을 마주할 필요가 있다. 하지만 그렇다고 해서 우리에게 상대의 진실을 일방적으로 말할 권리가 언제나 있는 것은 아니다.

다음 두 가지를 확실히 한 후 상대에게 그들의 진실을 말하는 것을 고려하자.

   1. 당신의 상태를 고려하라. 당신이 상대를 조건 없이 사랑해 줄 수 있는

지를 살펴보라. 만약, 상대방이 진실을 마주하게 될 때, 상대를 조건 없이 받아들일 수 없다면 입을 다무는 것이 현명하다. 진정한 사랑이 없는 가운데 상대에게 진실을 말한다면, 이들은 공격받았다고 여길 뿐이다. 두려움은 확장되고, 자신을 보호하는 행동을 더 많이 하게 되는 결과를 가져온다. 당신이 상대에게 실망하거나, 화가 나거나, 두려움을 느낀다면, 상대에 대한 당신의 의견은 마음에 담아 두는 것이 좋다.

2. 상대방의 상태를 고려하자. 상대가 진실을 들을 수 있는 사람인지를 살펴보라. 사랑을 많이 받은 사람이라고 하더라도 진실을 마주하는 것이 두려울 수 있다. 따라서 진실을 마주하도록 밀어붙이게 되면, 받아들여지고 사랑받는다는 경험보다는 두려움이 앞서 얻고 보호하는 행동으로 반응할 수 있다. 그렇게 되면 당신이 상대에게 그들의 진실을 말하는 것이 아무런 도움이 되지 않을 것이다.

🪄 상대에게 그들의 진실을 말할 때 두 가지를 고려하라.
① 당신이 조건 없는 사랑을 줄 수 있는 상태인가?
② 상대는 진실을 들을 수 있는 사람인가?
두 가지 질문의 대답이 "아니다."라면, 진실을 말하지 않는 편이 낫다.

오랜 시간 조건 없이 사랑을 주고받은 관계에서는 서로 진실을 말하도록 도움을 주는 것이 현명하다고 느낄 것이다. 그 기회를 통해서 더 받아들여지고 또 사랑받고 있다고 느낄 수 있다. 엘리자베스는 헨리가 더 받아들여지고 또 사랑받고 있다는 것을 느낄 수 있는 기회를 주고 싶었다. 그리고 진실을 말하기 전에 그녀 안에 화의 감정이 확실히 없었으며, 스스로 '옳아야 한다'

는 생각이 없는지를 솔직하게 바라보았다. 그리고 충분히 숙고한 상태에서 입을 열었다.

"당신, 화가 난 거 같아."

헨리는 씁쓰레한 미소를 지었다. 아내의 말에서 자신을 신경 쓰고 있으며, 자신을 비난하지도 또 화를 내는 것을 멈추게 하려는 의도가 아니라는 것을 느낄 수 있었다.

"맞아. 하루 종일 나에게 관심도 없고, 이해할 생각도 없는 사람들이랑 부딪치면서 일을 하고 돌아왔는데 당신까지 은행에 입금을 안 했다고 하니 화가 났어. 당신조차 나를 신경 쓰지 않는다고 생각했어. 그래서 스스로 보호하느라 이기적으로 당신을 비난했지. 가끔 당신이 나를 사랑한다는 사실을 잊어버리곤 해."

"충분히 이해할 수 있어. 내가 은행에 가지 않고, 다른 일을 했으니까. 당신을 위한 일보다 나 자신을 위한 일을 했으니까. 내가 당신을 더 신경 쓰지 않았어. 오랜 시간 동안 이기적인 결정들을 해 왔으니까."

엘리자베스와 헨리는 서로 꼭 안아 주었다. 솔직한 마음으로 진실을 말하고, 사랑을 받고, 사랑을 주는 과정에서 얻을 수 있는 행복감을 만끽했다.

"내가 화를 냈을 때, 당신이 스스로 보호하려고 하지 않아서 도움이 되었어. 고마워."

헨리가 말했다. 자칫 큰 싸움이 일어날 만한 상황이었다. 이런 상황을 헨리와 엘리자베스는 사랑이 넘치는 경험으로 전환했다. 이 기적 같은 상황이 사랑이 넘치는 관계에서는 흔하게 일어난다. 우리가 모두 이런 관계를 형성할 수 있다.

아마도 당신은 엘리자베스가 제6장에 나온 미셸과 완전히 동일한 행동을 남편에게 했다는 것을 눈치챘을지도 모른다. 미셸은 세미나에서 배운 내용을 남편에게 적용함으로써 부부 관계를 개선하고자 노력하며, "당신 화가 난 거 같다."라고 완전히 동일한 말을 했다. 하지만 결과는 완전히 달랐다. 미셸과 엘리자베스가 경험한 결과의 차이는 무엇 때문일까?

    미셸은 진정한 사랑을 경험하고, 다른 사람에게 사랑을 돌려주는 방법을 배우는 과정을 완전히 건너뛰어 버렸다. 그 대신 화난 남편을 진정시키려는 의도로 일방적으로 행동했던 것이다. 더욱이 미셸은 자신의 진실을 말하는 방법을 배우지 않았다. 쉽게 말해, 미셸의 양동이는 텅텅 비어 있었기에 남편과 나눌 것이 없었다. 심지어 그 양동이를 채우는 방법 역시 배우지도 않았다. 미셸이 남편의 진실을 말했을 때, 그녀는 남편이 화내는 것을 멈출 수 있도록 조종하며 자신을 보호하고 있었다. 그러자 남편이 이를 눈치챘던 것이다. 엘리자베스 및 헨리와 같은 경험을 하기 위해서는 준비가 필요하다. 이를 준비하는 모든 과정은 정말 가치 있는 일이다.

언제나 진실을 말하는 것

    사랑이 넘치는 관계에서는 상대를 불쾌하게 만들지도 모른다는 두려움에 떨 필요가 없다. 상대가 무슨 생각을 하는지, 그저 자유롭게 대화를 나누기만 하면 된다. 엘리자베스와 헨리는 더 아름다운 순간들을 매일같이 경험한다. 이는 아주 행복한 경험이다.

    엘리자베스는 새로운 드레스를 구입했다. 그리고 헨리와 외식을 하러 가며 그 드레스를 입고 나왔다. 그리고 헨리에게 물었다.

    "이 옷 어떻게 생각해?"

커플 사이에서 상대가 이런 말을 하면, 우리는 마치 대답은 미리 정해져 있는 듯한 느낌을 받는다. 그리고 상대를 불쾌하게 만들고, 우리에게 화를 낼까 봐 두려워한다. 그러나 사랑이 넘치는 관계에서는 이런 질문에 대한 답변은 아주 쉽다.

헨리는 엘리자베스를 가만히 안아 주었다. 그리고 입을 열었다.

"사랑해. 당신이 무슨 옷을 입는지 상관없어."

이는 그녀를 진정으로 사랑함으로써 자연스럽게 나오는 말이지, 질문이 어려워서 답을 회피하는 것이 아니다. 스스로 사랑을 충분히 받고 또 상대를 조건 없이 사랑한다면, 다른 모든 것은 그리 중요하지 않다. 무슨 옷을 입는지, 얼마를 버는지, 외모가 어떠한지는 상관이 없다.

하지만 애초에 엘리자베스는 옷에 대한 진짜 의견이 궁금했다. 헨리에게 사랑을 느끼기는 했지만, 다른 사람들이 어떻게 생각할지에 대해 약간 걱정을 하고 있었던 것이다. 그래서 엘리자베스는 더 직설적으로 질문을 했다.

"당신이 나를 사랑해 줘서 기뻐. 하지만 이 옷이 더 잘 어울리는지, 아니면 다른 옷이 나은지 궁금해."

"음…. 그럼, 이 옷보다는 다른 옷을 입었을 때 당신이 더 매력적으로 보여."

헨리는 솔직하게 말했다. 엘리자베스는 남편의 대답이 그녀 자신에 대한 의견이 아닌, 드레스에 관한 대답이라는 사실을 명확히 알았다. 더 나아가 남편의 의견을 고맙게 받아들였고, 돌아가 다른 옷을 선택할 수 있었다. 이처럼 서로 조건 없이 사랑한다는 것을 알고 있을 때, 두 사람은 삶에서 가장 중요한 것을 이미 갖고 있다. 따라서 그 외의 것에 대해 걱정하거나 불쾌해할 필요가 없어지는 것이다.

사랑으로 요청하는 법

많은 사람이 조건 없는 사랑에 대해 알아 가면서 걱정이 생길 것이다. 사람들이 하는 모든 행동을 조건 없이 수용해야 하며, 상대로부터 우리가 원하는 것은 아무것도 얻을 수가 없다고 생각할 수 있다. 이 걱정들은 이해할 만 하다.

앞서 나는 관계에서 할 수 있는 세 가지 선택에 대해 설명한 바 있다. 그 세 가지 선택은 '그 상태를 좋아하면서 살기, 그 상태를 싫어하면서 살기, 관계를 떠나기'다. 이 선택지를 보고는 이렇게 항의할지도 모른다. "도대체 내가 필요한 건 어떻게 얻을 수 있나요? 내가 원하는 걸 요청하는선택지는 왜 없나요?"

우리에게는 원하는 것을 요청할 수 있는 권리가 있다. 더욱이 조건 없는 사랑을 주고받는 관계에서는 어떤 대화도 가능하다. 우선, 요청하기 전에 다음 6가지를 생각해 보자.

❤️ 1. 우리는 진정한 사랑이 필요하다

상대에게 말하기 전에 잠깐 멈추고, 당신이 요청하고자 하는 것들을 리스트로 만들어 불만 사항들을 나열해 보자. 이때 진정한 행복은 조건 없는 사랑을 받고, 다른 사람들에게 돌려주는 것임을 기억하자.

진정한 사랑이 없는 상태에서 요청을 하게 되면 상대를 강압해 조종하는 것이 되고 만다. 그리고 상대가 요청을 받아들이는 것 역시 가짜 사랑의 형태가 되고 만다. 우리는 이미 많은 경험을 통해 가짜 사랑이 어떤 해를 끼치는지를 잘 알고 있다. 따라서 상대에게 무엇인가를 요청하고자 할 때, 이것만은 기억하자. 당신이 정말 필요한 것은 진정한 사랑을 가득 채우는 것이다. 꼭 이 사람이 아니더라도 다른 사람으로부터 진정한 사랑을 받을 수 있다. 즉, 진정한 사랑은 꼭 이 한 사람으로부터 얻을 수 있는 것이 아니다. 상대에게 무언가를 요구하며 기대를 하는 것으로 진정한 사랑을 느낄 수 있는 기회까지 망치지 말자. 진정한 사랑을 찾는 과정을 밟아 가는 동안 당신의 삶에서 정말 중요한 두 가지 사건이 일어날 것이다.

첫째, 당신은 진정한 행복을 경험할 것이다. 그 행복의 경험이 지금 당장 상대에게 요청하고 싶은 것들보다 훨씬 더 중요하다. 둘째, 공허함과 두려움이 사라지게 된다. 당신이 원하는 것을 얻고 보호하는 행동 없이 요청할 수 있게 될 것이다. 다시 말해, 진정한 사랑으로 가득 찬 상태에서 요청을 하면, 상대는 위협적이거나 강요로 받아들이지 않을 것이다. 또한 당신의 요청이 받아들여지는지 여부를 떠나 당신은 여전히 행복할 것이다.

💜 2. 요청 vs 기대

제3장에서 소개했던 기대의 법칙을 기억하는가? 그것을 기억한다면, 우리가 상대에게 아무것도 기대할 권리가 없다는 것을 알 것이다. 하지만 상대에게 요청할 수 있다. 시의적절한 요청은 관계를 유지하는 데 행복과 에너지가 된다. 반대로, 무조건 기대하고 요구하는 것은 실망과 쓸쓸함만 남긴다.

요청과 요구, 기대는 어떤 차이가 있을까? 그것은 바로 실망과 화를 보면 분명히 알 수 있다. 요청인지 요구인지는 '요청한 것'을 얻지 못하는 순간 진실이 밝혀진다. 작은 실망이나 짜증이 난다면, 당신이 요구했으며 또 원하는 것이 충족되리라 기대했다는 것이 증명된다. 그러나 진정한 요청은, 받아들여지지 않을 때 순간적으로 실망할 수는 있으나, 짜증이나 분노 등의 감정을 절대 느끼지 않는다.

다시 엘리자베스와 헨리의 사례로 돌아가 보자.

엘리자베스와 헨리의 관계는 점점 더 발전해 나갔다. 그러자 더 많은 일을 서로 함께했다. 예전에는 엘리자베스가 혼자 장을 보러 갔다. 그러다 헨리와 함께 가끔 시간을 보내고 싶어 같이 가자고 요청하기도 했다. 헨리는 쇼핑하는 것을 특별히 좋아하지 않았지만, 아내와 함께하기 위해 같이 가고는 했다.

어느 날 저녁, 엘리자베스는 남편에게 같이 장을 보러 가자고 요청했다. 그러자 헨리가 이렇게 말했다.

"오늘은 느긋하게 집에 있고 싶어."

헨리의 대답에 엘리자베스는 순간적으로 실망을 했다. 그녀는 남편과 동행하며 쇼핑을 하는 즐거움을 기대했다. 그걸 원하지 않았다면 물어보지도 않았을 것이다. 하지만 그 느낌은 그 순간뿐이었다. 그녀는 남편과의 관계에 대해 실망하지 않았다. 그리고 헨리를 포함한 다른 사람들이 자신을 여전히 사랑하고 있다는 것을 기억했다. 우리가 누군가에게 사랑받고 있다는 사실을 확실하게 기억하고 있다면, 삶에서 가장 중요한 것을 이미 갖고 있기 때문에 순간순간 채워지지 않는 욕구들에 대해 신경 쓸 필요가 없게 된다.

이렇듯 조건 없는 사랑을 받는 것은 세상 그 무엇보다 우리를 행복하게 한다. 사랑이 충분할 때 삶에서 어떤 궁핍함을 경험하더라도 쉽게 견딜 수가 있다. 그런 상태로 상대에게 요청을 하고, 그 요청이 이따금 받아들여지지 않고 거절당한다고 해도 실망하지 않게 된다. 즉, 사랑을 받는다는 것은 통장 잔고가 200억 원인 것과 같은 경험이다.

> 우리에게는 원하는 것을 요청할 수 있는 권리가 있다.
> 또한 조건 없는 사랑을 주고받는 관계에서는 어떤 대화도 가능하다.

♥ 3. 명확하게 요청하기

요청하는 것이 무엇인지 명확하게 말할수록 거절당하는 확률을 줄일 수 있다. 불투명한 힌트를 여기저기 던져 놓거나 상대가 당신의 마음을 읽어 줄 거라고 기대하지 마라.

엘리자베스의 사례를 통해 상대에게 명확하게 요청하는 방법을 살펴보자.

사랑하는 법을 배우는 과정을 시작한 지 얼마 되지 않았을 때, 엘리자베스와 헨리는 많은 실수를 저질렀다. 그래서 지혜로운 친구를 초대해 자신들의 경험을 나누었다.

엘리자베스가 먼저 입을 열었다.

"아마 일주일 정도 전부터 남편에게 토요일에는 정원에서 채소를 가꿀 거라고 말해 놓았죠. 그리고 땅을 갈아야 한다고 말했어요. 토요일이 되어서 저는 정원 채소밭에서 땅을 가느라 네 시간 넘게 일을 하고 있었어요. 남편이 와서 도와주길 기다리면서…. 그런데 남편은 오지 않았어요. 그러면서 제가 왜 화를 내는지 도무지 이해할 수가 없다네요."

헨리는 어깨를 으쓱해 보이며 이해할 수 없다는 표정을 지었다.

"당신이 나를 기다리고 있을 거라곤 생각하지 못했어."

"내가 정원 일을 하기 위해 옷을 갈아입고 나가는 걸 봤잖아, 당신…."

그들은 세부 사항까지 들먹이며 싸우기 시작했다. 무슨 말을 했고, 어떤 행동을 하고 있었는지를 상대가 봤다는 내용이었다. 잠시 후 지혜로운 친구가 둘 사이에 끼어들었다.

"엘리자베스, 당신은 지난 토요일에 채소밭을 가면서 남편의 도움을 원했군요. 그런가요?"

"맞아요."

"이렇게 직접 물어본 적 있나요? '헨리, 이번 주 토요일 몇 시에 정원 채소밭을 갈아야 하는데, 당신이 도와주면 좋겠어.'라고요."

엘리자베스는 잠시 침묵했다.

"음…. 저는 토요일에 제가 정원에서 일을 할 거라고 말했어요. 그리고 땅을 갈아야 한다고 말했죠."

엘리자베스는 헨리에게 자신을 도와달라는 몇 가지 힌트를 보냈다. 하지만 단 한 번도 명확하게 요청하지 않았다.

우리는 두 가지 이유로 명확한 요청을 하지 않는다. 첫째, 지금까지 그렇게 하도록 배워 왔으며, 다른 사람들도 그런 방식으로 우리에게 요청을 한다. 말하지 않은 것조차 상대가 이해해 주면, 상대가 우리에게 관심을 충분히 갖고 있다는 증거로 보는 것이다. 둘째, 몇 가지 힌트를 던졌을 때 직설적으로 거절당하게 될 가능성을 피할 수 있다. 직설적으로 거절당하는 것을 좋아하지 않기 때문이다. 거절당할 때, 어떤 일을 거절당하더라도 자기 자신이 거절당한 것처럼 받아들이며 사랑받지 못했다는 느낌이 들기 때문이다.

"당신은 남편이 정원으로 나와 도와줄 수 있을 만큼 충분한 정보를 제공했다고 생각하고 있군요. 잘 알겠어요. 아마 헨리가 지극히 섬세한 사람이었다면, 그 정보들을 이해하고 정원으로 나갔을지도 몰라요. 하지만 당신은 남편이 자신의 마음을 읽어 주길 기대할 수는 없어요. 남편에게 원하는 것이 있다면, 그것이 무엇인지를 명확하게 말해야 합니다. 그리고 남편이 '아니!'라고 대답할 것에 대해서도 준비를 해야 하죠. 그렇지 않으면 당신은 요청을 한 게 아니에요. 단지, 요구를 한 겁니다."

이처럼 우리가 불분명한 요청을 하거나 모호한 힌트들을 여기저기 흩어 놓았을 때, 자신이 원하는 것을 상대가 명확하게 주지 않았다고 해서 놀라서는 안 된다. 그러므로 상대에게 원하는 것을 요청할 때, 그것이 무엇인지를 명확히 전달하자. 그리고 요청을 하는 그 순간에 사랑을 충분히 받았으며, 상대를 사랑해 줄 수 있는 상태인지 스스로 확인해야 한다. 그리고 당신을 사랑하는 것을 증명하기 위해 그 요청을 반드시 받아들이지 않을 수도 있다는 것을 기억하자.

💙 4. 요청과 약속

기대가 가져오는 불이익에 대해 몇 번이나 언급한 바 있다. 그리고 제3장에서 약속에 대해서도 설명했다. 우리가 요청을 하고 상대가 동의하면, 그걸 언제 할지 약속을 한다. 그리고 약속한 내용이 지켜지기를 기대할 권리를 갖게 된다. 여기서 중요한 점이 있다. 사랑의 관계는 약속을 통해 이루어지는 것이 아니다. 진정한 사랑 위에 이루어진다는 것이다. 물론 약속을 지킬 것이라고 기대할 권리가 있다. 하지만 상대의 어깨 위에 '기대'라는 부담을 짊어지게 만든다면, 행복은 그만큼 줄어들 것이다. 또한 약속을 지키지 않았다고 해서 상대에게 화를 내는 행위는 관계를 악화시키게 되는 아주 어리석은 행동이다. 그러므로 약속 때문에 서로 상처를 입는 끔찍한 실수는 저지르지 말자.

내가 약속을 지키지 않았을 때, 내 아내 도나가 어떤 방식으로 지혜롭게 대처했는지를 살펴보겠다.

우리 부부는 저녁 식사에 친구들을 초대했다. 그녀는 친구들이 집에 오기 전에 할 일이 있어 외출을 해야 했다. 그리고 집을 나서기 전, 자신이 없는 동안 해야 할 일들을 몇 가지 해달라며 나에게 요청했다. 이런 것들이었다. 당근 썰어 놓기, 방과 집을 정리하고 청소기 돌리기, 세탁기에 있는 빨래를 건조기에 넣고 돌리기 등 나는 그 일들을 하겠다고 약속했다.

세 시간 후, 현관문이 열리는 소리가 들렸다. 아내가 집 안으로 걸어 들어오자마자, 나는 아내와 했던 약속들이 즉각적으로 떠올랐다. 그동안 잊어버리고 있었던 것이다. 나는 몇 가지 일들을 하기 위해 알람을 설정해 놓는 대신, 내가 하고 있던 일들에 정신이 팔려 있었다. 결국 아내를 실망시켰다. 아내는 나에게 다가와 미소를 지으며 이렇게 말했다.

"당신, 내가 부탁한 일들을 아무것도 하지 않았구나. 그렇지?"

나는 당혹감에 움찔거리며 말했다.

"안 했어."

아내는 실망스러운 느낌도 없이 말을 이었다.

"손님들이 도착하기 전까지 그 일들을 다 할 수 있겠어?"

실수를 바로잡을 책임은 분명 나에게 있었다.

"아슬아슬하지만, 할 수 있을 거야."

내가 대답했다.

"먼저 당근을 썰어 줘, 요리를 바로 시작해야 하니까."

이처럼 약속을 하더라도 상대에 대한 기대는 최소한으로 여기는 것이 현명하다. 기대는 대부분 실망과 화를 가져오기 때문이다. 따라서 약속을 지키지 못했을 때조차 우리가 할 수 있는 가장 현명한 방법은 조건 없이 사랑하는 것이다. 그리고 상대의 실수에 대해서는 진실만을 말하는 것이다. 마치 도나가 나에게 한 것처럼 말이다.

사랑이 넘치는 관계에서 실망과 화는 설 자리가 없다. 기대한다는 것은 주문한 것을 배달받는 것과 같다. 그러나 기대 없이 받게 되는 모든 것은 선물이 된다. 당신은 약속과 기대로 가득 찬 관계를 원하지 않을 것이다. 당신이 원하는 것은 진정한 사랑과 선물로 가득 찬 관계다.

💙 5. 점수를 매기지 않기

진정한 요청을 하고 있다면, 언제 요청이 이루어졌는지 아닌지를 기록하지 않는다. 즉, 상대가 요청한 것이 몇 개인지, 내가 요청한 것이 몇 개인지 등 개수를 세며 비교하지 않는다. 다시 말해, 점수를 매기지 않는 것이다. 진실한 요청에는 기대가 없기 때문이다. 우리는 일반적으로 관계에서 점수를 매기는 데 익숙하다. 그래서 사람과 사람 사이에 누가 무엇을 주고받았는지를 기억해야 한다고 생각한다. 하지만 상대에게 받은 것과 받지 않은 것에 대해 점수를 매긴다면 우리의 관계는 불행할 수밖에 없다.

💙 6. 우리가 할 수 있는 첫 번째 선택, 그 상태를 좋아하면서 살기

사랑으로 요청할 수 있게 되면, 제3장에서 설명한 선택들 중 첫 번째인 "그 상태를 좋아하면서 살기"를 선택을 할 수 있게 된다. 따라서 상대를 변화시키기 위해 애쓸 필요가 없다. 그들을 있는 그대로 받아들이고, 원하는 것이 있다면 요청할 수 있다. 만약, 상대가 거절한다면 그것을 있는 그대로 받아들이며 계속 사랑하는 것이다.

상대에게 요청을 하기 전에, 관계에서 두 사람이 모두 조건 없이 사랑을 줄 수 있는 상태일 필요는 없다. 그래야 한다면, 요청을 할 수 있을 때까지 많은 사람이 오랜 시간을 기다려야만 할 것이다. 하지만 주의해야 할 부분이 있다. 최소한 다음의 두 가지 요건이 충족되지 않은 상태에서 상대에게 요청하는 것은 관계에 도움이 되지 않을 것이다. 첫째, 당신이 얻고 보호하는 행동을 하지 않고 상대를 사랑해 줄 수 있어야 한다. 둘째, 상대가 당신을 조건 없이 사랑하지 못할 수도 있다. 하지만 당신이 요청을 할 때, 상대는 그 요청을 있는 그대로 받아들일 수 있을 정도로 사랑을 받고 있어야 한다. 만약, 당신이 무언가를 요청했을 때 상대가 공허함과 두려움으로 가득 차 있다면, 요청을 위협으로만 느낄 뿐이다. 그 상황에서 어떤 요청을 하는 것은 어리석은 짓이다. 이처럼 행복은 요청으로 얻을 수 없다. 오직 진정한 사랑을 받고 돌려줄 때 가능하다. 따라서 진정한 사랑을 받고 돌려주는 행동을 방해하는 것이 있다면 멈추는 게 좋다.

> 당신이 조건 없이 사랑을 받고, 상대도 어떤 위협 없이
> 당신의 요청을 있는 그대로 들을 수 있을 만큼
> 사랑을 받은 상태에서 요청하는 것이 현명하다.

합리적으로 갈등을 해결하는 방법

어느 날 저녁, 엘리자베스가 농구 경기를 보고 있는 헨리의 곁에 앉았다. 엘리자베스는 스포츠를 보는 것을 좋아하지 않았다. 퇴근 후 재미있는 영화

를 한 편 볼까 해서 기다리고 있는 중이었다.

부부 사이에 사랑이 없었을 때, 엘리자베스는 자기가 좋아하지 않는 프로그램을 남편이 보고 있으면, 깊은 늪에 빠진 듯한 느낌을 받으며 화를 냈다. 헨리가 자신을 신경 쓰지 않는다는 뜻으로 받아들이며, 남편을 비난하고(공격하기) 또 얼마나 자신을 배려하지 않는지 징징거리기도 했다(피해자 행세). 그리고 방문을 쾅 닫고 나가 삐진 채로 몇 시간을 보내기도 했다(도망치기). 엘리자베스의 눈에는 남편의 행동이 자신을 사랑하지 않는다는 증거로 보였다. 뿐만 아니라 둘 사이에는 돈 낭비하기, 자녀교육 방식에 반대하는 등 많은 갈등이 있었다. 진정한 사랑이 없는 가운데, 가짜 사랑이 주는 작은 부스러기들은 아주 중요한 것처럼 느낄 수 있다. 그리고 그 작은 것들을 손에 쥐고는 절대로 놓아서는 안 되는 것처럼 느낀다.

그러나 이제 엘리자베스와 헨리는 사랑을 충분히 받았다고 느꼈으며, 행복을 경험하고 있었다. 지금까지 서로 진실을 말하고 또 사랑해 주는 것을 연습해 왔던 것이다.

엘리자베스는 헨리에게 가볍게 물었다.

"이 경기 언제 끝나?"

대부분 이런 질문을 하면 상대가 돌려서 공격을 한다고 느낀다. 그리고 진짜로 하고 싶은 말은 뒤에 숨어 있다. "텔레비전을 또 보고 있어? 도대체 믿을 수가 없어. 물론 또 내가 싫어하는 스포츠나 보고 앉아 있지. 얼마나 오랫동안 거기 앉아서 내가 보고 싶은 걸 못 보게 만들 생각이야?" 그러나 엘리자베스의 질문에는 이처럼 숨겨진 의미가 없었다. 그녀는 단순한 질문을 통해 다음 행동을 정하고자 했다. 이것이 바로 진정한 질문의 목적이다.

"경기가 시작된 지 얼마 안 됐어. 두 시간 정도 더 걸릴 거야."

헨리가 대답했다.

"영화가 보고 싶었는데, 이 경기가 중요하다면 다른 걸 할게."

엘리자베스가 가볍게 말했다.

"농구 경기가 재미있기는 한데, 그렇게 중요한 경기는 아니야. 영화를 같이 볼게."

둘은 최소한의 노력으로 즐겁게 영화를 보는 것을 선택했다. 이때 헨리는 마지못해 아내의 요구에 응한 것이 아니다. 그는 사랑을 충분히 느끼고 있었다. 더 나아가 엘리자베스를 행복하게 만들기 위해 자신이 하고 있는 것을 바꿀 필요가 없다는 것을 알고 있었다. 그는 아내가 원하는 것을 내줘야만 한다는 압박도 느끼지 않았다. 그는 단지, 아내를 사랑하기 위해 할 수 있는 어떤 것을 의도적으로 선택했던 것이다. 만약, 농구 경기가 그에게 있어 충분히 중요한 것이었다면 계속 보는 것을 선택했을 것이며, 엘리자베스는 다른 일을 했을 것이다.

일주일 뒤 같은 상황이 일어났다.

"이 경기 언제 끝나?"

엘리자베스가 물었다.

"아마 한 시간 정도? 이 경기에서 누가 이길지 정말 궁금해. 경기 끝나고 보고 싶은 거 있어?"

"응. 경기 끝나면 알려 줄래?"

"물론이지."

엘리자베스는 헨리의 선택이 순간적으로 약간 불편하다고 느꼈지만, 그녀는 이미 충분히 사랑받고 있었기 때문에 실망이나 화가 조금도 느껴지지 않았다. 사랑이 넘치는 관계라고 해서 상대가 원하는 모든 것을 내줄 필요는 없다. 각자의 상황에 맞게, 우리가 가진 것을 선물로 주는 것이다. 물론 자유롭게 제공하는 것이어야 한다. 그중에서도 가장 중요한 선물은 바로 상대를 조건 없이 받아들이며 사랑해 주는 것이다. 충분히 사랑받았다고 느끼고 있다면, 우리는 서로 자신이 원하는 모든 것을 내어 달라고 요구하지 않을 것이다.

관계에서는 항상 갈등이 존재한다. 취미나 선호하는 것, 하루 일정 등 다른 부분이 확실히 존재한다. 하지만 서로 행복에 관심을 갖고 있다면, 이 갈등들은 아주 쉽게 해결된다. 엘리자베스와 헨리가 보여 준 사례처럼 말이다.

제9장에서는 갈등을 해결할 수 있는 방법을 더 심도 있게 다루도록 하겠다.

서로 사랑을 믿자

네이슨과 디나의 사례를 통해 서로의 사랑을 믿는 것을 살펴보겠다. 이 둘은 진실을 말하며, 수년간 서로 사랑을 주고 있었다.

디나는 줄리와 대화를 나누고 있었다. 줄리는 지난 생일에 남편 네이슨이 무엇을 주었는지 물었다. 디나는 아무렇지 않게 입을 열었다.

"아무것도 안 받았는데?"

"어머, 얼마나 실망했니? 네 생일인 걸 까먹은 거야?"

디나는 가볍게 웃었다.

"아니, 잊지 않았지. 네이슨은 내 가장 친한 친구인 걸. 매일 사랑한다고 말하며 많은 걸 해주는데? 눈이 마주치면 웃어 주고, 미소 짓고, 쓰다듬어 주지. 그것보다 내가 더 뭘 바라겠어?"

디나는 네이슨과 사랑이 넘치는 관계를 만들었기에, 생일이라고 해서 남편이 뭔가를 증명할 필요가 없었던 것이다. 그리고 지금까지 쌓아 온 사랑의 경험을 기억하며, 남편을 신뢰하겠다고 선택했다. 따라서 남편이 작은 실수를 하거나 자신에게 관심이 없다는 증거들을 남편에게서 발견하더라도, 거기에 신경 쓰는 대신 자신을 사랑하기 위해 최선을 다하는 증거들에 집중했다. 심지어 남편이 무신경하고 짜증을 내더라도 말이다. 이런 태도를 통해 그녀는 언제나 사랑을 받을 수 있었다.

한편, 사람들은 상대가 자신을 얼마나 사랑하는지를 증명해야 한다고 느낀다. 그로 인해 생일과 기념일을 챙기는 것마저 부담스러워진다. 그리고 선물을 주지 않았을 때 벌어질 일들을 두려워한다. 이런 압박과 부담은 진정한 사랑과 양립할 수 없다. 그저 의무가 될 뿐이다.

두 사람이 하나가 된다는 것

사랑이 넘치는 관계는 두 사람이 하나가 된다는 것을 의미한다. 이들은 서로 행복에 기여하고자 하는 의지가 있기에 마음이 하나가 된다. 그 관계에는 교환이나 경쟁, 조종 혹은 의무적인 행동이 존재하지 않는다. 상대방이 필요로 하는 것을 주는 이유는 내가 '기꺼이' 그렇게 하고 싶기 때문이다. 따라서 그것을 받은 상대가 감사하게 여길 거라는 기대를 하지도 않는다. 상대가 불쾌해 할까 봐 두려워하며, 서로 보살피려고 하는 관계가 아닌 것이다.

제8장

모든 관계 안에서 진정한 사랑을 만끽하자

Real Love in All Our Relationships

제8장

모든 관계 안에서 진정한 사랑을 만끽하자

모든 관계에서 진정한 사랑 나누기

지금까지 다룬 삶의 원칙들은 삶의 모든 관계에서 적용할 수 있다. 당신의 배우자, 자녀, 친구 그리고 직장뿐만 아니라 종교가 있다면 당신이 믿는 신과의 관계에서도 적용이 가능하다.

결혼이라는 관계에서 진실 마주하기

미국에서는 결혼한 부부 중 절반이 이혼으로 끝을 맺는다. 결혼 관계를 유지한다고 하더라도 그것이 사랑이 넘치는 행복한 경험을 하고 있다는 것을 의미하지 않는다. 큰 갈등이 일어나지 않으면 그걸 좋은 관계라고 칭할 뿐이다. 우리는 결혼이 무엇인지, 어떤 방식으로 작동하는지를 제대로 판단하지 못하고 있다.

조건 없는 사랑을 경험하지 못한 사람들은 절망적인 마음으로 칭찬, 힘, 쾌락 그리고 안전함이라는 부스러기들을 조금씩 긁어모은다. 이러한 가짜 사랑을 지속적으로 주는 사람들을 만나면, 상대가 우리를 계속 '행복'하게 만들어 줄 것이라며 많은 기대를 한다. 그리고 누군가 가짜 사랑을 계속 줄 것이라는 확신이 충분히 들면, 우리는 "사랑에 빠졌다."라고 말한다. 이처럼 누군가 우리를 기분 좋게 해주면 그 사람과 사랑에 빠지고는 한다. 그것은 진정한 사랑이 아니다.

사랑에 빠지고 난 후, 우리를 '행복'하다고 자연스럽게 믿게 하는 가짜 사랑들이 지속적으로 공급되고 또 변하지 않기를 기대한다. 이것이 우리가 결혼을 선택하는 이유다. 즉, 누군가 나를 위해 매일같이 행복하게 만들어 준다는 것을 더욱 확실하게 묶어 두기 위해서다.

그러나 결혼을 선택할 때 완전히 이기적인 동기만 있는 것은 아니다. 결혼하게 될 상대의 행복에 어느 정도 관심을 갖고 있다. 하지만 조건 없는 사랑이 충분치 않은 상태에서 우리는 언제나 공허하고 두려울 뿐이다. 이런 상태에서 결혼하는 것은 이기적일 수밖에 없다. 우리가 굶어 죽어 가고 있을 때, 다른 누군가에게 관심을 갖는다는 것은 몹시 어려운 일이다. 그런데 결혼을 선택할 때 자신의 이기적인 동기를 많은 사람이 부정하려고 한다. 하지만 상대가 우리의 기대를 매 순간 충족시켜 주지 못한다면, 우리가 보여 주는 실망과 짜증은 그 이기적임을 증명한다.

> 🪄 신혼부부들은 시작부터 자신을 행복하게 만들어 줄 거라는
> 불가능한 기대들을 상대의 어깨에 얹어 놓으며,
> 치명적인 부담과 함께 관계를 시작한다.

결혼 서약은 다음과 같은 의미라고 할 수 있다.
"세상 어느 누구보다 당신을 더 사랑하겠습니다."

이 말을 할 때 우리가 해석하는 의미는 다음과 같다.
"나는 당신을 행복하게 만들어 줄 것을 약속합니다. 당신의 상처들을 언제나 치유할 것이고, 당신이 필요로 하는 것과 기대를 충족시킬 거예요. 당신이 말로 하지 않은 것들조차 알아듣고 해줄 거예요. 당신이 기운이 없을 때는 힘을 주겠습니다. 당신이 어떤 실수를 하더라도 있는 그대로 받아들이고 사랑할 거예요. 내가 가진 모든 것을 줄 것이며, 가지지 않은 것조차 주겠습니다. 그리고 나는 결코 당신을 떠나지 않겠습니다."

두 사람이 결혼 서약을 하며 서로 이렇게 많은 약속을 하고 있다고 의식적으로 인지하고 있지는 않다. 하지만 상대가 이와 같은 약속을 자신에게 했다고 믿고, 그 기대가 충족되기를 요구한다. 조건 없는 사랑이 부족한 상황에서, 커플들은 상대를 지속적으로 행복하게 만들어 달라는 불가능한 요구 속에서 괴로워하기도 한다. 이런 관계 속에서는 아무리 최선을 다해서 노력하고 애쓰더라도 실망하고 화를 내는 것을 피할 수 없다.

우리가 공허하고 외로울 때는 상대로부터 우리가 원하는 것을 받고 또 기분이 좋아지도록 해줄 것이라고 기대한다. 특히 우리를 사랑한다고 말하는 이들로부터 이를 기대하게 되는 것은 자연스럽다고 여긴다. 또한 결혼을 하면 배우자에게 이런 기대를 하는 것은 정당한 일이라고까지 생각한다. 하지만 결혼을 했다고 하더라도 이런 기대는 이기적이다. 선택의 법칙은 어떤 관계에서도 적용된다.

브루스와 파울라의 사례를 통해 이를 살펴보자.

브루스는 나를 찾아와서 아내에 대해 불평을 늘어놓았다.

"파울라에게 꽤 화나셨군요?"

내가 물었다.

"당연하죠. 누구라도 그럴 거예요. 그녀를 위해서 제가 해준 것이 얼마나 많은데… 돌아오는 건 불평뿐이에요. 이 관계를 더이상 부부라고 부를 수도 없을 지경입니다. 섹스를 못한 지도 몇 달이 지났어요."

"나도 파울라와 섹스를 안한 지 몇 달이 지났지요. 하지만 난 파울라에게 화가 나지 않는데요?"

내가 넌지시 말했다. 그러자 부르스는 깜짝 놀라 몸을 부르르 떨었다.

"그건 말이 안 되죠! 그녀는 제 아내예요!"

"왜 그렇게 생각하죠?"

"아니, 결혼했으니까! 저와 섹스해야 하는 거잖아요!"

"파울라가 당신과 결혼했으니까, 섹스를 해야 할 의무가 있다고 믿는군요. 그런 관계가 파울라에게 얼마나 즐거울 거라고 생각하세요? 당신은 누군가와 함께 지내야 하고, 같이 하도록 강요받는 걸 좋아하시나요? 파울라에게 지속해서 무엇인가 요구한다면, 아내와 사랑이 넘치는 관계는 불가능할 거예요. 섹스에 대해서만 말하는 것이 아닙니다. 무엇을 하든 즐거움은 없을 겁니다."

나는 브루스에게 기대와 선택의 법칙 그리고 얻고 보호하는 행동, 조건 없는 사랑에 대한 설명을 이어 갔다.

결혼을 하면 상대로부터 우리를 행복하게 만들어 달라고 요구해도 된다고 정당화한다. 그래서 결혼을 선택하는 것이기도 하다. 그런데 상대가 이를 충족시켜 주지 않는다면, 더 강하게 요구하고 또 서로 조종하려고 애쓴다. 상대는 그 불편한 요구와 조종에서 벗어나려고 철저하게 저항하기 시작한다. 이러한 관계에서 진정한 사랑은 자연스럽게 존재할 수 없다. 우리가 원하는 것을 얻기 위해 배우자를 채찍질하고 또 강요하기 위한 도구로 결혼을 이용하는 한, 우리는 결코 행복하질 수 없다.

그렇다면 결혼은 도대체 무엇인가. 결혼은 상대를 조건 없이 사랑하는 방법을 배우는 과정에서 상대와 함께하겠다는 약속이다. 다시 말해, 상대가 사랑을 돌려주지 않는다고 하더라도, 평생이라는 시간 동안 함께하겠다고 동의하는 것이다. 또한 동거, 섹스, 재정 등 특정한 부분들은 단 한 사람과 제한적으로 행하겠다는 약속이다.

이 정의가 당신이 생각했던 것만큼 로맨틱하지 않을 수 있다. 그리고 모든 사람이 내가 내린 정의를 받아들일 수 없다는 것도 알고 있다. 하지만 이 정의는 매우 명확하고 유용하다. 이 정의를 내릴 때마다 사람들은 두 가지 질문을 한다. 첫 번째 질문은 다음과 같다. "거의 모든 사람은 상대를 조건 없이 사랑할 수 없어요. 그런데 왜, 처음부터 결혼을 하는 건가요? 왜, 단 한 사람과 몸을 섞고 또 재정을 나누겠다고 약속하는 거죠? 도대체 왜, 평생 그런 약속을 하고 싶냐 이거예요. 결혼이라는 게 현명한 선택은 아닌 것 같네요."

결혼을 상대방으로부터 가짜 사랑을 쥐어짜 낼 기회로 본다면, 일반적으로 그 끝은 불행하다. 단 한 사람과 무엇인가를 제공하고 돌려받을 약속을 도대체 왜 하느냐, 하는 것은 당연한 질문일 수밖에 없다. 다만, 우리가 조건 없이 사랑하는 법을 배우는 기회로 결혼을 바라본다면, 이는 완전히 새로운 경험이 된다. 이 관점으로 섹스, 칭찬, 재정적인 기여 등 우리가 나누게 될 모든 것은 바로 상대에게 사랑을 표현하는 도구가 되는 것이다. 즉, 단 한 사람을 사랑하기 위한 도구로 바라보면, 도구들을 이용해 더 깊은 수준의 사랑을 나눌 수 있다.

상상해 보라. 내가 맛있는 디저트를 준비해서 당신에게 가고 있다. 가는 도중, 몇 명의 친구들과 만났다. 이들은 나에게 아주 소중한 사람들이다. 친구들이 나에게 디저트를 조금만 달라고 요청한다. 그뿐만 아니라 모르는 사람들도 돈을 줄 테니 그 먹음직스럽고 특별한 디저트를 나누어 달라고 제안한다. 하지만 나는 그 모든 요청을 거절한다. 이 디저트는 오직 당신을 위해 내가 특별히 준비한 것이기 때문이다. 이 모든 과정을 알고, 디저트를 받은 당신의 기분은 어떻겠는가? 훨씬 더 맛있을 것이다. 맛보다 더 중요한 것은, 당신은 훨씬 더 특별한 사랑을 받았다고 느끼며, 그로 인해 우리의 관계는 더욱 풍요로워질 것이다.

이는 결혼 전 성적인 행동을 하지 않고 지켜 왔을 때 상대방이 느끼는 감정이다. 관계에서 섹스가 수많은 사람과 부담 없이 나누는 어떤 경험이 되는 것이 아니라, 앞서 언급한 당신을 위해 준비한 디저트처럼 특별한 선물이 된다. 섹스 자체는 더 강력하고 깊은 애정을 표현하는 수단이 되며, 상대도 이를 느낄 수 있다. 우리 또한 상대로부터 독점적인 성적 관심을 받는 것을 통해 상대의 사랑을 느낄 수 있다. 결혼 이후에도 한 사람을 위해 독점적인 성적 관심과 신의를 유지한다면 그 사랑의 감정은 지속될 것이다.

이 대화는 누군가의 행동을 통제하기 위해서 하는 말이 아니다. 성적인 관심을 한 사람에게 독점시켰을 때만 상대가 느끼는 사랑의 경험을 수배로 증가시킬 수 있으므로 이를 제안하는 것이다. 상대에게 줄 수 있는 사랑을 수배로 증가시킨다는 것 하나만으로도, 상대와의 성적 신뢰감을 유지하는 것을 충분히 고려해 볼 만하지 않은가?

결혼 이전에 성적인 신뢰감을 쌓는 것이 현명하다는 부가적인 이유에 대해서도 제9장에서 다루도록 하겠다.

더 나아가 살아가면서 얻게 되는 많은 자원을 한 사람과 독점적으로 나누게 될 때, 상대는 더 사랑받는다고 느낄 것이다. 재정이나 우정, 봉사, 동거 등을 상대에게 기꺼이 제공하면 이는 선물이 된다. 그리고 상대는 조건 없는 사랑을 받는 증거로서 이들을 바라볼 수 있다. 이런 기회를 우리가 창조하는 것이다.

그렇다면 독점적인 공유에 대해 현실적으로 접근해 보자. 가끔 우리는 기꺼이 제공되지 않는 것들을 상대에게 당연한 듯 원할 때도 있다.

브루스와 파울라의 다른 사례를 살펴보자.

어느 날 파울라는 저녁 늦게 집으로 돌아왔다. 하루 종일 일을 하고, 몸이 불편한 친정 엄마를 찾아가 집안일을 도와야 했다. 이후 집으로 돌아오니, 두 자녀는 학교 숙제도 마치지 않고 텔레비전을 보고 있었다. 저녁 식사는 아무도 준비할 생각이 없는 듯했다. 그녀는 화가 났다.

"도대체 지금까지 뭘 한 거야?"

파울라는 날카로운 목소리로 물었다. 그러자 브루스도 자신이 잘못했다는 것은 알고 있었지만, 아내의 질문에 불쾌함을 느꼈다. 서로 얻고 보호하는 행동을 주고받는 실수를 저질렀던 것이다.

브루스는 그 상황을 나에게 설명하면서 약간의 동정심이라도 받아 보려고 했다. 나는 브루스에게 아내를 사랑해 주는 법을 배울 기회를 놓쳤고, 그 기회들이 주는 혜택을 받는 데 실패했다고 말했다. 브루스는 대화가 이런 식으로 진행되리라고는 기대하지 않았다. 그는 내 말에 깜짝 놀라며 되물었다.

"뭐라고요?"

"당신은 아내와 풍요롭고 충만감 넘치는 결혼 생활을 원하시나요? 아니면, 지금 이대로 불평을 지속하길 원하나요? 전자예요, 후자예요?"

그는 풍요롭고 충만감 넘치는 결혼 생활을 원한다고 말했다. 나는 그것을 유지할 수 있는 단 한 가지 방법은, 아내를 조건 없이 사랑하는 방법을 배우는 길이라고 제안했다.

"풍요롭고 충만감 넘치는 결혼 생활을 유지하는 단 한가지 방법은 바로, 아내의 행복에 관심을 갖는 것입니다. 이 한 문장을 기억한다면 매 순간, 당신이 뭘 할 수 있을지 알 거예요."

그리고 아내가 화가 났던 날, 브루스가 자신의 행동을 되돌아볼 수 있도록 도와주었다.

아내는 남편에게 늦게 들어갈 것이라며 미리 전화를 했다. 모든 것을 자세하게 요청해야 할 만큼 브루스는 어리석지 않았다. 전화를 받고 뭘 할 수 있었는지는 스스로 이미 알고 있었다. 저녁 식사를 준비하거나 밖에 나가서 사 올 수 있었으며, 자녀들에게 숙제를 하라고 지시를 할 수 있었다. 아내가 필요한 것이 무엇인지를 고려하고 지원하는 친절한 행동을 선물로 줄 수도 있었다. 이처럼 부부는 다른 관계에서는 쉽게 볼 수 없는 즐거운 기회를 만난다. 긴 시간을 약속했기에 서로 부담을 덜어 주는 친절한 행동들로 사랑을 줄 기회가 주어지는 것이다.

대화를 하면서 브루스는 자신이 이기적이었다는 사실을 깨달았다. 그리고 자신의 진실을 말하는 법을 배웠고, 조건 없는 사랑을 느끼기 시작했다. 집으로 돌아간 브루스는 파울라와 함께 집안일을 논의하며, 매주 누가 어떤 책임을 질 것인가를 정했다. 이를테면, 식사를 준비하고 아이들을 학교에서 데려오기, 파울라의 어머니를 방문해서 도와주기 등에 관한 것들이다. 이처럼 매일같이 누가, 언제, 무엇을 할 것인가를 궁금해하기보다 정기적으로 해야 할 일들에 대해 약속을 하는 것이 훨씬 더 효과적이다. 명확한 동의 사항은 많은 갈등과 불행을 미연에 방지할 수 있기 때문이다.

한편, 진정한 사랑이 충분한 관계에서 기대를 하는 것은 적절하다. 지금까지 나는 기대에 대해 아주 부정적이며 또 끔찍한 것이라고 설명했다. 하지만 다음에 이어지는 브루스와 파울라의 또 다른 사례를 살펴보면 이를 이해할 수 있다.

다음 상황은 동의 사항을 만든 이후에 일어났던 일이다. 파울라는 퇴근하고 집으로 돌아와 현관문 앞에 서 있었다. 파울라는 자신이 기대를 하고 있다는 사실을 발견했다. 문을 열고 들어가면 깨끗하게 정리된 집과 저녁 식사가 준비되어 있는 식탁 그리고 아이들은 숙제를 다 끝내고 있는 모습…. 문을 열었을 때, 그 기대는 사실이 되어 나타났다. 비록 파울라와 브루스의 동의에 따라 이루어진 일이었지만, 브루스가 아내를 위해 기꺼이 한 행동들이었기에 파울라는 남편의 사랑을 온전히 느꼈다. 때때로 브루스가 약속한 일들을 제대로 하지 않은 날들도 있었지만, 파울라는 남편이 최선을 다해 자신을 사랑하고 있다는 것을 알았기 때문에 화가 나지 않았다. 진정한 사랑이 가득한 가운데 했던 파울라의 기대들은 그녀가 사랑을 더 느끼도록 도와주었다.

이렇듯 부부 관계에서 배우자가 당신이 필요로 하는 것을 기꺼이 줄 때, 우리는 놀랍고 행복한 경험을 한다. 브루스가 아내에게 사랑을 주는 방법을 배운 것처럼 말이다. 하지만 상대가 배우고자 하지 않으면 어떻게 해야 할까? 그런 상황에서는 우리 자신이 먼저 사랑을 받고 느끼는 것을 배운 후, 사랑으로 상대에게 요청하는 법을 또 배워야 한다. 그 방법은 이미 제7장에서 소개했다.

이제 반복적인 업무들에 대한 책임을 지도록 배우자에게 요청하자. 파울라와 브루스가 했듯이 동의 사항을 만들자. 결혼은 파트너십이다. 집 안에도 처리해야 할 일들이 있다. 누군가는 돈을 벌어야 하고, 식사를 준비해야 하고, 아이들을 양육해야 하고, 잡다한 집안일들을 처리해야 한다. 이때 늘 기억해야 할 것이 있다. 사랑 없이 당신이 상대에게 변화를 강요한다면, 긍정적인 결과는 절대 불가능하다는 사실이다. 배우자가 했으면 하는 어떤 일들도, 부부 사이에 진정한 사랑을 채워 나가는 것보다 더 중요하지 않다.

만약, 상대방이 당신이 하는 대부분의 요청을 거절한다면 어떻게 해야 할까? 결혼은 상대를 평생 사랑하는 법을 배우겠다는 약속이다. 그러니 너무 빠르게 부부 관계를 포기하지 말자. 당신의 삶에서 가장 중요한 진정한 사랑을 계속해서 충전하자. 사랑을 가지고 요청하는 것을 계속하자. 그 과정이 매우 어려우리라는 것을 잘 안다. 그러나 어려움을 이겨 낸 후 얻게 되는 보상은 훨씬 풍요로울 것이다. 결혼을 평생의 약속이라고 생각한다면, 상대를 사랑하는 방법을 꾸준히 배워야 한다.

어느 날, 한 친구가 나를 찾아와 이렇게 말했다.
"이혼할래."
"왜?"
내가 물었다.
"인생이 너무 끔찍해. 아내는 나를 하나도 이해하지 못해. 그리고…."
나는 그 불평 목록들을 한번 쭉 들었던 경험이 있기에 부드러운 목소리로 그의 말을 슬며시 막았다.

"네 아내가 네 불행의 뿌리가 아니야. 아내를 만나기 훨씬 더 이전부터 넌 외로웠고, 공허했었어. 그리고 아내가 널 행복하게 만들어 주길 기대했지만, 그녀는 그럴 수 없었지. 네 아내도 조건 없는 사랑을 받아 본 적이 없으니까. 네 아내는 널 불행하게 만든 게 아니야. 인생을 바꿀 만큼 행복하게 만들어 달라는 네 기대를 충족시켜 주지 못한 것뿐이지."

친구는 내가 한 말들이 모두 사실이라는 것을 알았기에 한숨을 푹 내쉬었다. 그러자 나는 다시 말을 이었다.

"넌, 결혼할 때 관계가 어려워지더라도 떠나지 않겠다고 약속했었지. 지금이 아내를 사랑하는 법을 배우는 아주 중요한 기회야. 그리고 아내뿐만 아니라 다른 사람들도 사랑하는 방법을 배울 수 있지. 지금 이혼을 선택한다면 아무것도 배우지 못할 거야. 다음 관계에서도 같은 실수를 반복하겠지."

결혼을 약속하지 않은 관계에서는 불편함을 느낄 때마다 그 관계를 떠나고는 한다. 그렇게 되면 우리는 상대를 어떻게 사랑할 수 있는지를 배울 수 없다.

다음 사례에 나오는 엘리스는 결혼의 의미를 알고 있었다. 남편은 엘리스에게 사랑을 주지 않았다. 그녀는 진실을 말하는 법을 스스로 배우고, 지혜로운 사람들로부터 있는 그대로 받아들여지며 진정한 사랑을 쌓아 왔다. 몇 년 동안 그녀는 남편에게 자신이 받은 사랑을 돌려주려고 했지만, 남편은 두려움에 가득 차서 화를 내며 혼자만의 시간을 원했다.

그러자 한 지혜로운 친구는 엘리스에게 이렇게 물었다.

"남편과의 관계를 왜 유지하는 거죠?"

"제가 진실을 말하고 사랑을 느끼는 동안 당신은 저를 기다려 주고 함께 있었잖아요. 그것처럼, 저는 결혼했을 때 남편이 사랑을 느끼고 배우는 동안 함께 있겠다고 약속했거든요."

엘리스가 대답했다.

우리가 주는 사랑에 대해 보답을 돌려주는 사람을 사랑하는 것은 아주 쉽다. 하지만 엘리스는 자신에게 사랑으로 보답하지 않는 사람을 계속해서 사랑해 주기로 결심하며 배운 것이 있다. 바로 무한한 양의 진정한 사랑이 존재한다는 사실이다.

> 결혼은 배우자에게 우리를 행복하게 만들어 줄 것이라는
> 기대를 뒤집어씌우는 기회가 아니다.
> 상대를 조건 없이 사랑하는 방법을 배우는 동안
> 그와 함께 있겠다고 하는 약속이다.

앞서 결혼은 평생의 약속이라고 말했지만, 결혼했기에 관계를 끊을 수 없다는 것을 말하는 것이 아니다. 관계를 떠나는 것에 대해서 제9장에서 다루도록 하겠다.

독점적인 관계

독점적인 관계라는 것은 삶의 특정 부분을 서로 상대에게 집중하겠다고 동의하는 것이다. 그러므로 결혼을 독점적인 관계를 형성하는 하나의 예시라고 볼 수 있다. 하지만 우리가 행복하기 위해서 독점적인 관계가 꼭 필요한 것

은 아니다. 과거부터 많은 사람이 해온 말처럼, 우리가 행복해지기 위해서 연애를 꼭 해야만 하는 것도 아니고, 결혼을 해야만 하는 것도 아니다.

사랑이 넘치는 관계는 조건 없는 사랑을 충분히 받은 두 사람에 의해 만들어진다. 따라서 이 관계가 한 사람을 반드시 독점적으로 사랑해야만 하는 것은 아니다. 주변에 있는 친구들, 가족과도 이런 사랑이 넘치는 관계가 가능하다. 이혼을 경험하거나 사랑하는 사람과 사별 후 싱글인 사람들도 사랑이 넘치는 관계를 맺을 수 있다. 이들은 진정한 사랑이 없는 결혼한 부부나 독점적으로 사랑할 한 사람이 있는 사람들보다 훨씬 더 행복한 삶을 살아가기도 한다.

한편, 우리가 서로 독점적인 관계를 맺기로 약속하게 되면, 상대가 그 약속을 당연히 지키기를 기대한다. 블레이크와 실비아의 사례를 통해 살펴보자.

블레이크는 실비아와 결혼한 지 8년이 되었다. 실비아는 매 순간 아름다운 여성들을 유혹하려고 하는 블레이크에게 불평을 했다. 블레이크는 아니라고 부인했지만, 아내는 이런 대화를 할 때마다 화를 냈다.

어느 날, 오랫동안 알고 지내 온 지혜로운 친구와 만날 기회가 있었는데, 이때 자신들의 문제를 꺼냈다.

"질문이 있어요. 블레이크는 항상 다른 여성을 유혹하려고 해요. 난 그게 싫어요."

실비아가 먼저 말을 꺼냈다.

"무슨 소리야! 내가 언제 그랬다고!"

블레이크는 큰소리로 화를 냈다.

"블레이크, 나는 실비아가 말을 갑자기 지어냈다고 생각하지 않아. 아마도 네가 다른 여자들을 유혹한다고 생각할 만한 행동을 하고 있었을 거야. 잠시

만, 아내가 무슨 말을 하고 싶은지 들어보자. 잃을 건 없잖아.”

블레이크는 어쩔 수 없다는 듯 어깨를 으쓱해 보이고는 지혜로운 친구의 말을 따르기로 결정했다.

여기서 지혜로운 친구가 설명은 하지 않았지만, 제4장에서 이미 설명했던 '상대를 제대로 보기 위한 규칙'에서 첫 번째, '말하는 사람은 한 명이다.'와 두 번째, '말을 먼저 꺼낸 사람이 말하는 사람이다.'라는 규칙을 적용하고 있었다. 실비아가 먼저 말을 꺼냈으니, 그녀가 이 대화에서 말하는 사람인 것이다.

"우리가 외출을 하면, 그는 항상 다른 여자들을 쳐다봐요. 당연히 예쁜 여자들이죠. 파티에 참석하면 아름다운 미혼 여자들이랑 대화를 하고 있는 걸 보고는 해요. 그리고 그녀들의 손이나 팔, 어깨, 허리 등을 만지고 있어요. 정말 화가 나요. 소리를 지르고 싶을 정도로…. 이것에 대해 대화하려고 하면, 아무것도 아니라고 해요. 내가 멍청하다고 생각하는 건지… 제 말을 이해하시겠어요?"

"블레이크, 아내가 하는 말을 이해하겠어?"

지혜로운 친구가 물었다.

"그렇게 많은 여성을 보진 않았어. 그때 파티에서는 그 여성을 거의 만지지도 않았단 말이야. 몰래 어디로 나가 버린 것도 아니잖아. 그게 뭐가 그리 큰 문제라고!"

"블레이크, 너와 내가 아주 오랜 시간 친구였다는 사실을 기억해 줘. 나는 둘의 관계에 진심으로 관심을 갖고 있기에 이런 말을 하는 거야. 네가 결혼을 약속했을 때, 실비아에게 성적으로 완전한 신뢰감을 주겠다고 약속했지. 완전히…. 50%, 90%, 심지어 99%만 약속한 게 아니잖아. 밖에서 다른 여자를 쳐다본다는 사실은 성적인 관심이 흩어지고 있다는 뜻이지. 그걸 다르게 해석할 방법은 없어. 이건 결혼할 때 했던 약속을 어기는 거야. 알겠니?"

블레이크는 깊은 생각에 잠겼다. 지혜로운 친구는 말을 계속 이어 나갔다.

"그리고 네가 다른 여성들을 만질 때, 넌 계속해서 신뢰를 잃고 있는 거야. 스스로 합리화할지도 모르지. 섹스를 한 게 아니라고…. 이성적인 관심 같은 건 없다고…. 하지만 생각해 봐. 너와 내가 대화할 때, 네가 내 손을 만지거나 팔, 어깨, 허리를 부드럽게 만진 적이 있니? 그러니 이건 성적인 관심인 거지. 실비아는 네가 결혼할 때 했던 약속을 어기고 있다는 걸 직감한 거야. 다시 한번 말하지만, 너를 기분 나쁘게 만들기 위해 이런 말을 하는 게 아니야. 오직 너의 행동이 부부 관계를 해치고 있다는 걸 볼 수 있도록 도우려는 거야."

블레이크는 친구의 말이 옳다는 것을 깨달았다. 그리고 자신이 한 일이 얼마나 심각한 행동이었는지를 알기 시작했고, 그 행동들을 바꾸기로 결심했다.

독점적인 관계를 형성한다는 약속을 지키면서 상대의 행복에 관심을 갖게 되면, 이는 둘의 관계를 더욱 강력하게 엮어 줄 것이다. 상대의 행복은 말로 표현되는 것뿐만 아니라 비언어적인 행동의 관심도 포함된다. 더불어 단 한 사람과 공유를 하기로 했던 것들을 다른 이와 나누는 행위는 이 관계에서 매우 파괴적인 결과를 가져올 것이다.

섹스에 대해

성은 우리 주변 어디에나 있다. 책, 영화, 잡지, 텔레비전, 신문, 라디오, 음악뿐만 아니라 사람과 사람의 일상적인 대화에서 농담할 때도 튀어 나오고는 한다. 어떤 사람들은 자신의 성욕이나 성적인 행동들을 묘사할 때, 아주 사실적으로 표현할 때가 종종 있다. 그런 표현을 많은 사람이 사용하기에 마치 정상적인 것처럼 바라본다. 즉, 성을 마치 음식이 맛있다는 것을 표현하는 것처럼 성적 취향을 말하는 것이 평범하고 적절하게 바라본다. 매력적인 남성과 여성을 감탄하면서 바라보고 또 질투심을 느끼기도 한다. 만약, 타인이 당신에게 성적인 매력을 느낀다면, 스스로 가치 있고 또 행복하다고 느낀다. 평생 그렇게 생각하도록 공공연하게 길들여졌다.

섹스는 진정한 사랑이 충분한 관계에서는 건강하고 또 부가적으로는 즐거움을 주는 요소가 될 수 있다. 그러나 섹스는 가짜 사랑을 아주 강력하게 공급하는 행위이기도 하다. 진정한 사랑이 없을 때 우리는 절망적인 상황에서 무엇이든 자신에게 가치를 부여하고자 한다. 그러면서 다른 사람들의 칭찬과 집중을 얻고자 애쓴다. 누군가 우리를 매력적으로 바라보게 되면, 자신이 상대에게 받아들여졌고 또 중요한 존재로 여겨지며, 더 나아가 자신이 사랑스럽다고 착각하기도 한다.

브랜다의 사례를 살펴보자. 브랜다는 15살 여자아이다. 그녀의 부모는 브랜다를 최선을 다해 키웠지만, 조건 없이 사랑을 주는 방법을 알지 못했다. 그 결과, 브랜다는 자신이 중요하지 않은 존재라고 여기며 외로움을 느꼈다.

어느 날, 홀로 남겨져 있던 브랜다에게 한 줄기 빛이 내려왔다. 바로 16살의 라이언이다. 라이언은 브랜다가 아름답다고 생각했다. 그녀를 바라보거나 대화할 때마다 얼마나 아름답다고 생각하는지를 표현했다. 브랜다는 살면서 받아 본 관심 중 가장 긍정적인 것이며, 태어나 처음으로 자신이 가치 있다고 느꼈다.

당연하게도, 라이언은 브랜다의 행복에는 별다른 관심이 없었다. 그는 브랜다를 바라보거나 함께 대화를 나눌 때 그리고 그녀를 만질 수 있을 때 그 느낌이 좋았다. 라이언의 애정 표현은 성적인 방향으로 점점 발전했다. 물론 브랜다는 한 치의 망설임도 없이 자신을 허락했다. 라이언은 그녀가 자신을 언제나 중요하다고 느낄 수 있게 해 주었는데, 그 느낌이 지속되기를 원했다. 그러기 위해서는 무엇이든 할 수 있었다. 주변 사람들과 부모님은 브랜다의 행동에 대한 위험성을 경고했지만, 그녀는 모든 것을 무시했다.

시간이 지나고, 라이언은 브랜다를 이용해서 느낄 수 있는 자극과 스릴을 더 이상 느끼지 못했다. 그리고 다른 재미난 것을 찾기 위해 그녀를 떠났다. 브랜다는 엄청난 충격을 받았지만, 잠시뿐이었다. 이 경험을 바탕으로 평생 자신을 가치 있게 느낄 수 있는 방법을 배웠던 것이다. 그녀는 남자들이 성적 매력을 느끼면, 칭찬해 주며 '사랑'을 준다는 것을 알게 되었다. 그 기분은 무시당하거나 비판당하는 것보다는 훨씬 더 기분이 좋았다.

성적인 매력이란 결혼뿐만 아니라 어떤 활동의 파트너를 정할 때 아주 중요한 기준으로 삼는다. 만약 당신이 많은 사람이 모인 파티에 갔는데 외적으로 가장 덜 매력적인 사람에게 스스로 찾아가서 대화하겠는가? 우리는 깊이 생각해 보지 않고, 외적으로 보았을 때 '못생겼다.'라고 판단되는 사람과 명백하게 더 아름다운 사람들을 대하는 태도가 완전히 다르다. 화려한 모델과 과체중의 '매력 없는' 여성을 사람들 사이에 넣어 두고, 두 여성이 동일한 대접을 받는지를 살펴보라. 상대가 남성이든, 여성이든 관계없이 이 두 여성을 대하는 태도는 생각할 필요도 없이 다르다.

세상 어디를 가든, 신체적으로 매력적인 사람을 선호한다. 한 친구가 당신에게 자녀를 소개할 때, 우리는 친구의 자녀가 어떻게 생겼는지 외모에 대해 긍정적인 뭔가를 말해 줘야 할 의무감을 느낀다. 심지어 아이들에게 책을 읽어 줄 때 공주는 항상 아름다우며, 왕자는 잘생긴 외모라는 것을 강조한다. 어려서부터 우리는 아름다운 사람들이 더 많은 관심과 '사랑'을 평범한 사람들보다 더 많이 받는다는 사실을 배웠다. 그렇게 아이들은 신체적인 매력을 돋보이기 위해 노력하는데, 그 결과가 실패로 나타나면 자신들이 뭔가 단단히 잘못된 것이 분명하다고 믿는다. 이는 젊은 여성들 사이에서 전염병처럼 돌고 있는 거식증과 폭식증을 하나의 예시로 볼 수 있다. 이처럼 외모는 대부분의 관계에서 막대한 영향을 미친다.

이렇게 말하면 사람들은 외모에 대한 집착과 섹스는 아무런 관련이 없다고 항의한다. "아름다운 몸매를 즐기는 것은 잘못된 것이 아니다. 이건 마치 위대한 예술작품이나 문학작품, 특별한 재능을 찬양하는 것과 다르지 않다."라는 말도 안 되는 소리를 한다.

우리에게 코 하나와 입술이 위아래로 붙어 있는 것이 수학적인 균형을 따르기 위해서인가? 길고 곱슬하며 반짝이는 머릿결을 찬양하는 이유가 벗겨진 이마보다 기능적으로 편리하기 때문인가? 큰 가슴에서 눈을 떼지 못하는 것이 납작한 가슴보다 예술적이기 때문이란 말인가? 아니다. 우리는 성적인 매력이 있는 신체에 매혹된다. 무의식적으로라도 선호하고 있다. 이 사실을 인정할 필요가 있다. 모델들이 잡지의 표지나 광고에 선정되는 이유는 그들의 지적인 능력 때문이 아니다. 광고주들은 소비자들이 이들로부터 자극을 받을 수 있도록 아주 어마어마한 돈을 지불한다.

우리가 아무 조건 없이 상대의 행복에 관심을 갖는다면, 그 사람의 외모가 영향을 줄 수 없다. 즉, '못생긴' 사람보다 아름다운 사람의 행복에 더 많은 관심을 줄 필요가 없다. 우리가 외적으로 더 아름답고 또 성적으로 매력이 있는 사람들에게 더 관심을 갖는다는 사실 자체가 배우자를 조건 없이 사랑하지 않는다는 것을 증명하는 셈이다.

제2장에서 설명했던 내용을 다시 한번 살펴보자.

가짜 사랑 중 칭찬에 대한 설명을 하며 상대와 섹스를 함으로써 칭찬을 경험한다고 말한 바가 있다. 그러나 섹스를 통해 칭찬뿐만 아니라 다른 형태의 가짜 사랑도 얻을 수 있다. 브랜다는 성적으로 개방적인 태도를 보이며 남성을 유혹했는데, 이로써 상대의 행동을 통제하고 또 조종하는 상당히 큰 힘을 얻는다. 그동안 부모를 비롯해 대부분의 사람 앞에서는 아무런 힘이 없다고 느꼈지만, 섹스를 하면 파트너가 무엇이든 하도록 요청할 수 있다는 것을 경험했다. 이처럼 우리가 가장 원하는 진정한 사랑을 얻을 수 없다면, 사람들을 통제하고 또 조종하는 그 힘에 도취된다. 남자들이 브랜다에게 그런 힘을 주는 대신, 그녀는 섹스로서 즉각적인 자극과 스릴감을 주는 것으로 보답한다. 삶이 진정한 사랑으로 충만하지 않을 때 섹스가 주는 자극과 스릴은 너무나 강력하다. 따라서 이는 심각한 사회적·감정적·건강적으로 퇴폐적인 문제들을 초래하기도 하며, 심지어 범죄를 유발하기도 한다. 쾌락을 얻기 위해 위험을 감수하는 것이다. 사람들이 가지는 대부분의 관계가 칭찬, 힘, 쾌락을 교환하는 데서 시작된다.

> 🪄 진정한 사랑이 충분하지 않을 때,
> 섹스는 강력하고 위험한 가짜 사랑을 공급하는 도구가 된다.
> 많은 사람이 그 자극을 얻기 위해 어떤 위험이라도 감수한다.

진정한 사랑이 충분하지 않을 때, 공허함을 채우기 위해서 가짜 사랑을 추구하는 것처럼 섹스를 이용한다. 그리고 이는 매우 위험하다.

그리스 영웅의 일대기를 담은 『오디세이아』를 보면 이런 내용이 있다. 오디세우스는 가족이 있는 집으로 돌아가기 위해 힘난한 여정을 겪는다. 질투와 분노에 사로잡힌 신들이 오디세우스에게 부여한 시련들을 견뎌 내야만 했다. 그 과정에서 그가 탄 배는 한 섬을 지나가게 된다. 그 섬에 사는 불가사의한 반인반조(半人半鳥) 여성들은 아름다운 노래를 불러 뱃사공들의 넋을 완전히 빼놓고는 했다. 그 사실을 알지 못했던 오디세우스와 선원들은 위험을 인지하지 못한 채 그 매력적인 소리를 따라가 배를 섬 가까이에 댔다.

이처럼 섹스는 마치 넋을 빼놓는 노랫소리와 유사하다. 진정한 사랑이 충만하지 않을 때, 사람들은 섹스에 강력한 매력을 느낀다. 하지만 섹스에 빠지면 빠질수록 방향성을 잃게 된다. 진정한 행복으로 가는 길에 방해물이 되는 것이다. 그리고 지나친 섹스가 남기는 것은 공허함과 실망감 그리고 비참함인데, 스스로 망가지고 나서야 가짜 사랑의 섬으로부터 배를 바다로 다시 띄울 수 있게 된다.

다시 한번 강조하지만, 진정한 사랑만이 우리를 행복하게 만들어 줄 수 있다. 이것 뿐이다. 따라서 섹스는 진실을 말하고 또 진정한 사랑을 찾는 과정에 방해물이 되며, 감정과 영혼에도 치명적인 해를 입히게 될 것이다. 이것이 바로 섹스의 잠재적인 위험성이다. 진정한 사랑이 충만하지 않은 상황에서 섹스를 많이 하며, 자신이 원하는 쾌락을 충분히 얻고 있을 때는 스스로 '행복'하다고 믿는다.

현실적으로 살펴보자. 당신과 내가 같은 날 같은 회사에서 동시에 일을 시작했다고 가정해 보자. 우리는 지금까지 서로 한 번도 만나 본 적이 없다. 그러다가 회사에 같이 들어와 친구가 되었다. 복도에서 마주칠 때마다 나는 당신에게 10만 원씩 주기 시작한다. 그러자 당신은 나와 마주치기 위해 복도로 나갈 기회를 더 많이 만들기 시작한다. 당신과 나는 서로 피할 수 없는 궁금증을 느끼게 된다. 상대가 어떤 사람인지, 나에게 대해서 관심이 있는 것인지, 아니면 돈에 관심이 있는 것인지 등에 대해서 말이다. 섹스의 자극은 이와 유사하다. 당신과 상대가 서로 알기도 전이며, 독점적인 관계를 서로 약속하기도 전에, 서로 진실을 나누기도 전에 섹스의 자극을 경험한다면 이는 어쩔 수 없는 혼란 상태를 만들 것이다. 그로 인해 당신은 무엇이 진실인지에 대한 감각을 잃을 것이다. 상대가 당신의 행복에 진정으로 관심이 있는지, 아니면 성적인 쾌락을 단순히 즐기고 있는 것인지 알 수가 없다.

> ✒️ 당신과 상대가 서로 알기도 전에 섹스의 자극을 경험한다면
> 상대가 당신의 행복에 진정으로 관심이 있는지,
> 아니면 성적인 자극을 단순히 즐기고 있는 것인지 알 수가 없다.

사람들 중 대부분은 연애를 하지 않을 때 자신의 가치가 있는지 여부를 느낄 수 없다. 사회에서도 연애를 하지 않으면 뭔가 잘못된 것처럼 바라본다. 대부분 성적인 만족감을 얻기 위해 집착하고 있다. 실제 섹스에서 만족감을 느끼지 못한다면 잡지, 사진, 영상, 음란물 등을 통해 성적인 판타지를 공급받으며 자신의 성욕을 충족시킨다. 대중문화에서 사회적으로 사용되는 성적인 사진들뿐만 아니라 말로 다 형언할 수 없이 성장한 거대한 음란물 산업은 진정한 행복을 대체하기 위해 발버둥치는 사람들의 섹스 중독을 증명하고 있다. 성적인 자극이야말로 궁극적인 쾌락이며, 개인의 가치와 성공의 증거인

양 광고하고 있다. 비참하게도, 진정한 사랑이 없는 섹스는 사람들과 사랑을 나누는 것으로부터 멀어지게 할 뿐이다. 더불어 지나친 섹스가 불러오는 비극적인 결과로 인해 성병 문제와 더불어 환영받지 못하고 이 땅에 태어나는 아이들에 대한 사회적 책임이 따라오게 될 것이다.

섹스가 야기하는 잠재적인 문제들에 대한 해결책을 제안하지만, 나는 도덕성을 강요하는 데는 관심이 없다. 가짜 사랑의 형태로 섹스를 하는 사람들이 경험하는 엄청난 불행들을 최소화하는 방법을 제공할 뿐이다.

해결 방법은 두 가지다. 첫째, 우리는 진정한 사랑을 받아야 한다. 공허함과 두려움이 없을 때는 무의미한 섹스의 쾌락과 함께 얻을 수 있는 가짜 사랑을 통해 강박적으로 공허함을 채우려고 애쓸 필요가 없어진다. 스스로 섹스 중독자라고 인정하는 많은 사람이 공허함을 채우기 위해 섹스를 하고 있다. 나는 이런 상황에 처한 이들과 많은 상담을 진행해 왔다. 스스로 절제해 보려고 애쓰기도 하고, 행동에 변화를 주기 위해 다양한 치료를 받았지만, 결국 실패로 돌아갔다. 그러나 진정한 사랑을 경험하자, 섹스를 이용해 욕망을 채우려는 감정은 점차 사라지게 되었다. 진정한 사랑으로 가득 찼을 때의 섹스는 사랑을 대체해 공허감을 채우려는 도구가 아닌, 사랑을 표현하는 도구가 되기 때문이다.

둘째, 결혼과 같이 단 한 명과 독점적인 관계를 맺고 있다면 성적인 활동을 당분간 제한하는 게 좋은 방법이다. 수천 년 동안 전 세계는 무차별적인 섹스 그리고 이로 인한 파괴적인 결과들을 미연에 방지하기 위해 결혼이라는 제도를 시행해 온 것이다.

제8장을 시작하며 결혼하기 전에 섹스를 하지 않는 것이 좋은 이유를 한

가지 설명한 바 있다. 그 이유는 배우자에게 특별한 애정 표현을 제공해 상대가 느끼는 사랑을 배가시키기 위함이라고 언급했다.

다음에 이어지는 스티븐의 사례를 살펴보며, 그의 삶에서 결혼 전에 섹스를 하지 않음으로써 배운 것이 무엇인지를 설명하고자 한다. 당신이 이미 결혼을 한 상태라면, 진정한 사랑으로 당신의 삶을 가득 채울 필요가 있다. 여기서 배우게 될 내용을 배우자와의 관계에서 적용해 보라. 스티븐의 사례를 살펴보며, 진정한 사랑이 섹스에 어떤 영향을 미치는지를 알 수 있을 것이다.

스티븐은 지금까지 많은 여자를 만났다. 지혜로운 친구에게 그들 중 한 여자에 대해 말을 했다.

"이 여자와 만난 지 두 달 정도 됐어요. 그녀를 사랑하는 것 같아요. 하지만 이 감정이 조건 없는 사랑인지는 잘 모르겠어요. 어떻게 알 수 있죠?"

"그녀와 섹스를 하나요?"

지혜로운 사람이 물었다.

"네."

스티븐이 대답했다.

"그렇다면, 지금은 진정한 사랑인지 아닌지를 구분하긴 거의 불가능해요. 섹스를 하면서 당신은 엄청난 칭찬, 힘, 쾌락을 느끼며 그걸 즐기죠. 그동안 그녀의 행복에 진심으로 관심을 갖고 있는지(진정한 사랑), 아니면 상대가 당신에게 주는 느낌이 좋은 건지(가짜 사랑)를 구분하는 건 아주 어려울 거예요. 다른 여성과 섹스를 해본 적이 있나요?"

"그렇죠."

스티븐이 대답했다.

"그 당시 그녀들을 사랑한다고 느꼈나요?"

스티븐은 미소를 지었다.

"그랬죠. 무슨 말을 하는지 알겠어요."

"그 여성들과 어떤 결말이 이어졌죠?"

"분명히, 그리 오래가지 않았죠. 전 애인들과 더이상 연락도 하지 않거든요. 아무도요. 그녀들과 섹스했을 때 재미있었어요. 정말 사랑일지도 모른다고 몇 번이나 생각했죠. 하지만 상대와 하는 섹스에 흥분이 사라지니, 관계에서 남는 것은 별로 없었어요."

스티븐은 지혜로운 친구와 대화를 한 후 현 여자 친구와의 섹스를 멈췄다. 그리고 자신이 상대의 행복에 진심으로 관심을 갖지 않고 있다는 사실을 깨달았다. 다시 말해, 그는 자신이 누군가를 조건 없이 사랑하기에는 너무 이기적이라는 사실을 깨달았던 것이다. 그는 정신이 번쩍 들었다. 이후 자신의 진실을 말하고, 진정한 사랑을 찾는 과정을 시작했다.

독점적인 관계를 약속한 관계에서 두 사람이 서로의 행복에 진심으로 관심을 가질 때, 육체적인 친밀감은 자연스러운 사랑의 표현이 된다. 그리고 그 안에서는 엄청난 재미와 즐거움을 경험하게 된다.

제8장을 시작하며 브루스와 파울라의 사례를 소개한 바 있다.

이들은 부부 사이의 성적인 영역에서 불행하다는 것을 느끼고 있었다. 이후 브루스는 진실을 말하는 법을 배우고 사랑을 받자, 파울라의 삶에 진심으로 관심을 가질 수 있었다. 파울라는 브루스의 관심을 느꼈고, 둘의 관계는 극적으로 변했다. 아내는 남편에게 감정적으로도 끌렸으며, 육체적으로도 엄청난 매력을 느꼈다. 그들은 정기적으로 섹스를 즐기기 시작했고, 그 어느 때보다 더 황홀했다.

이후 브루스는 나에게 이렇게 말했다.

"과거에 했던 걸 섹스라고 말할 수 있는지 모르겠어요. 지금 하는 섹스와 과거의 경험은 전혀 다르거든요."

수세기 동안 남성은 여성에게 섹스를 강요했다. 그리고 여성들이 왜 저항하는지를 궁금해했다. 그 답은 간단하다. 어느 누구도 이용당하는 것을 좋아하지 않기 때문이다. 여성은 상대가 자신의 행복에 관심을 갖기를 원한다. 여기서 여성이 주고 싶지 않은 것을 주도록 남성이 강요한다면, 행복에 관심을 갖는 것 자체가 불가능하다. 남성과 여성의 입장을 바꿔 생각해도 마찬가지다.

일반적으로 남성이 여성에 비해 섹스를 더 많이 원한다고 설정했다. 만약, 당신에게 이러한 고정관념이 적용되지 않는다면, 위의 글에서 성별을 바꿔 읽어도 좋다. 사랑이 넘치는 관계, 서로만을 사랑하는 관계에서는 사랑을 성적으로 표현하는 건전한 욕망이 나타난다.

> ✏️ 상대가 당신의 행복에 진정으로 관심을 갖는 것보다
> 강한 성욕 촉진제는 이 세상에 존재하지 않는다.

브루스와 파울라의 사례와 같이 섹스에 '관심'이 더 많은 사람이 항상 더 배워야 하고 또 변해야만 한다는 걸 제안하는 것이 아니다. 가끔 수동적인 입장에 있는 사람이 배워야 할 것도 있다.

에리카와 매트의 사례를 살펴보며 더 알아보도록 하자.

"매트는 언제나 섹스를 강요해요. 그게 싫어요."

"신혼 때 지금보다 섹스를 더 자주 했나요?"

내가 물었다.

"많이 했어요. 하지만 예전처럼 더이상 즐겁지 않아요."

조금 더 대화를 나누고 보니, 문제가 무엇인지를 명확히 볼 수 있었다. 대부분의 부부는 매트와 에리카처럼 가짜 사랑을 하며 서로 사랑에 빠졌다. 칭찬, 힘, 쾌락, 안전함을 교환했던 것이다. 그리고 진정한 사랑이 충만하지 않은 가운데, 상대에게 자신을 행복하게 만들어 주기를 기대했다. 그리고 가짜 사랑으로 얻은 '행복'이 평생 지속될 것이라고 생각했기에 결혼을 선택했던 것이다.

그러면 섹스를 하며 가짜 사랑을 어떻게 교환하는지, 구체적으로 설명해 보겠다. 매트와 에리카가 신혼 때 섹스를 하며 느끼는 육체적인 자극은 매트가 더 많이 받았다. 이런 부당한 교환을 에리카는 왜 동의했던 것일까? 그것은 매트가 섹스를 하며 얻은 자극만큼 그녀도 얻는 것이 있었기 때문이다. 섹스를 할 때 남편이 자신을 성적으로 원한다고 느끼면, 스스로 가치 있고 또 중요하다고 느꼈던 것이다. 이는 가짜 사랑의 칭찬과 힘의 합작품이었고, 공평한 교환이었다.

결혼 후 몇 년이 지나자, 섹스를 할 때 매튜의 애정 표현이 줄어들었다. 에리카가 나에게 상담을 요청했을 때는 신혼 때보다 매튜가 자신을 중요하게 여기지 않는다는 것을 경험했고, 자신이 더 손해 본다는 느낌을 받았던 것이다. 비록 에리카가 섹스를 하며 받게 되는 쾌락은 같았지만, 신혼 때 경험했던 칭찬과 힘은 현저히 줄어들었던 것이다. 하지만 매트는 동일한 양의 성적 쾌락을 여전히 받고 있었다. 이제 그 교환관계는 균형을 잃은 것이다. 에리카는 이 거래를 더이상 유지하고 싶지 않았다. 놀랄 일도 아니다.

그래서 나는 에리카에게 진정한 사랑이 무엇인지를 설명했다. 진정한 사랑이 없었기에 그녀가 불행한 것이며, 이를 어떻게 찾을 수 있는지를 알려 주었다. 그 과정에서 남편과 성적인 관계를 향상시키는 방법을 제안했다.

"당신이 경험하고 있는 문제의 뿌리는 섹스가 아니에요. 문제는 섹스를 가짜 사랑을 주고받는 도구로 사용하고 있다는 겁니다. 이 거래가 정당하지 않다고 느끼는 거죠. 섹스를 가짜 사랑을 교환하는 도구로 보는 걸 멈추세요. 그리고 진정한 사랑을 표현하는 방법으로 바라보면 문제가 해결될 겁니다."

에리카는 당황스러워하며 되물었다.

"무슨 말이죠? 섹스가 가짜 사랑의 형태로 이용하고 있다고요? 그럼, 남편은요?"

"남편도 똑같이 그러고 있지요. 하지만 남편을 고치기 위해서 여기 온 게 아니잖아요. 우린 오직 자기 자신만 변화시킬 수 있죠."

나는 에리카가 섹스를 하며 가짜 사랑을 어떻게 얻어 왔는지를 설명했다. 그리고 부부 사이에서 가짜 사랑을 없애고 진정한 사랑을 채울 수 있는 방법을 알려 주었다.

"중요한 질문은 이거예요. 지금 당신은 부부 관계가 이런 식으로 유지되길 원하나요? 아니면 변하길 원하나요?"

"전 정말 변하고 싶어요."

"그렇다면, 남편이 당신에게 섹스하자고 접근할 때까지 기다리지 마세요. 기다리다간 자신이 더 피해자라고 느낄 겁니다. 남편이 섹스를 요청할 때마다 공격받았다고 느끼며, 자신을 보호하고 싶을 거예요. 이제 남편과 섹스를 교환하고 있다는 관점을 포기하세요. 그리고 섹스가 당신에게 가해지고 있다고 바라보는 것도 멈추세요. 섹스는 부부 관계에서 조건 없는 사랑을 가득 채워 줄 의식적인 선택을 할 수 있는 기회입니다. 당신은 평생 이 남자를 사랑하는 방법을 배우겠다고 이미 약속했어요. 여기서 남편을 더 사랑해 주고 또 관계를 변화시키는 것을 선택할 수 있어요. 남편이 접근할 때까지 기다리지 마세요. 당신이 지는 것도 아니고, 이용되는 것도 아니에요. 의식적으로 남편을 사랑하겠다고 선택하는 겁니다. 그리고 당신이 뭘 하고 있는지, 남편이 이해할 필요도 없어요. 또한 당신이 준 사랑을 남편이 돌려주는지 아닌지도 신경쓰지 마세요. 상관이 없습니다. 섹스를 사랑의 표현으로 바라보며 사랑을 더 주는 사람이 되면, 부부 사이의 섹스는 그 느낌이 완전히 다를 겁니다."

에리카는 잠깐 멈추었다가 다시 말을 이었다.

"하지만 남편은 섹스할 때 저에게 관심이 전혀 없어요. 오직 섹스에만 관심이 있죠."

"무슨 말인지 잘 알겠어요. 아마 한동안은 당신을 계속 이용할 거예요. 하지만 두 사람 중 한 명은 조건 없이 사랑할 의지가 있어야 해요. 그렇지 않다면 아무것도 변하지 않을 거예요."

잠시 멈추고 생각한 뒤 에리카는 다시 입을 열었다.

"그렇게 생각해 본 적이 없네요."

"할 수 있어요, 에리카…. 이건 섹스에 대한 대화가 아니에요. 어떻게 하면 남편과 사랑을 주고받을 수 있는지를 배우고 있는 겁니다. 당신은 남편이 좋아하는 걸 제공할 거예요. 그건 남편의 행복에 관심이 있기 때문이죠. 이건 마치 남편이 가장 좋아하는 음식을 요리하는 것과 같은 거예요. 당신의 마음이 진정한 사랑으로 가득 차게 되면 더 쉬워질 겁니다. 자신의 진실을 말하고 또 진정한 사랑을 채우는 것에 대해 내가 했던 말을 기억하나요? 지금 나와 하고 있는 게 바로 그거예요. 이 대화에서 당신은 많은 것을 나누었죠. 저에게 받아들여졌다고 느꼈나요?"

"물어보시니, 그런 거 같아요. 생각해 보진 않았지만…. 대화가 즐거웠어요. 이런 경험은 별로 해본 적이 없어요."

"매트에게 화난 감정이 이제 좀 줄어들었나요?"

"지금은 화가 전혀 나지 않아요."

에리카는 미소를 지었다.

"사랑을 받으면 화를 내고 또 자신을 보호해야 할 이유가 없어지니까요. 사랑을 받으면 받을수록 매트를 사랑하는 게 더 쉬워질 거예요."

섹스가 충만한 경험이 되는 것과 육체적으로 성욕을 느끼는 것은 전혀 다른 내용이다. 충만한 경험을 하기 위해서는 상대를 조건 없이 더 사랑하게 된다는 것을 의미한다. 이런 상태에서 육체적인 충만감은 자연스럽게 따라온다.

다시, 에리카와의 대화로 돌아가 보자.

그녀가 남편에게 섹스를 선물처럼 자유롭게 줄 수 있다는 것을 발견하고 나니, 섹스 자체가 자신에게도 감정적 혹은 육체적으로 더 즐거운 경험이 된다는 것을 깨달았다. 이에 대해 매트 역시 기쁘기도 했는데, 어떻게 된 일인지 궁금해하며 에리카에게 그 이유를 물었다. 그러자 에리카는 진정한 사랑을 배우고, 섹스를 선물로 주겠다고 결정한 데 있다고 설명했다.

어느 날, 매트는 나에게 와서 이렇게 물었다.

"인생에서 가장 최고의 섹스를 경험하고 있어요. 이렇게 즐거웠던 적은 없어요. 아내가 이 정도로 즐거워하는 것도 본 적이 없죠. 이 상태를 망치고 싶지 않아요. 어떻게 하면 이 상태를 유지할 수 있을까요? 아내가 원할 때까지 기다려야 하나요? 저는 과거에 섹스를 강요했어요. 그리고 아내가 불쾌해했어요. 부부 관계가 엉망이 되었죠. 내가 섹스하고 싶으면 어떡하죠?"

나는 매트에게 어떻게 하면 사랑을 담아서 명확하게 요청할 수 있는지를 알려 주었다.

제7장에서 이미 설명했듯, 우리는 배우자에게 무엇이든 요청할 수 있다. 섹스도 마찬가지다. 하지만 요청이 무조건 받아들여질 거라고 기대하거나 강요하면, 결코 사랑이 넘치지 않을 것이다. 진짜 선물은 자유롭게 주고, 자유롭게 받는 것이다. 이처럼 섹스도 사랑도 선물이 되는 것이다. 사랑이 충만한 관계를 유지하기 위해서는 아내에게 섹스를 강요하지 말아야 한다. 하지만 기대 없이 요청할 수 있다. 또한 아내는 남편에게 자신을 자유롭게 허락해야 한다. 하지만 상대에게 거절을 했는데도 더 적극적으로 섹스를 계속 요구한다면, 이는 관계에 심각한 타격을 줄 것이다. 그러므로 상대가 섹스를 거절할 때도 이를 자연스럽게 받아들일 수 있어야 한다. 다시 말해, 사랑이 넘치는 관계에 있어서도 우리가 배워야 할 교훈이 있다.

섹스는 많은 사람에게 끔찍하고 불쾌한 경험이기도 하다. 자신에게 성적으로 상대를 만족시킬 능력이 있는지를 고민하며, 상대가 자신에게 성적인 매력을 느끼지 못할까 봐 두려워하기도 한다. 또한 어떤 이들은 상대가 자신을 성적인 대상으로 여기며 함부로 손을 댈까 봐 늘 불안감에 휩싸인다. 이는 자신을 진정으로 사랑하지 않는 상대가 또다시 자신을 이용할까 봐 걱정하는 것조차 견디기 어렵기 때문이다. 이렇게 공허함과 두려움에 사로잡힌 상태에서는 섹스의 즐거움을 온전히 만끽할 수 없다. 또한 섹스를 무기력하게 바라보는 관점 역시 우리의 공허함과 두려움에 의해 생겨난다. 그러므로 조건 없는 사랑을 충분히 받게 되면, 대부분의 성기능 장애는 사라진다.

세상에 만연한 성 문제는 우리가 성을 남용했을 때 발생한다. 이 불행들이 사라지기를 원한다면, 우리 자녀들에게 진정한 사랑을 가르쳐야만 한다. 가르칠 뿐만 아니라 조건 없이 사랑해 줄 수 있다면 그보다 더 좋을 수는 없을 것이다.

한편, 우리는 어린 시절에 배운 내용들을 짊어진 채 평생 함께 살아간다. 그러므로 섹스는 평생 서로만을 사랑하겠다고 약속한 두 사람이 나누는 자연스러운 애정 표현이라는 것을 자라나는 아이들이 이해해야만 한다. 또한 성에 대한 열린 대화가 이루어져야 하는데, 대화를 하며 연애·관계·감정·자위·음란물 등에 관해 솔직하게 말해야 한다. 이런 대화를 하지 않고 성장한다면, 『오디세이아』에 나오는 반인반조(半人半鳥) 여성들의 아름다운 노랫소리에 넋을 빼앗긴 채 세상을 살아가도록 내버려 두는 셈이 될 것이다.

자녀를 사랑하며 진실과 마주하기

자녀를 훌륭하게 길러 낸다는 것은 기술이 아니다. 이는 우리를 편리하게 만들어 주는 방식으로 아이들의 행동을 조종하는 것도 아니다. 자녀를 훌륭하게 길러 낸다는 것은 아이들에게 가장 필요한 것은 행복이라는 것을 기억하고, 행복해질 수 있는 다양한 기회를 제공하는 것이다. 이처럼 아이들은 자연스럽게 행복을 느끼며 성장한다. 아이들에게 세상 그 어느 것보다 더 필요한 것은 진정한 사랑이다. 우리가 더 나은 부모가 되기 위해서 할 수 있는 것은 사랑을 주는 법을 배우는 것이다. 아이들이 우리가 원하는 행동을 하도록 유도하는 것이 절대 아니다.

특히 가족은 자녀가 조건 없이 사랑을 받고, 느끼고, 서로 사랑하는 방법을 배우는 공간이다. 그러므로 세상에서 살아남기 위해 당연히 배워야 할 읽기, 쓰기, 수학 그리고 책임지기 등에 대한 기술과 태도들도 배워야 한다. 그러나 읽기, 쓰기, 수학, 책임이라는 이 네 가지를 아무리 잘 배운다고 해도 다른 사람들을 사랑하는 방법을 배우지 못한다면 결코 행복할 수 없다.

> 자녀를 훌륭하게 길러 낸다는 것은 기술이 아니다.
> 조건 없는 사랑을 주고, 사람들을 사랑하는 방법을 가르치면
> 아이들은 행복하다는 것을 자연스럽게 느낀다.

우리가 사랑을 충분히 받지 못했을 때, 가짜 사랑을 주는 사람들을 찾을 때가 있다. 자녀도 그중 하나다. 우리는 자녀에게 무의식적으로 '사랑'을 취한다. 이는 '존경, 복종, 감사'의 형태로 나타난다. 물론 이 세 가지는 아이들이 갖추면 좋을 덕목임이 분명하다. 하지만 이를 요구하는 동기의 상당한 부분이 부모 자신들의 삶을 편하게 만들고, 부모로서 힘을 더 느끼고, 자신의 가치를 느끼고자 함이다. 이 이기적인 동기들을 인정하고 싶지 않겠지만, 우리가 실망하고 화를 내는 순간 그 이기적임이 증명된다. 단도직입적으로 말하자면, 우리가 자녀에게 존경·복종·감사를 가르칠 때 자녀의 온전한 행복을 위해 가르치지 않는 경우가 종종 있다. 우리가 느끼는 공허함과 두려움을, 자녀에게 존경·복종·감사를 취하는 것으로 해소하고자 하는 것이다.

부모가 자녀에게 가짜 사랑을 요구하는 것은 상당히 순수해 보인다. 그러나 그 결과는 여전히 파괴적이다. 예를 들어, 한 엄마가 딸에게 이렇게 말한다. "엄마 볼에 뽀뽀해 줘." 이는 아이가 엄마를 사랑해 줄 책임이 있다고 무의식적으로 요구하는 것이다. 아이가 뽀뽀를 해 주면 엄마는 미소를 짓고, 거

부하면 얼굴을 찡그리기 때문에 아이에게는 그 책임이 명백한 진실로 나타난다. 아이는 엄마의 요구를 받아들일지 거절할지를 선택함으로써 엄마의 행복과 감정을 통제할 수 있다. 아이가 부모의 행복에 대한 부담을 짊어지는 동안, 조건 없는 사랑은 받을 수 없다. 이는 아직 성장하지 않은 아이에게는 견디기 어렵고 또 막중한 책임이다. 한편, 자녀가 부모를 사랑해 줘야 할 책임은 없다. 부모는 자녀로부터 사랑을 기대할 권리도 없다. 아이를 사랑하고 가르치는 것은 부모의 책임이지, 자녀의 책임이 아니다.

부모가 가장 많이 하는 실수는 바로 자신의 삶에서 진정한 사랑을 충분히 경험하지 않는다는 것이다. 진정한 사랑을 경험하지 않고는 자녀들이 필요로 하는 것을 주지 못한다.

한 번은 자녀 교육에 대한 세미나를 진행하고 있었는데, 한 엄마가 안 좋은 표정을 지으며 나에게 격앙된 목소리로 이렇게 물었다.

"어떻게 하면 아들이 항상 화를 내고 반항하는 걸 멈출 수가 있나요?"

"아이가 화내는 걸 멈추려고 하기 전에, 왜 화가 났는지부터 알아봐야 할 것 같네요. 화재경보기가 울리면 경보기를 끄는 게 현명한가요? 아니면 알람이 왜 울렸는지를 알아보는 게 현명할까요?"

내가 되물었다.

"그런 생각을 해본 적은 없네요."

"생각해 보셔야 할 문제입니다. 아들 본인은 알지 모르겠지만, 지금 당신에게 분노와 반항으로 뭔가 표현하고 있습니다. 그 분노는 공허함과 두려움에 대한 반응이에요. 아들이 원하는 것은 세상 그 어느 것보다도 조건 없이 사랑을 받는 겁니다. 그 사랑을 받지 못하고 있어요. 분노는 스스로 보호하는 행동이죠. 화를 내면 본인 스스로 힘이 있는 것처럼 느껴지거든요. 두려움이 줄어들죠. 대부분의 부모는 최선을 다해서 아이들을 키우죠. 당신도 최선을 다해 왔어요. 단지, 조건 없이 사랑을 주는 방법을 몰랐을 뿐이죠. 당신도 배울 수 있어요. 사랑을 충분히 받았다는 것을 스스로 느꼈을 때, 아들이 필요로 하는 사랑을 줄 수 있을 거예요. 그러면 아들이 화를 내고 반항하는 행동을 멈추게 될 가능성이 아주 높죠."

"제가 문제라는 거군요."

나는 부드러운 목소리로 다시 말을 이었다.

"그렇죠. 부모들은 내가 이런 말을 할 때마다 정말 싫어해요. 하지만 침착하게 생각해 보시면 제 말이 맞다는 걸 분명히 아실 겁니다. 행복해지기 위해 우리에게 필요한 것은 단 하나, 진정한 사랑입니다. 진정한 사랑이 없으면 그 공허함을 채우기 위해 무언가를 얻고, 두려움으로부터 자신을 보호하는 행동들을 하게 되죠. 아들이 분노하는 것처럼 말이에요. 아이들이 필요로 하는 진정한 사랑을 줄 책임이 누구에게 있나요? 바로 부모에게 있지요. 당신 아들의 경우, 바로 당신에게 그 책임이 있는 겁니다. 이 결과에 대해서 죄책감을 느낄 필요는 없습니다. 진정한 사랑을 받는 행동을 시작할 동기로 바라보세요. 그리고 사랑을 받고, 아들과 나누면 됩니다."

앞서 대화를 나눈 엄마처럼, 우리는 자녀가 문제 행동을 나타낼 때, 그것을 빠르게 고칠 수 있기를 원한다. 하지만 그런 마법은 존재하지 않는다. 자녀들의 삶에서 경험하는 모든 문제의 근원은 부모로부터 온다는 사실을 인정해야 한다. 다른 원인이 어떻게 존재하겠는가? 자신을 바라볼 때 느끼는 가치와 삶에 대한 두려움 그리고 공허함을 채우기 위해 얻으려고 애쓰면서 두려움으로부터 자신을 보호하기 위한 행동을 아이들이 보고 배우는 사람이 누구인가? 바로 부모다. 하지만 대다수 부모는 자녀 문제의 근원지를 두고 아이 탓, 친구들의 탓, 학교 탓, 대중문화 탓 등 부모 자신이 아닌 다른 모든 곳으로 손가락질하고 있다. 말도 안 되는 소리다.

> 자녀가 분노와 반항심을 표출하며 부모·자녀 관계가 어려워졌다면, 이는 자녀가 사랑을 충분히 경험하지 못한 것에 대해 반응하고 있는 것이다.

문제의 가장 큰 책임은 언제나 부모에게 있다

좋은 소식이 하나 있다. 아이들이 문제 행동을 일으키는 것이 부모의 잘못만은 아니라는 사실이다. 자녀에게 있어 부모는 행복의 기회를 가장 많이 제공해 주는 사람이다. 부모로부터 조건 없는 사랑을 받으며 성장한 아이는 지구상에서 가장 행복한 존재이기도 하다. 이들은 술을 마실 필요도, 담배를 피울 필요도, 부모에게 반항하거나 소리를 지르며 형제들과 싸울 이유도, 학교에서 문제를 일으킬 이유도, 극단적인 형태의 오락거리들을 사용할 이유도, 난잡한 섹스를 할 이유도 없다. 부모가 진실을 말하는 법을 먼저 배워서 사랑을 받고, 그렇게 받은 사랑을 자녀에게 주는 것을 배움으로써 당신은 깨닫게 될 것이다. 아이들의 행복을 위해 필요한 것은 단 하나, 진정한 사랑뿐이라는 것을….

이처럼 아이들을 조건 없이 사랑해야 한다고 말하면, 어떤 사람들은 이렇게 항의한다. "누군가는 잘못을 바로잡아야 하잖아요. 그러지 않으면 애들이 뭘 배우겠어요?" 물론 조건 없이 사랑한다는 것이 자녀들이 저지른 실수에 대해 아무 말도 하지 않고, 어떤 행동도 취해서는 안 된다는 의미가 아니다. 실수는 바로잡아야 하지만, 아이들을 지도할 때 화를 내거나 실망을 표현할 필요가 없다는 것이다. 부정적인 감정을 표현하는 순간, 조건 없는 사랑이 아니라는 사실을 아이들은 정확하게 감지한다. 그로 인해 받는 영향은 처참하다.

물론 의식적으로 하는 것은 아니지만, 대부분의 부모는 실망과 화를 통해서 아이들의 행동을 통제한다. 아이들은 부모의 실망과 화가 주는 끔찍한 기분을 피하기 위해 부모가 원하는 행동을 하기도 한다. 하지만 이를 통해 아이들이 부모의 조건 없는 사랑을 느낄 가능성도 함께 사라지는 것이다. 모든 것을 지나치게 허용하는 부모 역시 끊임없이 통제하는 부모만큼이나 자녀에게 파괴적인 해를 끼친다. 아이들이 진정으로 필요로 하는 것은 진정으로 받아들여지는 가운데 실수를 바로잡아 주는 것이다. 물론 많은 부모가 조건 없는 사랑의 경험이 전혀 없을 수 있지만, 이것이 바로 진정한 사랑이다.

부모라는 역할보다 더 중요한 것은 이 세상에 없다. 그러나 우리가 부모로서 보이는 태도는 이 중요성을 망각하고 있는 듯하다. 우리는 자녀들에게 조건 없는 사랑을 주고 가르치는 방법을 배우는 데 노력을 기울이기보다 더 많은 경력을 쌓고, 돈을 벌고, 오락거리를 찾아 시간을 쏟고, 어떻게 하면 다른 사람들에게 더 좋은 인상을 줄 수 있는지를 고민하느라 에너지를 쏟는다. 그러한 삶의 방식을 통해 자녀들 역시 가짜 사랑을 추구하며 자신을 보호하는 행동을 하는 불행한 삶을 살도록 이끌어 왔다. 우리가 진정한 사랑을 찾고, 이를 자녀들에게 나누어 주는 것만이 그 결과를 변화시킬 수 있을 것이다.

주위의 모든 사람과 주고받는 진정한 사랑

세상에서 가장 가치 있는 관계는 진정한 사랑을 주고받을 수 있는 관계다. 진실을 말하고, 사랑을 받으며 다른 이들에게 그 사랑을 돌려주는 것을 주변의 모든 사람과 연습할 수 있다. 가족, 친구, 직장 동료, 심지어 전혀 모르는 낯선 사람과도 할 수 있다.

💜 형제자매와 진정한 사랑을 연습하기

형제자매 관계에서는 진정한 사랑을 찾는 방법을 배울 수 있는 기회가 많다. 특히 부모가 사랑이 넘치는 사람일 때, 자녀들을 지원하고 독려하면 더 많은 기회를 줄 수 있다.

나의 두 자녀인 벤자민과 자넷의 사례를 살펴보자.

어느 날, 벤자민과 자넷이 대화하는 소리를 들었다.

"네가 또 내 티셔츠를 입었어?"

벤자민이 소리치고 있었다.

"너도 내 옷 입잖아. 그런 말을 할 자격이 있다고 생각해?"

짜증 내는 목소리로 자넷이 되물었다.

"넌 내 옷을 입고 한 번도 제자리에 돌려 두는 법이 없잖아. 그 셔츠는 다시 볼 수 없게 되겠지. 네가 내 물건을 만지는 게 싫다고!"

벤자민은 날카로운 목소리로 쏘아붙였다. 이런 말다툼이 벌어지면 부모들은 그 사이에 끼어들어 해결하려고 한다. 그렇게 하는 이유는, 자신들의 마음을 평온하게 하고 싶어서다. 하지만 그 결과는 아이들이 제대로 바라보고, 서로 사랑하는 법을 배울 기회를 빼앗는 것이다. "그만 싸워!", "자넷은 벤자민의 물건을 더이상 만지지 마!"라는 말로 갈등을 쉽게 멈출 수 있다. 이것은 부모 개인을 위한 행동이다. 예전 같았다면, 나도 아이들에게 그렇게 말했을 것이다. 하지만 여기서 훨씬 더 중요한 삶의 교훈을 가르칠 수 있다. 나는 아이들이 싸우는 방으로 가서 벤자민에게 이렇게 말했다.

"벤자민, 화가 나 보이는구나."

"당연하죠. 자넷이 내 옷을 또 입었어요. 정말 진절머리가 나요."

"그래. 네가 화가 난 게 자넷 잘못이라고 생각하니?"

"당연하죠."

벤자민이 대답했다.

"내가 지금 너에게 200억 원과 새로운 자동차를 사 준다고 해 보자. 그래도 자넷에게 화가 나겠니?"

그러자 벤자민이 빙긋 웃었다.

"아무래도 화가 나지 않을 것 같은데요."

"그렇다면 지금 네가 화가 난 이유가 자넷 때문이 아닐 수도 있겠구나."

나는 벤자민에게 제4장에서 언급했던, 통장에 200억 원이 있을 때 2천 원을 훔쳐 간 이야기를 해주었다. 즉, 벤자민이 화가 났던 이유는 가진 돈이 2천 원뿐일 때인데, 그 상태에서는 누가 무슨 짓을 해도 공허하게 느끼고 또 위협받을 것이다. 그래서 나는 사랑받지 않고 공허하게 느낄 때는 자신을 보호하고자 분노를 느끼는 것이라고 말해 주었다.

"네가 돈이 2천 원밖에 없는 이유는, 다시 말해서 네가 사랑받지 않고 또 공허하다고 느끼는 이유는, 아빠 잘못이란다. 자넷이랑 아무 상관이 없어. 네가 조건 없이 사랑을 받지 못했기 때문이야. 과거에 네가 실수를 저지르거나 아빠가 원하는 방식으로 행동하지 않았을 때, 나는 실망하거나 화를 냈지.

그건 조건적으로 사랑한다는 메시지를 전달한 거나 마찬가지야. 우리 이런 대화를 가족 모임에서 한 적이 있지?"

벤자민은 이해했다는 듯 고개를 끄덕였다. 그리고 나는 계속 이어서 말했다.

"자넷이 너에게 물어보지 않고 티셔츠를 입었을 때 네가 느낀 감정은, 너를 신경 쓰지 않는 사람이 또 있다는 걸 발견한 거야. 아빠가 너를 사랑해 주지 않았기 때문에, 너는 아주 민감하고 예민한 상태라 누구라도 상처를 주면 너무 아픈 거지. 그런 감정이 나타나는 것이 네 잘못이 아니란다. 자넷이 너에게 물어보지 않고 티셔츠를 입은 것은, 너를 깊이 고려하지 않았다는 건 사실이야. 하지만 넌 자넷이 티셔츠를 입었다는 것 자체보다 사랑받지 못한다는 그 느낌이 싫은 거야. 그리고 자신을 보호하기 위해서 화를 내는 거지. 사람들이 화를 내는 건, 그렇게 함으로써 아무것도 할 수 없다는 무력감과 두려움이 조금 줄어들기 때문이야. 자신이 상대보다 강하고, 터프하게 느껴지기도 하지. 아빠가 너를 더 사랑했다면, 그리고 네가 사랑을 충분히 받았다고 느꼈다면, 너는 항상 200억 원을 가진 것처럼 느낄 거야. 그리고 화가 나서 자신을 보호할 이유가 줄어들게 될 거야."

자넷이 화가 난 이유도 벤자민과 같다. 자넷 역시 사랑받지 못했다고 느꼈던 것이다. 벤자민이 자신에게 화를 내자 위협을 느꼈고, 자신을 방어하는 익숙한 방법으로 반응했다.

> ✨ 부모는 자신을 불편하게 만드는 상황을
> 멈추게 하며 자녀들의 말다툼을 통제할 것이 아니라,
> 진정한 사랑을 가르쳐 줄 수 있는 기회로 삼아야 한다.

두 아이는 자신들이 왜 화가 났는지, 그 원인을 이해하고 또 자신들의 이기적인 행동에 따른 진실을 마주하면서 마음속의 화는 점점 사라졌다. 그리고 이를 통해 부모의 사랑을 더 경험하고, 서로 제대로 바라보며 사랑을 더 줄 수 있는 또 다른 기회로 삼았다. 이런 경험을 하며 형제자매 간에 사랑을 줄 수 있는 관계가 싹트게 된 것이다.

💙 친구들과 진정한 사랑을 연습하기

우리는 친구들과 있을 때 선택을 하는 연습을 하고, 조건 없이 서로 어떻게 사랑하는지를 배울 훌륭한 기회를 만날 수 있다.

루이스와 레이의 사례를 살펴보자.

이 둘은 한 시간 거리에 살고 있었다. 수년간 매주 수요일에 만나 함께 저녁 식사를 했다. 레이는 운전하는 것을 좋아하지 않았기에, 대부분 루이스가 집 근처로 데리러 가야 했다. 루이스는 자신이 계속 운전해야 한다는 사실이 마음에 들지 않아서 지혜로운 친구에게 불평했다.

"좀 억울해. 모든 결정을 언제나 레이가 편한 쪽으로 하는 것 같아. 나 혼자 운전하는 데 질렸어."

지혜로운 친구가 미소를 지었다.

"관계라는 건 두 사람의 독립적인 선택들이 모여서 내려진 결과야. 이 관계를 유지할 수 있는 방법은 레이 스스로 선택하도록 내버려 두는 거야. 그리고 너도 스스로 선택을 할 수 있어야 해."

"그러니까, 나만 계속 운전한다니까…. 내 생각에는…."

이때 지혜로운 친구가 끼어들었다.

"너는 네가 원하는 게 뭔지 말하고 있어. 레이는 운전을 덜 하겠다는 선택을 한 거야. 그럴 권리가 있어. 이제 너는 어떤 선택을 할 거니?"

"하지만 억울한 걸…."

"억울한지 아닌지를 말하는 게 아니야. 우린 자신의 행동에 대해서만 선택할 수 있어. 지금까지는 대부분의 운전을 네가 하는 걸 선택했어. 그와 동시에 레이를 원망하고, 바꾸려고 하는 선택도 하고 있지. 레이가 하는 행동이 너를 불행하게 만드는 게 아니라, 네가 한 선택이 너를 불행하게 만드는 거야."

지혜로운 친구는 제3장에 나오는 '선택의 법칙'을 설명했다. 그리고 루이스가 할 수 있는 선택이 무엇인지를 제안했다.

1. 레이를 바꾸려는 노력을 멈춘다. 불공평한 운전 시간을 불평하며 레이를 계속 원망한다면, 레이와의 관계는 피곤하고 불행해질 것이다. 이는 선택의 법칙 중 '그 상태를 싫어하면서 살기'다.

2. 레이와 함께 지내는 시간을 즐기면서 그를 위해 계속 운전을 하는 것이다. 이는 선택의 법칙 중 '그 상태를 좋아하면서 살기'다. 이는 루이스가 자신의 진실을 말하는 법을 배우고, 조건 없는 사랑을 충분히 받았을 때 할 수 있는 선택이다. 루이스가 진정한 사랑을 경험하지 못한 상태, 즉 '불공평'한 관계 속에서는 진정한 즐거움을 경험하기 어려울 것이다. 이는 단지 견디는 것일 뿐이다.

3. 레이를 만나는 양을 줄이면 운전하는 양도 줄일 수 있다. 이 선택은 '그 상태를 좋아하면서 살기'의 또 다른 버전이다. 이 선택으로 인해 함께 보내는 시간은 줄어들겠지만, 루이스가 느끼는 불공평함과 원망도 줄어들 것이다.

4. 레이와의 관계를 끊는다. 이는 선택의 법칙 중 '관계를 떠나기'에 해당

한다. 레이를 바꾸려고 애쓰고 원망하는 것보다는 분명히 더 행복한 선택이라고 할 수 있다. 레이를 바꾸지 못하는 데서 느끼는 좌절감과 상대를 원망하는 것보다는 훨씬 나을 수 있다.

지혜로운 친구는 루이스에게 진정한 사랑을 어떻게 찾을 수 있는지, 그 방법을 알려 주었다. 그리고 루이스는 자신을 사랑해 줄 수 있는 사람들에게 진실을 말하는 연습을 해보기로 했다. 루이스는 더 사랑받기 시작하자, 레이가 변했으면 하는 기대 대신 레이를 있는 그대로 바라보고 또 그 모습을 받아들일 수 있게 되었다. 이후 자신이 받은 사랑을 레이에게 돌려줄 수 있게 되자, 루이스는 레이를 위해 기꺼이 운전하는 것을 선택했다. 그리고 루이스는 과거를 되돌아보며, 자신의 이기적임으로 인해 얼마나 많은 관계에 상처를 입혀 왔는가를 깨달았다.

> 다른 사람들을 변화시키려고 애쓴다는 것은,
> 자신이 끔찍한 삶을 살아가겠다는 선택을 한다는 것과 같다.
> 우리는 그 사실을 매일같이 경험하고 증명하면서
> 같은 실수를 여전히 반복하며 살아간다.

💙 낯선 사람들과 진정한 사랑을 연습하기

전혀 모르는 사람들과의 만남 속에서도 사랑을 받고, 삶에 대한 선택을 하고, 이들을 있는 그대로 받아들이는 것을 배울 수 있다.

빌의 사례를 살펴보자.

빌이 퇴근을 하고 집으로 돌아가는 길, 교통 체증으로 인한 꽉 막힌 도로 위에서 다른 운전자들에게 화가 나고는 했다. 빌은 지혜로운 친구와 만났을 때 그 경험을 말했다.

"오늘 집으로 가는 길에 어떤 사람이 내 앞으로 갑작스럽게 끼어들어서 급정지를 해야 했죠."

"그래서 어떻게 했나요?"

지혜로운 친구가 물었다.

"이 멍청한 놈이! 어쩜 이렇게 생각 없이 운전을 할 수 있는지, 분노했어요. 분노를 담아서 경적을 빵빵 울리면서 욕을 하려던 찰나에 기억했어요. 내가 화가 나는 것은 다른 사람 잘못이 아니라는 걸요. 분노는 내가 느끼는 공허함과 두려움에 대한 반응이라는 걸 배웠으니까. 그 생각을 하니까, 당신을 포함한 저를 진정으로 사랑해 주는 사람들 몇몇이 떠올랐어요. 그리고 깨달았죠. 어리석은 운전자들이 내 앞에 끼어들어도, 내가 사랑받고 있다는 진실은 바뀌지 않는다는 걸요. 깜짝 놀라게 만들고, 불편하게 만든 그 사람의 행동은 여전히 마음에 안 들었지만, 더이상 화는 나지 않았어요."

"사랑받는 기억을 떠올리자마자 기분이 좋아졌네요. 그런가요?"

"놀라운 경험이었어요. 나한테 선택권이 있더군요. 사랑받고 있다는 걸 떠올렸을 때, 누구에게도 화가 나지 않았어요. 분노하고 짜증 나는 경험 대신 다른 선택을 할 수 있다는 게 정말 좋네요."

이처럼 주변 사람들을 제대로 바라보며 사랑하는 법을 배우는 것은 어디서든 할 수 있다. 우연히 한 번 만나고 지나치는 사람들과의 관계에서도 가능하다. 사람들을 만날 때, 그리고 그들이 우리가 원하는 것을 제공하지 않을 때, 상대를 불편함을 주는 사람이라고 보는 것 대신 있는 그대로 받아들이는 기회로 바라보는 연습을 할 수 있다.

💙 직장에서 진정한 사랑을 연습하기

이익과 손해가 존재하는 직장에서 진정한 사랑에 대해 말하는 것이 이상할지도 모르겠다. 하지만 직장도 사람이 사는 곳이기에 조건 없는 사랑이 필요하다는 사실을 간과할 수 없다.

제3장에서 언급한 바와 같이 약속이란 '한 사람이 특정한 행동을 하겠다'고 동의하는 것이다. 만약, 두 사람이 서로 약속을 공유했다면, 계약관계가 성립된다. 계약은 인간관계가 아니다. 사랑이 넘치는 관계에서 기대는 파괴적인 영향을 미친다. 하지만 계약관계에서는 상호 간 명확한 기대를 하는 것이 인정된다.

고용주와 근로자의 관계를 예로 들어보자. 근로자는 자신이 처리한 업무에 대한 보상으로 급여를 기대할 권리가 있다. 하지만 계약상 약속된 항목이 아닌, 칭찬이나 동정과 같은 것을 기대할 권리는 없다.

레리의 사례를 살펴보며 이를 설명해 보겠다.

레리는 직장에서 부적절한 기대를 하고 있었다. 그는 상사에게 좋은 인상을 주기 위해 열심히 일했다. 그리고 자신의 성과를 자랑했으며, 상사가 눈앞에 있을 때는 바쁘고 명랑하게 행동했다. 레리는 상사에게 급여보다 더 많은 기대를 하고 있었다. 상사가 자신을 더 인정해 주고 칭찬해 주기를 바랐던 것이다. 이는 아주 자연스러운 기대이기도 하지만 부적절하다. 이런 기대를 하는 것은 레리가 그동안 조건 없는 사랑을 받아 본 적이 없기 때문이다.

가짜 사랑을 얻기 위해 발버둥치는 레리의 행동은 두 가지 부정적인 결과를 가져왔다. 첫째, 직장에서 스스로 지치게 만들었고, 일을 완벽하게 처리하지 못하고 산만해졌다. 둘째, 상사는 레리가 인정과 칭찬을 원한다는 것을 느낀다. 그 때문에 레리를 피하거나 칭찬을 해줘야 할 때도 하지 않게 된다.

일반적으로 근로자들이 의식적으로 하는 행동은 아니지만, 고용주로부터 어떤 종류의 '사랑'을 받고자 기대한다. 그리고 그것을 받지 않으면 불평한다. "내가 한 일들에 감사하지 않아. 나를 존중하지 않아."라고 불평할 때마다 그런 기대를 하고 있다는 것을 증명하는 것이다. 이 말은 진정한 사랑이 충분하지 않은 가운데, 가짜 사랑조차 충분히 받고 있지 않다고 말하는 것이다. 이와 유사하게, 대부분의 고용주 역시 계약상에 약속된 업무들을 실행하는 것을 넘어 직원들로부터 적절하지 않은 '사랑', 즉 칭찬, 힘, 안전함 등을 기대한다.

누군가와 계약관계를 맺는다는 것이 상대와 좋은 관계를 맺을 수 있도록 보호해 준다는 의미가 아니다. 이는 사업에서도 마찬가지다.

해롤드의 사례를 살펴보자.

해롤드는 레리와 같은 상사 밑에서 일하고 있었다. 하지만 해롤드는 진정한 사랑을 충분히 받았으며, 자신의 가치를 잘 알고 있었다. 오랜 시간 자신을 조건 없이 사랑해 주는 아내와 지혜로운 친구들로부터 진실을 말하는 법을 이미 배우고 연습해 왔기 때문이다. 따라서 상사에게 '사랑'을 갈구하거나 자신의 기분을 좋게 만들어 달라고 애걸할 필요가 없었다.

상사는 해롤드가 자신으로부터 필요로 하는 것이 없다는 것을 느낄 수 있었다. 그렇기에 해롤드와 함께 일하는 것을 좋아했다. 이로 인해 상사와 해롤드는 사업상 계약을 떠나 긍정적인 인간관계를 형성할 수 있게 되었다. 이처럼 우리가 진정한 사랑을 충분히 받으면 모든 관계에 깊은 영향을 미친다. 이는 직장에서도 마찬가지다.

　어느 날, 상사가 끔찍한 기분으로 회사에 출근했다. 그리고 업무가 제대로 처리되지 않고 있다며 레리와 해롤드를 닦달했다.

　레리는 상사의 인정과 칭찬이 필요한 상태였기에 상사로부터 공격받았다고 여기며 상처받았다. 그리고 피해자 행세를 하며, 외로움과 무기력함을 느끼며 자신을 보호해야 했다. 상사의 뒤에서 뒷담화를 하고, 상사가 불평한 문제에 대한 책임을 인정하지 않았다. 그러나 해롤드는 이미 충분히 사랑을 받고 있었고, 스스로 가치 있다고 여겼기에 상사의 비난이 위협적이지 않았다. 그 대신 상황을 명확하게 파악할 수 있었다. 그리고 업무에서 문제가 무엇이 있는지, 제대로 보고 그 문제를 해결하는 것을 도울 수 있었다. 해롤드는 상사가 무엇을 두려워하는지 볼 수 있었다. 상사는 자신이 한 실수가 회사에 미친 영향으로 인해 자신의 위신이 떨어질까 봐 두려워하고 있었던 것이다. 그리고 그의 분노는 단지 회사 앞에 자신이 아무런 힘도 없다는 느낌으로부터 자신을 보호하려는 행동과 자신이 원하는 방식으로 주변 사람들이 빠르게 움직일 수 있도록 겁을 주기 위한 행동이었다. 무의식적으로 하고 있던 얻고 보호하는 행동이었던 것이다. 물론 상사는 레리가 자신을 비난하며 공격하고 있다는 사실을 느끼고 있었고, 해롤드로부터 있는 그대로 받아들여졌다고 느꼈다.

　직장에서도 마찬가지지만, 모든 관계에서 상대를 제대로 바라보고 받아들이는 것을 배울 수 있다. 해롤드가 한 것처럼 말이다. 그것이 바로 진정한 사랑이다.

　나는 여기서 한 가지 제안을 한다. 직장에서 발생하는 대부분의 문제는 정보가 부족했거나 기술 부족 혹은 관리 소홀에 관한 문제가 아니다. 이는 진정한 사랑의 부족 때문이다. 레리에게 상사가 화를 냈을 때 어떤 결과가 벌어졌는가? 레리는 거짓말을 하고, 상사를 공격하고, 피해자 행세를 하며, 책임을 회피했다. 이 행동들은 생산능력을 완전히 쓸모없는 상태로 만들어 버린다. 지금도 많은 기업의 각 부서에서 이와 같은 상황이 발생하고 있다.

상상해 보라. 칭찬받기 위해 또 힘을 얻고 자극을 얻기 위해 시간과 에너지를 낭비하고, 자신을 보호하느라 정신없는 상황이 얼마나 비생산적인가? 그보다는 조건 없이 사랑받고 또 사랑받은 에너지를 기업의 목표에 투입한다면 생산성에 얼마나 긍정적인 영향을 미치겠는가? 경영진들이 조건 없는 사랑을 충분히 받았다면, 칭찬·힘·안전함의 왕국을 만들어 자신을 보호하느라 애쓰지 않을 것이다. 그 대신 자신들이 고용한 직원들의 행복과 생산성을 향상시키고자 한다면, 회사의 지도력이 얼마나 긍정적으로 향상되겠는가? 이처럼 사업의 세계에서도 진정한 사랑은 아주 중요한 사안이다.

> 직장에서 경험하는 모든 갈등은 우리 자신을 포함한 모든 사람이 진정한 사랑을 충분히 경험하지 못했기에 자행하고 있는 얻고 보호하는 행동에 의해 벌어진다.

💙 신과의 관계에서 진정한 사랑을 연습하기

물이 없는 행성에 있는 외계 생명체와 메시지를 주고받는다고 상상해 보자. 바다를 어떻게 설명할 수 있을까? 상대가 바다와 비슷한 어느 것도 경험해 본 적이 없다면, 바다를 설명하기는 매우 어렵다. 하지만 외계 생명체를 지구로 데려와서 흐르는 냇물에 같이 앉아 있기만 해도, 외계 생명체는 물에 대해 아주 많은 것을 이해할 수 있을 것이다. 그리고 바다에 대해 설명한다면 그리 어렵지 않게 이해할 것이다.

이처럼 우리는 조건 없는 사랑을 지속해서 경험한 바가 거의 없다. 그렇기 때문에 신과의 관계에서도 혼란을 겪는다. 그것이 아니라면 아예 신과 아무런 관계가 없이 살아간다.

신은 가장 완벽하고 완전한 사랑을 가진 존재다. 지혜로운 사람들로부터 조건 없이 사랑을 받기 시작하면, 이는 마치 물 한 방울을 보게 되는 것과 같다. 물이 존재하는 것을 알게 되면, 바다와 같이 인류에게 사랑을 주고 있는 신을 상상할 수 있다. 진정한 사랑을 경험하는 과정에서 내가 받은 통찰이다. 진실을 말하는 법을 배우고 또 다른 사람들로부터 조건 없는 사랑을 받게 되면, 결국 신과도 사랑이 넘치는 관계를 맺을 수 있다.

우리가 공허함을 느끼며 두려움에 떨고 있을 때, 서로를 사랑하는 능력은 심각한 영향을 받는다. 하지만 신은 그런 부정적인 감정들에 영향을 받지 않기에 우리를 완벽하게 사랑할 수 있다. 우리가 믿는 것을 연습할 때, 신이 주는 완벽한 사랑이 쏟아지는 것을 느끼고 배울 수 있다. 그렇게 되면 결코 두렵거나 혼자라는 생각이 들 수 없다. 공허함과 두려움이 없는 곳에서 다른 사람들을 사랑하고 또 제대로 바라보는 것은 매우 자연스러우며, 이는 노력조차 필요치 않다. 그러므로 삶에서 가장 위대한 선물은 바로 신과 사랑이 넘치는 관계를 맺는 것이다. 우리에게 그런 관계를 맺을 수 있는 동일한 기회가 모두 주어졌다.

제 9 장

진정한 사랑을 찾는 길에서 마주치는 장애물
Dealing with Obstacles on the Path
to Real Love

제9장

진정한 사랑을 찾는 길에서 마주치는 장애물

실망, 분노, 얻고 보호하는 행동들

나는 아들에게 운전하는 방법을 가르치고 운전면허시험장으로 데려다주었다. 내가 사는 지역에서는 철도 건널목과 주차 코스 등을 가상으로 만든 곳에서 운전면허시험이 시행된다. 벤자민은 지난 1년간 운전을 잘 배웠다. 그래도 시험에 통과할 수 있을지, 못할지를 걱정하며 긴장하고 있었다.

결국 시험을 치르는 도중, 긴장감이 판단력을 흩트려 놓았다. 우회전을 하고 있었는데, 차선이 헷갈려 마주 오는 방향으로 핸들을 돌리고 말았다. 감점을 받고 난 이후 평행주차를 해야 했다. 그런데 주차된 차를 나타낸 주황색 칼라콘을 치고 말았다. 결국 시험에서 떨어졌다.

벤자민은 나에게 시험 결과를 알려 주며 어깨를 으쓱했다.

"주황색 칼라콘 딱 하나만 부딪혔어요. 그리고 마주 오는 방향의 차선으로 잠깐 넘어갔다가 제 차선으로 바로 돌아왔어요. 나머지는 잘했어요."

나는 벤자민에게 "나는 너를 훌륭한 운전자라고 여전히 생각한단다."라고 말했다. 그리고 시험 결과는 아주 공정했다고 알려 주었다. 만약, 주황색 칼라콘이 실제 자동차였고 또 마주 오는 방향에서 자동차들이 달려오고 있었다면, 그 결과는 시험에 떨어지는 것보다 훨씬 끔찍했을 거라고 말했다.

삶에서 옳은 행동들을 얼마나 많이 하면서 살아왔는지는 그리 중요하지 않다. 장애물에 부딪혔을 때 일어나는 결과는 지금까지 순간적으로 했던 긍정적인 노력들을 아무것도 아닌 것으로 만들어 놓는다.

이와 같이 진정한 사랑을 찾는 과정에서 모든 것을 제대로 했더라도, 특정한 장애물에 부딪히게 되면 그 긍정적인 노력을 금세 잃을 수 있다. 그래서 어떤 장애물들이 있을지를 발견하는 방법과 그 상황들을 효과적으로 처리하는 방법을 배워야 한다. 그렇지 않으면 지금까지 행복을 위해 쌓아 왔던 모든 것을 장애물들이 쉽게 파괴할 것이다.

갈등을 없애자

여기서 말하는 갈등은 단순한 의견 차이를 말하는 것이 아니다. 관계 속에서 실망과 분노가 표현되는 상황을 의미한다. 하지만 갈등을 야기하지 않고 상대의 의견에 동의하지 않을 수 있다. 우리는 상대의 의견에 무조건 동의할 필요는 없다. 그렇다면 관계에 해를 끼치는 갈등을 없애는 방법을 살펴보자.

매 순간 스스로 선택하는 연습을 하면서, 많은 일이 어떻게 처리되어야 하는지에 대해 서로 동의하지 않는 상황들을 피하는 것은 불가능하다. 이런 상황이 발생했을 때, 우리는 불편하다고 여기며 서로 상처를 주기도 한다. 의견이 충돌하면 어마어마한 실망과 분노를 표현하며, 최선을 다해 쌓아 온 사랑의 경험을 순간적으로 무너뜨린다.

과거에 당신에게 화를 낸 사람이 있는가? 그렇다면 이후에 그 사람과 긍정적인 경험을 아무리 많이 하더라도 그 사람을 떠올릴 때 드는 느낌은 긍정적이지 않다. 단 한 번의 부정적인 논쟁을 하는 것은, 상대가 백번을 받아들여 주더라도 그 모든 효과를 백지 상태로 만든다.

전문가들은 '갈등을 다루는 법'에 대해 다양한 기술을 제안한다. 하지만 나는 여기서 겉핥기식으로 일시적인 효과를 주는 기술들에 만족하지 않고 한 발 더 나아가 조건 없는 사랑과 진정한 행복이 가득한 삶을 살 수 있도록, 가능한 한 모든 갈등을 제거하는 법에 대해 배울 것을 제안한다.

갈등이 야기하는 끔찍한 결과들을 제거하기 위해서는 다음 두 가지 원칙을 이해하고, 그 원칙대로 살아가야만 한다. 첫 번째 원칙은 바로 진정한 사랑이다. 우리가 조건 없이 사랑을 받을 때야말로, 행복한 삶을 위한 단 하나의 열쇠를 얻을 수 있다. 진정한 사랑이 가득할 때는 공허함, 두려움, 분노는 사라진다. 공허함, 두려움, 분노는 갈등의 가장 기본적인 요소들이다. 다시 말해, 진정한 사랑은 갈등을 다루거나 억누르는 대신, 사라지게 한다.

두 번째 원칙은 선택의 법칙이다. 우리는 모두 사랑을 받으며 행복하게 사는 것을 기대할 수 있다. 하지만 특정한 사람들이 우리를 사랑해 주거나 행복하게 만들어 주기를 기대할 수는 없다. 이런 기대를 하게 되면, 선택의 법칙 위에 개인의 욕구를 두게 된다. 이는 선택의 법칙 자체를 부인하는 것이나 마찬가지다.

제3장에서 이미 언급했듯이 선택의 법칙은 '모든 사람이 자신의 행동과 말을 선택할 권리가 있다.'라는 것이다. 다른 사람들이 스스로 선택할 권리가 있다는 것을 진실로 믿을 때, 우리는 상대의 선택에 실망하거나 우리의 의견

에 동의하지 않는다고 해서 화를 내지 않을 것이다. 갈등은 분노와 실망을 먹고 산다. 분노와 실망이 제대로 충족되지 않고서는 갈등은 생존할 수 없기에 스스로 힘을 잃고 사라진다.

> 🪄 상대의 행복에 진정으로 관심을 갖고,
> 상대가 스스로 선택하도록 내버려 둘 때 갈등은 비로소 사라진다.

또한 상대로부터 특정한 반응을 요구할 때 갈등이 발생하기도 한다. 이 역시 상대가 선택할 수 있는 자유를 부정하는 것이며, 당신이 요구한 대로 특정한 반응을 얻게 되더라도 그로부터 진정한 사랑을 느낄 수 없다.

윌리엄의 사례를 통해 이를 살펴보자.

윌리엄의 엄마는 아들에게 자유롭게 선택하는 권리를 허락하지 않았다. 그로 인해 스스로 불행해졌다. 매년 크리스마스마다 윌리엄은 부모님을 찾아왔다.

어느 날, 윌리엄은 이번 크리스마스에는 부모님을 찾아가지 않고, 자신의 집에 머무르겠다고 연락을 했다. 윌리엄의 엄마는 그 소식을 듣고 기분이 좋지 않았다.

"지난번에 나한테는 집에 온다고 했었잖니? 네가 집에 오는 걸 손꼽아 기다리고 있었는데…."

엄마가 불평했다. 짧은 대화였지만, 엄마의 모든 실망과 불쾌함을 온전히 느낄 수 있었다. 그러나 윌리엄에게는 자신의 시간을 어떻게 보낼 것인지를 선택할 권리가 있다. 반면, 그에게는 엄마를 행복하게 만들어 줄 책임이 없다. 그렇다고 해서 윌리엄이 엄마의 행복에 관심이 없다는 것을 의미하지는 않는다.

 이처럼 상대가 원하는 것을 주지 않아도, 상대의 행복을 위해 진정으로 관심을 가질 수 있다. 즉, 상대의 요구를 계속 들어줌으로써 그들에 대한 사랑을 증명할 필요가 없다는 것이다. 그렇게 해야 한다면, 상대에게 끊임없이 주어야 할 것이며, 선택의 법칙은 아무런 쓸모가 없어질 것이다. 그러나 내가 당신을 조건 없이 사랑하는 방법을 배우는 과정에 있다면, 당신의 행복을 위해 매 순간 어떻게 해야 하는지를 스스로 선택해야 한다. 내가 당신의 행복을 위해 진정 기여하기로 선택했다고 한다면 말이다. 당신은 나를 대신해서 내 선택을 해줄 수 없다. 어떤 방식으로든 나를 통제하려고 든다면, 나는 스스로 선택하며 당신에게 사랑을 주고 있다는 것을 결코 느끼지 못할 것이다. 그리고 당신 역시 나의 사랑을 느낄 수 없을 것이다.

 윌리엄의 엄마는 조건 없는 사랑을 느낄 수 없었다. 그래서 다른 사람들로 하여금 칭찬과 관심을 지속해서 얻어 내야 했고, 자신이 얼마나 중요한 사람인지 느낄 수 있도록 만들어 주기를 원했다. 윌리엄이 자신을 찾아와서 아들로부터 가짜 사랑을 얻으려고 했지만 그것마저 실패하자, 진정한 사랑도 또 가짜 사랑도 얻지 못하는 비참하고도 절망적인 감정을 경험했던 것이다. 이는 아주 견디기 어려운 고통이다. 윌리엄의 엄마가 할 수 있는 거라고는 실망과 고통을 불평으로 표현하는 것뿐이었다.

 이처럼 우리는 공허함과 두려움에 사로잡혀 있을 때, 우리가 추구하고 있던 가짜 사랑을 얻는 것까지 실패로 돌아가면 엄청난 실망감을 경험한다.

 그러나 윌리엄이 엄마를 불행하게 '만든 것'이 아니다. 그는 엄마가 공허함을 경험할 기회를 주었다. 그리고 그 공허함은 이미 오래전부터 같은 자리에 있었다. 우리가 화를 내고 실망하는 모든 순간은 상대에게 스스로 선택할 기회를 버리고, 우리가 원하는 것을 해달라고 기대하며 조르는 것이 된다. 그러면 윌리엄과 엄마가 그러했듯, 상대와의 관계를 파괴하고, 더 나아가 자신의 행복도 망가뜨리는 결과를 가져온다.

칼과 로리의 사례를 통해 선택의 법칙을 따르는 것이 갈등을 없애는 데 얼마나 중요한지를 살펴보자.

칼과 로리는 결혼 후 수년이 지났지만, 계속되는 말다툼에 진절머리가 났다. 그래서 부부는 서로 진실을 말하고 또 사랑을 받을 수 있도록 도움을 줄 지혜로운 친구를 찾아봤다. 이들은 사랑하는 방법을 배우고 또 진정한 사랑을 찾아가는 과정에서도 의견이 여전히 충돌했는데, 가끔은 갈등으로 이어지기도 했다.

한 번은 이런 일이 있었다. 로리는 너무 피곤해서 저녁 식사를 준비하고 싶지 않았다. 그래서 칼에게 외식하자고 제안했다. 칼 역시 피곤했다. 하지만 그는 집에 있고 싶었다. 보통 서로 의견을 주장하다가 갈등으로 이어졌지만, 이번에는 '상대를 제대로 보는 것에 대한 규칙' 중 네 번째 사항인 '스스로 지혜로운 사람이 아니라면 다른 지혜로운 사람을 찾으라.'를 적용해 보기로 결심했다.

로리는 지혜로운 친구에게 전화를 해 조언을 요청했다.

"아주 쉬운 해결 방법이 있어요. 두 사람이 모두 만족하는 방법이에요. 로리, 당신은 외식을 하고, 칼은 집에 있으면 되죠."

지혜로운 친구가 대답했다.

"하지만 전 칼과 함께 외식을 하고 싶어요."

로리가 서운한 목소리로 대답했다.

"칼이 무슨 행동을 할지, 당신이 선택할 수 없어요. 오직 당신 자신이 무엇을 할지만 선택할 수 있죠. 당신이 원하는 것은 세 가지라고 말했어요. 첫째, 당신이 식사를 준비하지 않는 것. 둘째, 잠시 외출해서 바깥바람을 쐬는 것. 셋째, 칼과 함께 시간을 보내는 것. 이 세 가지를 다 할 수 있어요. 나가서 혼자 식사를 하고, 집에 돌아와 칼과 시간을 보내면 되죠. 나가서 먹을거리를 사 와서 칼과 같이 먹어도 되고요. 아무 문제가 없네요."

"하지만 칼과 함께 외식을 하고 싶은 걸요."

"그렇겠죠. 나도 지금 이 순간 백만 원이 현금으로 있으면 좋겠어요. 그렇다고 해서 제가 당신의 돈 백만 원을 훔칠 권리는 없지요?"

"당연하죠."

로리가 대답했다.

"지금 당신이 하려는 행동이 바로 그거예요. 당신이 원하는 게 있으면 칼이 그걸 줘야만 한다고 믿고 있어요. 그 믿음이 부부 관계를 망가트릴 거예요. 우리는 스스로 할 행동에 대해서만 선택할 권리가 있어요. 다른 사람이 내가 원하는 걸 주게끔 선택을 하게 만들 수는 없어요."

요청과 기대

로리와 칼의 상황에서, 로리는 자신이 '요청'하고 있다고 굳게 믿었다. 그러나 남편의 대답에 실망하거나 짜증을 낸다면, 이는 '요청'이 아닌 명백한 '요구'인 것이다. 즉, 로리는 칼이 자신이 원하는 방식으로 반응하기를 기대했다. 가끔 우리는 자신이 원하는 모든 것을 얻고 싶다는 기대를 숨긴 채 상대에게 요청한다고 믿는다. 또한 그 기대를 숨기고 있다가 자신이 한 '요청'이 받아들여지지 않았을 때 실망과 화로서 본 모습을 드러낸다. 그러나 이 역시 충분한 사랑을 받고 또 그 사랑을 돌려주는 연습을 하게 되면, 상대에게 요구하는 대신 사랑을 담아 적절하게 요청하는 것이 가능해질 것이다.

이미 많이 언급한 바와 같이, 다른 사람들이 우리를 위해 어떤 행동을 해 주기를 기대하는 것은 적절하지 않다. 그러나 우리에게 가해지는 행동을 멈추는 것은 기대할 수 있다. 예를 들어, 당신이 나를 사랑해 주기를 기대할 권리는 없지만, 당신이 나에게 폭력을 가한다면 그것을 멈추라고 주장할 수 있다. 다만, 당신이 폭력을 멈추라는 내 말을 무시하더라도, 내가 당신에게 화를 내는 것이 정당화되지는 않는다. 화는 언제나 이기적이며, 행복을 불가능하게 만든다. 하지만 당신이 나에게 폭력을 지속적으로 가한다면, 남은 선택은 한 가지다. 당신이 나를 때리도록 내버려 두고 좋아하면서 살거나, 싫어하면서 사는 것은 어리석은 선택일 것이다. 그러니 나라면 그 관계를 떠나는 것을 선택하리라. 필요하다면 안전하게 떠날 수 있을 때까지 자신을 보호하는 선택을 할 것이다. 만약, 당신이 사랑을 충분히 받았다면, 화내지 않고서도 자신을 보호하는 것이 가능하다.

사람들이 우리에게 어떤 행동을 가할 때 그 행동을 멈추는 것을 요청해야 한다고 생각한다면, 실제 무슨 일이 일어나고 있는지를 명확히 볼 수 있어야 한다. 가끔 우리는 얻고 보호하는 행동에 지나치게 익숙해진 나머지 사람들이 우리에게 어떤 행동을 가한다고 생각하지만, 우리의 행복은 스스로 책임져야 한다.

앞서 설명했던 칼과 로리의 또 다른 사례를 살펴보자.

칼은 위협적으로 느낄 때마다 혼자 남기 위해 숨어 버리는 행동을 해 왔다.

이는 얻고 보호하는 행동 중 도망치기에 해당한다. 반면, 로리는 상대를 공격함으로써 자신을 보호했다. 둘은 어른이 되어서도 같은 행동을 하고 있었다.

칼이 가장 무서워하는 것은 누군가의 비난이었다. 그러니 로리가 못마땅한 기색을 보이면 대화를 멈추고 방을 나가 버리거나 직장에서 더 오랜 시간 일했다. 다양한 방법을 사용해 도망을 쳤던 것이다. 반면, 로리가 가장 두려워한 것은 사랑받지 못한다는 느낌과 혼자 남겨졌다는 외로움이었다. 칼이 혼자 숨어 버릴 때마다 로리는 이런 감정을 더 심각하게 느꼈다. 자신이 두려워하는 감정으로부터 자신을 보호하기 위해 남편은 '좋은 남편'이 되어 주지 않고, 함께 시간을 보내 주지 않는다고 죄책감을 주며 비난했다.

또한 로리는 자신을 혼자 두고 숨어 버리는 행동을 멈추라고 남편에게 요구했다. 그에 맞서 칼은 자신을 끊임없이 비난하는 로리에 대해 불평했다. 이는 서로 가장 두려워하는 행동으로서 각자 자신을 보호하다 보니, 이들의 관계는 끔찍하고 파괴적인 악순환에 갇혀 버리고 말았던 것이다.

결국 둘은 이 문제에 대해 지혜로운 친구에게 말했다. 지혜로운 친구는 칼과 로리가 선택의 법칙을 침해하고 있기 때문이라고 말했다.

"로리, 칼은 스스로 선택할 권리가 있어요. 칼에게 당신이 원하는 대로 행동하라고 요구할 권리가 없어요."

"하지만, 제게 가해지는 행동을 멈추게 할 권리는 있잖아요?"

"그렇죠."

"남편이 도망치는 건, 저에게 상처를 주는 행동인 걸요. 제게 부정적인 행동을 하는 거죠. 그걸 멈추라고 할 권리가 있어요."

지혜로운 친구는 미소를 지으며 말을 이었다.

"아니요. 그렇지 않아요. 그게 이유라면, 당신이 원하는 행동을 모든 사람에게 강요할 수 있겠네요? 당신이 원하는 대로 하지 않으면, 당신은 상처받을 거라고 말하겠죠. 당신은 세상을 그렇게 조종할 수 있다고 말하고 있는 거예요. 이해되나요?"

"하지만 남편이 숨어 버릴 때, 저는 정말 상처받는다고요. 상처받는 걸 어떻게 멈추나요?"

"당신이 남편을 멈출 수는 없어요. 어떤 경우라도, 칼이 당신에게 상처를 주는 게 아니에요. 당신이 공허함을 느끼며 사랑받지 못했기 때문이지요. 칼을 만나기 훨씬 더 이전부터 이미 고통 속에 있었던 거예요. 지금 당신은 칼에게 과거부터 쌓여 온 모든 고통을 치유해 달라고 기대하고 있는 겁니다. 그렇게 해 주지 않았을 때는 그동안 쌓아 온 모든 고통을 남편의 탓으로 돌리고 있죠."

"그럼, 저는 어디서 사랑을 받으란 말인가요? 남편이 아내를 사랑해 주는 게 당연한 거 아닌가요?"

"원래는 그랬겠죠. 그리고 언젠가는 칼이 당신이 필요한 방식으로 당신을 사랑해 주는 게 가능할지도 몰라요. 하지만 지금은 칼과 로리, 둘 다 어느 누구도 조건 없이 사랑할 수 없어요."

지혜로운 친구는 로리가 조건 없이 사랑을 줄 수 있는 사람들을 찾는 방법을 알려 주었다. 그리고 그 사랑을 남편에게 나누어 줄 수 있다고 설명했다.

차이와 의견 충돌 해결하기

이후 칼과 로리는 사랑이 넘치는 사람이 되기 위해 서로 사랑을 주고, 진실을 말하는 방법을 배우고 있었다. 하지만 이 둘은 각기 다른 성향을 지녔기에 많은 부분에서 여전히 의견 차이가 있었다. 의견의 차이는 피할 수 없다. 하지만 서로 사랑을 충분히 받고 나면, 그 차이가 실망과 분노로 가득 찬 갈등으로 발전하지 않는다. 로리는 지난번과 같은 질문을 칼에게 할 기회가 찾아왔다. 그러나 결과는 지난번과 완전히 달랐다.

"칼, 오늘은 저녁 요리를 하고 싶지 않은데, 같이 나가서 외식할래?"

"너와 시간을 함께 보내고 싶은데, 너무 피곤해서 의자에서 엉덩이를 떼고 싶지 않아."

"그럼, 음식을 포장해서 돌아올까?"

"그게 좋겠다. 고마워."

얼마나 사랑이 넘치는 사람이 되느냐와 관계없이, 사람들과의 사이에서는 의견의 차이가 언제나 존재한다. 경제관념에 대해 대화하는 것을 비롯해 일정을 잡거나, 식사 메뉴를 정하거나, 어떤 영화를 볼지…. 하지만 사랑을 충분히 받았다면, 이러한 의견 차이에 대처할 수 있다. 그렇게 되면 실망과 화를 포함한 갈등으로 더이상 발전하지 않을 것이다.

두 사람 사이에 의견 충돌이 있을 때, 다음의 원칙들을 기억한다면 큰 문제가 일어나지 않을 것이다.

- **진정한 사랑을 찾기**
- **명확하게 요청하기**
- **상대의 선택을 있는 그대로 받아들이기**

사람들이 서로 사랑할 때는 상대를 희생시켜 자신의 이익을 추구하려고 하지 않는다. 서로 만족스러울 때까지 정보를 공유하고 요청한다. 그리고 나서 상대가 결정을 내리면 그것을 있는 그대로 받아들인다. 다시 말해, 사랑이 넘치는 관계에서는 논쟁에서 이기거나, 체념하거나, 타협하는 것으로 의견 충돌과 다름을 해결하려고 하지 않는다. 또한 파트너가 원한다고 해서 모든 요청을 받아들일 필요도 없다. 더욱이 당신이 원하는 모든 것을 얻을 수도 없다. 할 수 있는 한 최선을 다해 서로의 행복에 관심을 갖는 것을 순간순간 선택해 가는 것이다.

아울러 상대를 통제하는 것은 이기적이며 잘못된 행동이다. 우리가 원하는 대로 상대가 행동하도록 요구하는 것은 결코 합리화될 수 없다. 당신이 절실히 필요한 게 있다고 하더라도, 상대가 당신을 도와줄 만큼 가진 것이 충분히 많더라도, 심지어 당신과 결혼을 한 사이라고 하더라도 상대를 통제하는 행위는 합리화될 수 없다.

> 어떤 인간관계에서나 의견의 차이와 다름은 항상 존재한다. 진정한 사랑을 충분히 받으면, 의견의 차이와 다름이 갈등으로 발전하는 데 필요한 실망과 화를 제거해 버린다.

실망과 화를 제거하는 5단계
: 갈등을 없애자

제9장을 시작하면서 언급했듯이, 의견의 차이가 불행을 야기하지 않는다. 오히려 실망과 화를 표현하는 것이 불행을 가져오는 것이다. 이 두 감정을 사라지게 할 수 있다면 더 행복해질 수 있다. 그뿐만 아니라 관계에서 발생하는

갈등 자체를 없애는 것이 가능하다. 우리가 사랑이 넘치고 행복한 가운데 있으면 갈등을 유지하는 것 자체가 어려울 것이다.

지금부터 삶에서 화를 뿌리째 뽑는 근본적인 방법을 설명하겠다. 실망과 화는 정도의 차이가 있을 뿐, 본질은 같다. 짜증 나고 불행하다고 느끼는 순간마다 다음 단계들을 밟아 보라. 어떤 순서로 밟든 상관이 없으며, 몇 번을 반복해도 좋다.

- **말을 멈추기**
- **자신의 잘못을 인정하기**
- **사랑을 느끼기**
- **사랑을 받기**
- **사랑을 주기**

💕 말을 멈추기

'일부러 행복과 사랑을 파괴하는 사람이 어디 있겠는가.'라고 생각하겠지만, 우리가 그러고 있다. 우리가 매 순간 화를 내면서 상대에게 말을 한다는 것 자체가 관계에서 행복과 사랑을 파괴하는 일이다.

당신이 고속도로에서 운전을 하다가 갑자기 차가 고장나서 오도가도 못하는 상황에 처했다고 생각해 보자. 그런 상황에서 당신이라면 차에 휘발유를 들이붓고 불을 붙인 후 시동을 거는 짓을 하겠는가? 화를 내면서 상대와 대화한다는 것 자체가 이처럼 어처구니가 없는 행동이다. 당신이 화를 내면 그 말에 담긴 어떤 내용도 사랑이 넘치거나 생산적인 결과를 가져오지 않을 것이다. 그러므로 화가 난다면, 그냥 멈춰라.

다음은 나와 샤론의 대화 내용이다.

샤론은 화가 났을 때 남편에게 소리를 질러야만 직성이 풀리며, 그래야만 한다는 그럴 듯한 핑곗거리들을 늘어놓고 있었다. 화를 내는 건 관계에서 아무런 도움이 되지 않는다고 내가 말했을 때 샤론은 "하지만 남편은…."이라는 핑계를 대기 시작했다. 나는 말을 끊고 그녀에게 이렇게 물었다.

"남편에게 화를 내고 소리를 지르고 나서, 진정으로 행복하고 또 사랑이 넘치는 느낌으로 대화가 마무리된 적이 있나요? 있었다면 그게 언제죠? 그게 아니라면, 두 사람이 더 가까워졌다고 느낀 적은 있나요?"

그녀의 표정만 봐도 그런 순간은 이제껏 없었다. 샤론은 화가 나면 말을 하지 않겠다며 다짐하면서도 계속 질문을 했다.

"그럼…. 만약, 내가 입을 다물기로 결정했는데 남편이 계속 싸우려고 들면 어떻게 하나요? 그냥 입을 다물고 멍청하게 앉아 있을 수는 없잖아요. 안 그래요?"

"이렇게 말할 수 있어요. '내가 사랑을 충분히 느끼고 있지 않아서, 이 대화는 그만하는 게 좋겠어. 나중에 다시 대화하자.' 이 말을 할 때 중요한 건, 남편을 비난하지 않는다는 것에 집중하는 겁니다. 당신의 잘못을 인정하고 또 모든 책임을 지며 대화를 멈추겠다는 거예요."

며칠 뒤, 샤론은 나에게 전화를 했다.

"말씀하신 대로, 그대로 말했어요. '내가 사랑을 충분히 느끼고 있지 않아서, 이 대화는 그만하는 게 좋겠어. 나중에 다시 대화하자.' 그런데 남편이 계속 고함을 질렀어요. 그런 상황에선 어떻게 하죠?"

"할 수 있는 선택이 여전히 많지요. 하지만 두 가지만 제안할게요. 아무 말도 하지 않고, 남편의 분노가 식을 때까지 기다리는 거예요. 보통은 잠시 후 식을 거예요. 당신이 분노하지 않는 한은요. 다른 한 가지는, 했던 말을 그대로 다시 반복할 수 있어요."

"했던 말을 두 번이나 반복했어요. 그런데도 계속 소리를 질렀어요. 그러다가 제가 지쳐 버렸죠."

"다른 방으로 갈 수 있어요."

"다른 방에 있어요."

"밖으로 나가세요."

내가 말했다.

"농담하시는 거죠?"

"남편과 갈등을 멈추길 원하시나요, 원하지 않으시나요? 온 마을 사람들이 다 듣도록 계속 소리를 지르진 않을 거 아니에요?"

"사실, 그럴지도 몰라요."

"그럼, 운전해서 다른 곳으로 가세요."

만약, 당신이 갈등을 적극적으로 멈추고자 하는 게 아니라면 이렇게까지 할 필요는 없다. 샤론은 내가 제안했던 행동들을 했다. 그리고 남편은 결국 아내가 자신과 더이상 싸울 마음이 없다는 것을 이해하게 되었다.

이 대화가 상대와 다른 의견을 제시해서는 절대 안 된다는 것을 의미하는 것은 결코 아니다. 당신의 의견을 언제나 제안할 수 있다. 더 확고하고 분명하게 요청할 수 있다. 또한 상대가 원하는 모든 것을 줄 필요는 없다. 하지만 상호작용을 하는 순간, 화를 내는 것은 어리석은 선택이다.

💙 자신의 잘못을 인정하기

자신의 잘못을 인정하는 것으로 갈등은 간단하게 끝난다. 당신이 잘못을 인정하면, 갈등을 유지할 연료가 부족해서 갈등의 불은 꺼진다. 마음속으로 실망과 화를 느낀다면 다음 문장을 반복해서 자신에게 말하라. "만약, 내가 실망하거나 화를 낸다면, 그것 자체로 내 잘못이다." 그러면 그 느낌을 더이상 유지할 수 없을 것이다.

물론 자신이 어떤 잘못을 했는지를 파악할 수 있어야 한다. 잘못한 것이 무엇인지도 모르는 채, 잘못했다고 말만 하는 것은 의미 없다. 화를 내는 그 순간 당신은 상대의 잘못에 이미 집중하고 있다는 것을 의미한다. 그러므로 자신이 어떤 잘못을 했는지를 제대로 볼 수 있도록 도움이 필요할 것이다. 그러한 순간에 다음 문장들을 떠올려 보라.

1. 관계에서 무엇이 더 중요한가? 화를 내며 나 자신이 옳다는 것을 증명하는 것인가? 아니면 사랑을 받고 사랑을 주는 것인가? 이 두 가지를 한꺼번에 가질 수는 없다. 즉, 화를 내면서 사랑을 주고, 관계에 긍정적인 영향을 주는 것은 불가능하다. 단 한 가지만 선택할 수 있다. 둘 중 어떤 선택을 했을 때 사랑이 넘치는 관계와 행복을 가져다줄 것인가? 그 생각에 한 치의 의심이라도 생기는가? 만약, 사랑을 주는 것이 더 나은 결정이고 또 옳은 행동이라면, 무엇이 화가 나도록 하는 것인가? 화는 잘못된 행동이다. 의견의 차이를 다루기 전에 제거해야 마땅하다. 당신이 화를 낼 때, 어떤 부분은 당신이 옳을지도 모른다. 하지만 그 사실조차 결국 화로 인한 파괴의 불꽃 앞에서 아무런 의미가 없다. 진정한 사랑을 잃어 가며 얻는 보상으로 '옳음'을 지키는 것은 아무런 가치가 없다.

2. 화를 내는 것은 얻고 보호하는 행동이다. 공허함과 두려움에 대한 반응이며, 이 두 가지 상태에 있을 때 상대가 진정 필요로 하는 것이 무엇

인지, 상대가 두려워하는 것이 무엇인지를 볼 수 없게 된다. 화를 내는 것은 상대를 명확하게 보지 못한다는 명확한 증거다. 따라서 화를 내면 앞이 보이지 않으니, 이는 우리 잘못이다. 그런 상태로 대화를 지속하는 것은 지혜롭지 않다.

3. 관계는 각 개인의 독립적인 선택들이 만든 자연스러운 결과다. 당신이 화가 난다는 것은 상대의 선택을 통제하려고 하는 시도. 그러므로 이는 사랑이 넘치는 관계에 대한 가능성을 파괴하는 행위다. 즉, 당신은 선택과 기대의 법칙을 침해하고 있는 것이다. 이것이 당신이 진정 원하는 일인가?

요약하자면, 화를 낼 때 당신은 사랑이 없으며 또 앞이 보이지 않은 상태에서 상대를 통제하려고 하고 있다. 또한 상대로 하여금 당신을 행복하게 만들어 달라는 기대를 하는 것이다. 그러므로 이것은 당신의 잘못임이 틀림없다.

> ✏️ 화를 낼 때 당신은 사랑이 없으며, 앞이 보이지 않은 상태에서 상대를 통제하려고 하고 있다. 또한 상대로 하여금 당신을 행복하게 만들어 달라고 기대를 하는 것이다. 그러므로 이것은 당신의 잘못임이 틀림없다.

그렇다면 "내가 화를 냈으니, 내가 잘못했군."이라는 말을 누구에게 해야 할까? 가능하다면 화를 낸 상대에게 당신이 직접 말하라. 상대에게 있는 그대로 받아들여지고 사랑받음으로써 갈등이 제거될 확률이 높아진다. 만약, 상대가 당신을 있는 그대로 받아들이지 않는다면, 지혜로운 사람에게 말하라. 잘못을 인정함으로써 사랑을 받게 될 기회를 얻게 된다. 가끔은 자신에게 말하는 것만으로도 많은 변화를 이끌 수 있다. 어떤 상황에서는 누구에게도 말을 할 수 없는 경우도 있다. 예를 들어, 교통 체증이 너무 심한 상황에서 차 안에 갇혀 있을 때가 그러하다.

💕 사랑을 느끼기

당신이 사랑을 받고 있다는 사실을 기억하라. 우리가 사랑을 느끼지 않을 때 갈등을 마주하게 되면 두려움에 떨게 된다. 그리고 화를 내며 자신을 보호한다. 자신이 사랑받고 있다는 확신이 절대적이라면 사람들과의 의견 차이 혹은 상대가 화를 내는 것으로 위협받지 않는다. 세상에서 필요한 단 한 가지, 진정한 사랑이 있기 때문이다. 진정한 사랑이 있으면 두렵지 않으며, 화를 낼 필요조차 없다.

한편, 어쩌다 한 번씩 화를 내는 것은 진정한 사랑을 받기 위해 의식적으로 노력할 필요가 있다는 것을 우리에게 상기시켜 주기도 한다. 그런 면에서는 유용하다. 당신이 의식적으로 사랑받고 있다는 기억을 꺼낼 수 있고, 양동이에 담겨 있는 사랑에 손을 뻗을 수 있다면, 당신이 느끼는 공허함과 두려움이 많이 줄어들거나 사라질 것이다. 그러면 화를 내는 것 자체가 아무 소용이 없어지기에 자연히 사라질 것이다.

진정한 사랑을 받고 있다는 사실을 기억하기 위해서는 진정한 사랑을 찾기 위한 과정을 밟으며, 지혜로운 사람들에게 받아들여지고 또 사랑을 받아야만 가능하다. 실제로 사랑을 받았을 때, 그 기억들을 어디든 가지고 다닐 수 있다.

> ✨ 진정한 사랑이 있으면 두렵지 않으며, 화를 낼 필요조차 없다.

제8장에서는 교통 체증 속에서 갑작스레 끼어들기를 한 차량에 화가 난 빌의 사례를 소개했다. 그는 운전 중 사랑해 줄 수 있는 사람과 연락할 수 없었다. 하지만 사랑받고 있다는 사실을 기억했기에 분노는 이내 사라졌다. 이처럼 사랑을 받고 있다는 것을 기억하면, 화를 내기 이전에 예방할 수 있다.

제3장에서 소개했던 마크의 사례로 돌아가 보면, 마크는 아내에게 화를 낼 기회가 있었다. 하지만 지혜로운 사람들로부터 사랑받고 있다는 사실을 기억하고는 아내에게 화를 내는 대신, 그녀를 안아 주었다. 이처럼 조건 없는 사랑으로 아내를 대하자, 아내는 눈물을 흘렸다. 진정한 사랑으로 가득 차 있던 마크는 두려움이 사라졌고, 화를 낼 이유도 없어졌다. 이렇듯 진정한 사랑은 우리에게 마크가 경험한 것과 같은 영향을 준다.

💙 사랑을 받기

가끔은 사랑을 받고 있다는 사실을 기억하는 것만으로는 부족할 때가 있다. 그 순간에는 사랑을 받을 필요가 있다. 제4장에 소개했던 자넷의 사례로 돌아가 보면, 그녀는 상사에게 화가 나 있었다. 자넷이 화가 났을 때, 지혜로운 친구로부터 사랑받고 있다는 사실은 기억했지만, 화를 없애기에는 충분하지 않았다. 그래서 지혜로운 친구에게 전화를 해 자신의 진실을 말하고, 친구에게 있는 그대로 받아들여지며 사랑을 느껴야 했다.

그러나 자넷이 상사와 갈등을 겪고 있을 때, 훌륭한 소통 기술을 가지고 갈등을 해결했던 것은 아니다. 앞서 설명했던 화를 없애는 4가지 단계들을 밟고 문제를 해결했던 것이다. 첫째, 자신을 절제하며, 화를 내며 말하지 않았다. 둘째, 자신이 사랑을 충분히 받았다는 사실을 기억했다. 셋째, 지혜로운 친구에게 전화를 해 자신의 진실을 말했다. 사랑이 없으며, 겁에 질린 상태라는 것을 털어놓았던 것이다. 그리고 친구로부터 있는 그대로 받아들여지고, 조건 없는 사랑을 받을 기회를 얻었다. 넷째, 지혜로운 친구에게 정확한 단어를 사용하며 "화가 난다면 내 잘못이야."라고 스스로 말함으로써 자기 잘못을 인정했다.

💙 사랑을 주기

사랑을 주는 행동을 하는 것이다. 진정한 사랑이 가득 차 있는 상태에서는 상대에게 사랑을 주기가 쉽다. 그렇다고 해서 자신이 사랑으로 가득 찰 때까지 기다릴 필요는 없다. 진정한 사랑은 주면 줄수록 기적처럼 다시 채워진다. 어떤 방식으로든 사랑을 주겠다고 선택하는 것만으로도 화를 없앨 수 있다.

짐과 스테파니의 사례를 살펴보자.

짐은 정규직이었고, 스테파니는 시간제로 일을 하고 있었다. 그래서 스테파니는 남편이 퇴근하기 전까지 청소를 하고 식사를 준비했다. 하지만 이따금 약속을 지키지 못했는데, 이것이 둘 사이의 싸움에 시발점이 되고는 했다.

어느 날, 짐이 퇴근하고 돌아오니 주방은 엉망진창이었다. 이번 주만 해도 저녁 식사가 준비되지 않은 것은 세 번째였다. 짐은 화를 없애는 다섯 가지 단계를 배웠기에 그것을 실천해 보기로 결심했다. 우선, 짜증 난 상태로 스테파니에게 말을 하지 않기로 결정했다. 그리고 화를 내는 것 자체가 잘못이라는 말을 스스로 여러 번 반복했다. 그러면서 그 말을 진심으로 믿었다. 아울러 지혜로운 친구에게 전화를 해서 자신의 이기적임과 화가 난 것에 대해 진실을 말했다. 그 모든 행동을 했지만, 스테파니에게 여전히 화가 나 있었다.

그래서 어떤 행동으로 아내에게 사랑을 줄 수 있을까, 하고 고민했다. 짐은 주방을 정리하고, 설거지를 한 후 싱크대를 정리하고, 바닥을 닦았다. 군인인 짐에게는 집안일이 낯설기만 했다. 그러나 아내를 위해 일을 하면 할수록, 이기심과 화는 사라져 갔다. 스스로 놀라울 지경이었다.

아내가 집으로 들어오자마자, 아내를 반기며 사랑한다고 말했다. 이는 어쩌면 큰 싸움이 될 수 있을지도 몰랐던 상황이다. 그러나 두 사람에게 모두 아주 강력하고 사랑이 넘치는 경험으로 전환되었다.

당신이 화가 나 있을 때, 사랑을 주는 행동을 하고 싶지 않을 것이다. 그것을 잘 이해한다. 그런 상황에서는 일단 짐이 했던 다른 단계들을 먼저 밟아 보라. 그러면 어떤 관계냐에 따라 상대를 위해 해줄 수 있는 많은 일이 있다.

① 상대를 위해 봉사하라
② 상대를 피하는 대신, 눈을 바라보며 친절히 대화를 나눠라. 그것만으로도 사랑을 줄 수 있다.
③ 상대가 해 준 것들에 대해 감사하다고 전하라. 직접 말해도 좋고, 전화 혹은 감사 편지를 적어도 된다.
④ 상대와 조용히 식사하며 대화하는 시간을 보내라.
⑤ 스킨십을 하라. 손을 부드럽게 만지면서 대화하면 누구도 화를 내기 쉽지 않다.
⑥ 사랑한다고 말하라.
⑦ 당신은 상대가 무엇을 좋아하는지 잘 알고 있을 것이다. 그것을 하라.
⑧ 다른 누군가를 위해 봉사하는 행동을 하라. 당신에게 있는 사랑을 나눌 때, 그보다 더 많은 것이 채워진다. 누구라도 사랑을 나누고 나면, 화를 내고 있던 상대에게도 사랑을 줄 수 있게 된다.

화가 났을 때, 화의 흐름에 당신의 몸을 맡기는 것을 멈춰라. 사랑을 떠올려라. 자기 의지를 다해 사랑을 표현하면 그로부터 따라오는 기적을 경험하게 될 것이다.

또한 당신이 화가 났을 때 다섯 가지 단계를 기억하고 실천한다면, 당신의 삶에서 갈등은 천천히 사라질 것이다. 그렇게 되면 진정한 사랑과 행복을 경험하는 데 가장 큰 장애물 중 하나를 해결하는 셈이다.

> 당신이 화가 나 있을 때, 사랑을 주는 행동을 하고 싶지 않을 것이다.
> 그것을 잘 이해한다. 그럼에도 불구하고 사랑을 준다면,
> 진정한 사랑의 기적을 경험하는 기회가 될 것이다.

얻고 보호하는 행동을 없애자

우리는 거짓말하기, 공격하기, 피해자 행세하기, 도망치기 등 얻고 보호하는 행동을 매일같이 한 가지 이상 한다. 이 행동들은 관계를 망가트리고, 사랑받는 것을 방해한다. 이처럼 지속적인 얻고 보호하는 행동들을 어떻게 다루어야 할까? 우리를 불행하게 하는 이 행동들을 또다시 자행한다면, 어떻게 해야 할까? 첫째, 의지를 발휘해 자기 절제력으로 멈춰라. 둘째, 얻고 보호하는 행동은 진정한 사랑이 없는 가운데 지속해서 반응하는 행동이라는 것을 기억하라. 이 두 가지만 기억하더라도 해결책은 명확하다. 자신의 진실을 말하고, 조건 없이 받아들여지는 기회를 만들어야 한다. 사랑을 받게 되면 얻고

보호하는 행동을 할 필요성이 사라진다.

  그렇다면 다른 사람들이 얻고 보호하는 행동을 하는 것을 볼 때, 어떻게 해야 할까? 모든 사람이 얻고 보호하는 행동을 하는 이유는 동일하다. 이들 역시 조건 없는 사랑이 없는 가운데 공허함을 느끼며 겁에 질려 있는 것이다. 이들과 상호작용을 하며 진정한 사랑을 소개하자. 그러면 상대의 공허함과 두려움을 줄일 수 있을 것이다. 우리 자신의 진실을 상대에게 말하는 것, 상대를 있는 그대로 받아들이고 사랑을 주는 것으로 관계에 진정한 사랑을 불어넣을 수 있다. 하지만 상대처럼 우리 자신을 보호하려고 애쓰거나, 우리를 좋아하도록 만들려고 애쓰는 것은 최악의 행동이다. 이 두 가지 방법은 상대를 더 공허하고 또 두려움에 떨게 할 뿐이며, 더 많은 얻고 보호하는 행동을 하게 될 가능성이 있다.

  요약하자면, 얻고 보호하는 행동을 보게 되는 모든 상황에서 진실을 말할 수 있다. 그 행동을 하는 사람이 당신 자신이든, 다른 사람이든 상관이 없다. 이 방법을 통해 우리는 사랑을 받고 또 상대를 있는 그대로 받아들이는 기회를 얻게 되며, 상대가 느끼는 공허함과 두려움 그리고 걱정들을 없애 줄 것이다.

  다음으로, 얻고 보호하는 여러 행동을 어떻게 다룰 수 있는지를 설명하겠다.

💙 우리가 다른 사람에게 거짓말을 할 때

  우리는 매일같이 거짓말을 한다. 그리고 거짓말을 하고 있다는 것조차 인지하지 못하기 때문에 멈추는 것이 불가능하다.

  엔드류의 사례를 살펴보자.

그는 직장 동료와 점심을 먹는다. 모두 하나같이 운동을 좋아하고, 야외 활동을 좋아해서 스포츠나 사냥에 대한 대화가 주를 이루었다. 엔드류는 그런 활동들에 관심이 없고, 경험이 없는 편이라 거의 말을 하지 않는다.

어느 날, 지혜로운 친구에게 직장 동료들과 함께 지내는 것이 불편하다고 말했다.

"그건 당신이 그들에게 거짓말을 하고 있기 때문이에요."

지혜로운 친구가 말했다.

"거짓말이요? 그게 어떻게 거짓말이죠?"

엔드류는 놀란듯 되물었다.

"동료들이 축구에 대해 대화할 때, 당신이 아는 것이 없다거나 축구 경기를 한 번도 보지 않았다는 말을 한 적 있나요?"

"안 하죠."

"스스로 진실을 숨긴다면, 그건 거짓말입니다. 거짓말을 하면 함께 있는 사람들에게 있는 그대로 받아들여진다는 경험을 할 수가 없죠."

"하지만 동료들에게 스포츠나 야외 활동에 대해 아는 게 없다는 사실을 말하면 그들이 저를 멍청이라고 생각할 것 같아요."

"멍청하죠. 야외 활동이나 스포츠 분야에서는요. 모든 사람이 많은 분야에서 멍청해요. 저와 대화할 때 편안하다고 느끼시나요?"

"네."

"저도 스포츠를 좋아하는데요? 당신의 직장 동료들처럼 말이에요. 그런데 저에게는 당신이 있는 그대로 받아들여졌죠. 그건 당신이 진실을 말했기 때문이에요. 저에게도 거짓말을 했다면, 이 대화도 불편했을 거예요."

"하지만 동료들에게 진실을 말했다가는 그들이 저를 있는 그대로 받아들이지 않을지도 모르잖아요."

"그건 사실이죠. 몇몇은 받아들이지 않을 수도 있지요. 그래도 모든 사람에게 거짓말을 계속한다면, 결코 누구에게도 받아들여질 수 없을 겁니다."

우리가 진정으로 누구인지 받아들여졌을 때야말로 사랑을 받을 수 있다. 하지만 우리가 진실을 말하지 않고, 자신을 제대로 보여 주지 않는다면, 어느 누구도 우리를 있는 그대로 사랑할 수 없다. 진실을 말하는 두려움을 극복할 수 있는 한 가지 방법은 그냥 말하는 것이다. 그렇다고 해서 사람들에게 우리의 모든 진실을 말할 필요는 없다. 그리고 진실을 말하기 가장 두려운 사람들, 예를 들어 직장 상사나 가족에게 먼저 말할 필요도 없다.

💙 다른 사람들이 우리에게 거짓말을 할 때

사람들이 거짓말을 하는 이유는 우리가 거짓말을 할 때와 같다. 그들의 의도는 상처를 주기 위한 것이 아니라, 가짜 사랑을 얻고 또 자신을 보호하기 위해서다. 그러나 거짓말을 하게 되면, 이전보다 더 공허하고 비참하게 느낀다. 만약, 우리가 사랑을 주며 상대의 거짓말을 제대로 볼 수 있도록 도와주면, 이들에게 있는 그대로 받아들여지고 또 사랑받을 수 있는 기회를 주게 된다.

그러나 우리는 보통 상대를 위해서 상대의 거짓말을 볼 수 있도록 기회를 제공하는 것이 아니다. 사람들이 거짓말을 하면, 우리는 불쾌해하며 배신당했다고 여긴다. 그리고 진실을 말하도록 요구하는데, 이를 통해 우리 자신을 보호하고 상대를 통제할 힘을 얻는다. 상대에게 조건 없는 사랑을 줄 준비가 되지 않았거나, 상대가 진실을 받아들일 준비가 되지 않았을 때, 진실을 말하도록 강요한다면 상대에게 상처만 남길 수 있다. 그러므로 상대가 거짓말을 할 때, 때로는 모르는 척하며 우리만 알고 있을 필요도 있다.

하지만 우리가 사랑을 충분히 줄 수 있는 상태에 있을 때는, 상대의 모든 얻고 보호하는 행동에 대해서 우리 자신의 진실을 말하는 것이 유용한 대처 방법이 될 것이다.

마사의 사례를 살펴보자.

마사와 그녀의 친구 베스는 점심을 먹고 있었다. 베스는 보통 때보다 더 말이 없었다.

"너 화가 난 것 같아."

마사가 말했다.

"상사가 정말 짜증 나게 해. 내가 잘못한 게 뭔지, 찾아서 사사건건 말해 주는 거야. 오늘은 나에 대한 불만 사항들을 적어서 보고를 올렸어. 상사가 한 번 더 그렇게 하면 난 정말 회사에서 짤릴 거야. 너무 불공평하잖아. 내 잘못은 하나도 없었어."

마사는 베스의 오랜 친구였다. 그래서 베스가 피해자 행세를 자주 한다는 것을 알고 있었으며, 게으름을 피우기도 하고 또 자신의 부정적인 태도를 다른 사람들 탓으로 돌리고는 한다는 사실을 잘 알고 있었다.

그러나 마사는 베스를 진심으로 사랑했고, 그녀를 있는 그대로 온전히 받아들였다. 베스가 한 실수에 대해 거짓말을 하는 순간조차 있는 그대로 받아들였다. 하지만 마사는 그녀가 진실을 말하지 않는 이상, 그녀의 삶은 변하지 않을 거라는 것을 알았다.

"안 좋은 일이 있었나 봐. 상사와 너 사이에 계속 반복되는 아주 오래 묵은 일인 것 같은데?"

마사가 말했다.

"맞아. 나에게 언제나 악감정을 가지고 있었어, 그 인간…."

베스의 대답에 마사는 미소를 지었다.

"지난 몇 년간, 나도 어려운 상사들이 있었어. 그러나 그 상사들로부터 한 가지 배운 게 있어. 그 사람들이 하는 부정적인 행동들도 있었지만, 나도 관계를 악화시키는 행동을 매 순간 했었다는 거지. 예를 들어, 상사가 나에게 불친절하게 대하면 그에 대한 뒷담화를 하고, 동의하지 않은 일을 시키면 되도록 천천히 했어. 그러니 그들이 나에게 화가 더 날 수밖에…. 상사들이 완벽한 사람들은 아니었지만, 내가 문제들을 일으키는 주요 원인 제공자이기도 했지."

베스는 얼어붙었다. 그녀는 마사가 자신의 상황을 동정해 주고, 상사가 얼마나 괴물인가에 동의해 주기를 원했던 것이다.

몇 초간 침묵이 흘렀다. 마사는 회사에서 자신이 했던 이기적인 행동들 그리고 상사와 동료들 사이에 긴장감이 흐르도록 했던 자신의 실수를 계속해서 말했다. 마사의 진실을 들을수록 베스는 안정감을 찾기 시작했다.

베스는 손을 휘저으며 이렇게 말했다.

"알겠어, 네가 무슨 말을 하는지 알겠어. 그래, 내가 그렇게 좋은 직원은 아니지. 상사를 싫어하긴 해. 그래도 내가 저지른 실수들은 다 빼고 너에게 말하지도 않았어."

그제야 베스는 상사의 업무를 어렵게 만들었던 상황들에 대한 자신의 실수들을 이야기하기 시작했다. 그리고 대화를 할수록 직장에서 경험하는 문제 중 많은 부분을 자신이 만들고 있다는 사실을 제대로 직면하게 되었다.

베스는 마사와 대화를 마친 후 상사를 찾아갔다. 그리고 자신이 지난 몇 달간 저지른 문제들에 대해 사과했다. 상사는 놀란 듯했지만, 베스의 솔직한 말을 듣고 기뻐했다. 이후 베스와 상사의 관계는 상당히 좋아졌다.

이처럼 사람들이 거짓말을 할 때, 이를 제대로 바라볼 수 있도록 사랑으로 도움을 주는 방법은 우리 모두 배울 수 있다. 그리고 그중 한 가지 방법은, 우리 자신의 진실을 나누는 것이다. 물론 우리 스스로 사랑을 먼저 받아야만 한다.

> 🪄 우리 자신의 진실을 말함으로써 사람들도 우리와 같이
> 진실을 말하는 행동을 할 수 있도록 용기를 주고,
> 우리가 주는 조건 없는 사랑을 느낄 수 있는 기회를 제공할 수 있다.

💙 우리가 다른 사람들을 공격할 때

공격하기는 우리가 원하는 행동을 다른 사람들이 하도록 유도하기 위해 두려움을 주는 행위다. 예를 들어, 상대를 비난하거나 화를 낼 수 있다. 대부분은 이 행동들을 평범한 것으로 받아들인다. 하지만 화를 내는 것은 관계를 끔찍하게 만들며 또 파괴한다.

애드워드의 사례를 살펴보며 공격하기의 예시와 함께 진실을 말하고, 잘못을 인정함으로써 얻을 수 있는 효과도 살펴보겠다.

에드워드는 아내 아만다에게 화가 났던 일을 지혜로운 친구에게 말했다.

"아내는 어디를 가든지 약속 시간에 늦어요. 너무 예의가 없어요."

"에드워드, 당신은 실수한 적 있나요?"

지혜로운 사람이 물었다.

"그렇죠. 그렇다고 해서 약속 시간에 항상 늦진 않는 걸요."

"약속 시간을 잘 지키겠죠. 당신도 불가피하게, 사람들을 불편하게 하는 실수들을 가끔은 할 거예요. 아마도 당신이 알아차린 상황들보다 더 많이 했을 거예요. 그럴 수밖에 없어요. 우리 스스로 실수하도록 내버려 둬야 해요. 인간은 실수를 하며 배우니까요. 당신이 실수하는 것처럼, 아만다에게도 실수를 할 권리가 있어요. 그렇지 않나요?"

긴 침묵이 흘렀고, 마침내 에드워드가 말을 했다.

"그렇게 생각해 본 적은 없군요."

에드워드가 자신의 행동이 얼마나 이기적인지를 깨닫자 아내에 대한 짜증은 서서히 사라졌다. 자신이 얼마나 사랑이 없는 사람인지를 제대로 마주하게 되면, 다른 사람들을 손가락질하면서 화를 내는 것은 어려운 일이다.

"그렇다면 아내가 항상 늦는 문제는 어떻게 해야 하죠?"

"그 일로 이혼하고 싶은가요?"

"그건 아니죠."

"그럼, 두 가지 선택이 남았네요. 같이 살면서 좋아하거나, 그렇게 살면서 싫어하거나…. 약속 시간에 늦는 아내를 있는 그대로 받아들이고 사랑하거나, 아니면 아내에게 계속 화를 낼 수 있죠. 만약, 아내를 있는 그대로 사랑하는 관계를 선택한다면, 행복한 여자와 사랑이 넘치는 관계를 만들 수 있을 거예요. 물론 약속 시간에는 늦는 일이 생기겠지만요. 아내가 늦는다고 원망하는 선택을 한다면, 삶은 불행의 연속이겠네요. 자, 여기서 당신은 어떤 선택을 할 건가요? 행복인가요, 불행인가요?"

"쉽게 선택할 수 있는 것처럼 말씀하시네요."

"쉬워요."

"당연히 행복한 걸 선택하고 싶죠. 그런데 행복을 선택한다는 게 아내가 약속 시간에 계속 늦는 걸 의미하나요?"

"그렇죠. 아내는 당신과 같은 방법으로 삶의 지혜를 배워요. 실수하는 걸 통해서 배우지요. 누군가 실수를 하면 어떤 사람들은 불편을 겪게 될 수밖에 없죠. 이 경우, 아내가 약속에 늦으면 당신이 불편해지겠네요. 하지만 아내의 행복에 진심으로 관심을 갖는다면, 아내가 늦는 문제는 그렇게 심각한 문제가 아닐 거예요. 여기서 중요한 것은 이거예요. 당신이 화가 난다는 것은 삶에서 사랑을 충분히 받지 못했다는 것이고, 그 상태로는 아내의 행복에 진정으로 관심을 가질 수 없다는 걸 의미합니다. 그래서 스스로 불편함을 겪지 않는 데 더 집중하고 있죠. 사랑이 충분하지 않으니 당연한 결과입니다."

지혜로운 친구로부터 에드워드는 있는 그대로 받아들여졌다고 여겼고, 자신의 진실이 보였다.

비난하고 화를 내는 것은 스스로 아무런 힘이 없다고 느끼며 자신을 보호하고자 할 때 하는 행동인데, 이 행동으로는 결코 행복해질 수 없다. 우리가 정말 필요로 하는 것은 진실을 말하고 또 있는 그대로 받아들여지는 것이며, 조건 없이 사랑을 받는 것이다. 사랑을 받을수록 공허함과 두려움 그리고 우리를 항상 따라다니던 화 또한 사라지게 될 것이다.

이 대화를 한 후 에드워드는 지혜로운 친구에게 다시 전화를 했다.

"아만다가 또 늦었어요. 제가 이기적인 걸 아는데, 그래도 화가 나요."

"에드워드, 저는 삶의 대부분을 화를 내면서 보냈어요. 저 또한 이제야 진실을 말하는 법을 배우고, 있는 그대로 나를 사랑해 주는 사람들을 찾았죠. 사랑을 충분히 받게 되니까 사람들에 대한 기대와 화는 천천히 사라졌어요. 당신도 그럴 거예요. 지금은 당신이 할 수 있는 최선을 다하고 있어요. 지금 자신이 얼마나 이기적이었는지, 진실을 말하고 있죠. 기분이 어떠세요?"

지혜로운 친구가 물었다.

"내 자신이 이기적이고 어리석다는 걸 인정했을 때, 이렇게 있는 그대로 받아들여지긴 처음이네요. 기분이 좋아요."

에드워드는 그동안 사랑을 받지 못했다고 느꼈기에, 아내가 늦을 때마다 자신에게 관심이 없다는 증거로서 바라보았다. 그는 분노함으로써 마음속의 외로움 그리고 자신이 할 수 있는 것이 아무것도 없다는 느낌을 줄이고자 했다. 그러나 에드워드는 다른 선택을 했다. 그는 화와 갈등을 없애는 다섯 단계 중 네 단계를 밟았다. 아내에게 화가 나는 순간, 그것을 표현하며 쏟아붙이지 않고 말을 멈추었다. 그리고 화가 나는 것은 자신의 잘못이라는 사실을 기억하고 인정했다. 또한 지혜로운 친구가 자신의 행복에 관심을 갖고 있다는 사실도 기억하며 사랑을 느꼈다. 마지막으로, 지혜로운 친구에게 전화를 해서 필요한 사랑을 받았다.

💙 다른 사람들이 우리를 공격할 때

다른 사람들이 우리를 공격할 때 어떻게 대처해야 하는지에 대해 에드워드의 또 다른 사례를 통해 살펴보자.

에드워드가 샤워를 마치고 나면 욕실은 항상 엉망진창이었다. 아만다는 화가 나서 잔소리했고, 그럴 때마다 에드워드는 자기만 지저분한 것이 아니라 아내 또한 방을 어지른다고 반박하며 싸웠다. 그리고는 아내를 피해 쿵쿵거리며 방을 나가서는 대화하는 것을 거부했다. 이는 도망치다. 에드워드는 이 두 가지 얻고 보호하는 행동을 자주 사용했다. 하지만 이번에는 지혜로운 친구와 대화했던 내용 중 스스로 방어하는 행동은 자신을 행복하게 만들어 준 적이 결코 없다는 말을 떠올렸다.

에드워드는 아내가 화를 내며 쏘아붙이는 순간, 나쁜 말들을 내뱉을 것 같아 입을 다물기로 결심했다. 그리고 아내에게 "미안, 당장 전화해야 해서 나가야 해. 전화하고 바로 돌아올게. 그때 다시 대화하자."라고 말하며 자리를 잠시 떠났다. 그리고 지혜로운 친구에게 바로 전화를 했다. 사랑을 느낄 필요가 있었기 때문이다. 아내를 두고 나가 버린 것은 예전과 같은 행동이었지만, 이번에는 도망친 것이 아니었다. 방을 나간 이유는, 사랑받고 다음 행동을 어떻게 해야 할지를 배우기 위함이었다. 고통으로 마음의 문을 닫아 버린 것과는 다른 행동이었다.

"아만다가 저에게 고함을 질러요. 뭘 해야 할지 모르겠어요. 큰 싸움이 되기 전에 잠시 전화를 한 거예요."

"점점 똑똑해지시네요. 당신도 알겠지만, 아내가 다른 사람으로 변하길 요구할 순 없어요. 그럴 가능성도 없고요. 하지만 지금 이 순간 당신이 할 수 있는 행동이 있어요. 진실을 말하는 거죠."

"무슨 진실을 말하라는 거죠? 저에게 전혀 고마워하지도 않는 아내에게 화가 난다는 걸 말하라는 건가요?"

"네. 먼저, 화가 난다는 것부터 봅시다. 화를 내는 동안에도 있는 그대로 받아들여지는 게 중요해요. 그런데 지금 아내의 상태로 보아 그녀에게 화를 표현하는 것은 효과적이지 않겠죠. 아내는 당신의 화를 있는 그대로 받아들일 준비가 된 거로 보이진 않거든요."

"그러니까 당신에게 전화를 한 거예요."

"아주 현명한 선택이에요. 아만다와 대화했을 때보다 지금은 기분이 좀 어떤가요?"

"아내가 고함을 지를 때보다는 한결 나아졌어요."

"그렇다면, 이제 조금 더 어려운 대화를 해봅시다. 당신은 아내가 '고마워하지도 않는다'고 했어요. 당신은 아내가 공격할 때 겁에 질리며, 자신을 즉각적으로 보호하기 시작하죠. 적어도 당신의 머릿속에서는 말이죠. 화를 낸다는 것이 얼고 보호하는 행동 중 하나라는 건 보기 쉬워요. 공격하기의 일종이죠. 하지만 고마워하지 않는다고 생각하는 건 보호하는 행동 중 하나라는 걸 보기가 쉽지 않아요. 볼 수 있나요?"

에드워드는 눈을 살짝 찌푸리며 인정한다는 표정을 지었다.

"사실, 이제 보이네요. 제가 피해자 행세를 한 거네요. 그렇죠? 제가 피해자 행세를 하고 있었다니…. 기분이 좋진 않군요."

"네, 맞아요. 창피해할 일은 아니에요. 진실을 직면하는 것뿐이니까. 조금 더 살펴봅시다. 당신이 말로 표현하며 싸움을 같이한 것은 아니지만, 침묵으로라도 화를 내며 공격하고 또 피해자 행세를 했다면, 그 순간 당신은 아만다에게 어느 정도의 사랑을 주고 있었을까요?"

"아무것도 주지 않았겠죠."

"정확해요. 마음속으로 화를 내고, 아내에게 무신경했죠. 남편으로서 그것보다 더 이기적이고 볼썽사나운 일은 없을 거예요. 그럼에도 불구하고 당신은 자신의 부족한 부분에 대해 지금 저와 솔직하게 대화하고 있어요. 이렇게 솔직하게 대화할 수 있는 사람은 지구상에 아주 극소수뿐이죠. 아주 위대한 일을 하고 있다고 생각해요. 이제 기분이 어때요?"

"남은 시간을 당신이랑 계속 대화하고 싶네요. 아내랑 다시 실랑이를 할 바에는요."

"필요한 만큼 저와 대화합시다. 사랑을 충분히 받으면 돌아가서 아내에게 당신의 진실을 말할 수 있을 거예요. 가치 없는 다툼을 할 필요가 없어질 겁

제9장 진정한 사랑을 찾는 길에서 마주치는 장애물

니다. 자신의 잘못을 인정하는 게 당신과 아내에게 얼마나 안도감을 주는지 겪어 보지 않으면 모를 거예요."

"제가 저지른 일은 욕실을 약간 엉망으로 만든 것뿐인데, 아내가 저에게 고함을 지르는 게 정당화될 수 있나요?"

그러자 지혜로운 사람이 웃었다.

"물론 정당화되지 않죠. 우린 여기서 아내에 대해서는 대화하지 않아요. 당신에 대해서만 대화하죠. 아내를 욕하고 비난하면서 싸우고 싶으신가요? 아니면, 사랑이 넘치고 행복해지는 방법을 배우길 원하시나요? 제 생각에는 어떻게 비난하고 싸우는지는 이미 잘 알고 계신 거 같은데, 이번에는 새로운 걸 배워 보면 어때요?"

"좋아요."

"욕실을 엉망으로 만들고 나온 건 생각 없는 행동이었죠?"

"그렇죠. 그런데…."

지혜로운 사람이 끼어들었다.

"자, '그런데'라는 말을 뺍시다. 그 순간 당신은 생각이 없고 이기적이었다는 것은 사실이에요. 그렇다고 해서 당신이 나쁜 사람이 되는 건 아니에요. 하지만 스스로 한 행동을 있는 그대로 받아들이지 않는다면 행복하고 사랑 넘치는 관계는 유지할 수 없을 겁니다. 지금 당신이 저지른 실수를 인정하고 싶지 않은 이유는, 지금까지 당신이 실수를 저질렀을 때 사람들의 사랑이 줄어드는 걸 느꼈기 때문이에요. 하지만 전 아니에요. 그러니 이 작은 진실과 마주해 봅시다. 만약, 당신이 아만다에게 진정으로 신경을 썼다면, 욕실을 엉망으로 해두고 그냥 나오지는 않았을 거예요. 그렇죠?"

"그런 거 같네요."

"자, 이제 사랑을 충분히 받았으니, 아만다에게 가서 진실을 말하세요."

"이제 할 수 있을 것 같네요. 아내와 대화하기 전에 당신과 대화를 해서 아주 많은 도움이 되었어요. 있는 그대로 받아들여졌다고 느꼈어요."

"제가 그걸 잘 알죠. 저도 아내와 싸우는 도중 다른 친구와 수만 번 전화를 해야 했거든요. 저는 이제 아내와 다투지 않아요. 다툼이 없는 관계는 훨씬 더 재밌죠."

에드워드는 아만다에게 돌아가서 자신이 생각이 없었으며, 잘못했다고 인정했다. 아내는 잠깐 멍하니 그를 바라보다가 지나치게 고함을 지른 것을 에드워드에게 사과했다. 이 사건이 둘의 관계에서 터닝 포인트가 되었다.

이처럼 사람들은 공허하고 겁에 질리기 때문에 화를 낸다. 상대방의 공격을 우리가 방어할 때마다 상대는 이전보다 더 두려움을 경험하고, 또 다시 격렬하게 보호하는 행동을 하게 된다. 그렇게 악순환이 반복된다. 이 악순환은 진실을 말함으로써 멈출 수 있다. 서로 의견이 다르다는 것을 인정하거나 한쪽이 잘못을 인정할 때, 다툼이 지속되는 것은 어렵다. 더 나아가 진실을 말하고 또 사랑받는 것을 연습할수록, 공격하고 있는 사람에게까지 사랑을 줄 수 있게 된다.

어떤 사람들은 화를 겉으로 표현하지 않으면서 상대를 비난할 때도 있다. 그것 역시 일종의 공격하기다. 사랑으로 비판하는 것은 가능하다. 그러나 우리가 사람들을 비판할 때는 자신을 보호하기 위해 혹은 자신이 중요하다는 느낌을 받으며 힘을 얻기 위해서가 대부분이다.

베키의 사례를 통해 이를 살펴보자.

베키는 부모님에게 지금 막 집을 구매했다고 말씀드렸다. 그러자 베키의 아버지는 집을 사면서 베키가 얼마나 많은 실수를 저질렀는지에 대해 하나하나

지적하기 시작했다. 그 마을의 집값이 떨어지고 있으며, 베키가 받은 주택담보대출의 이자가 너무 높으며, 집은 너무 오래되었다는 등 끝이 없었다.

베키는 어린 시절부터 느껴 왔던 감정이 다시 수면 위로 떠올랐다. 베키는 스스로 멍청하고 또 사랑받지 못한다고 느꼈다. 아버지에게 '자신을 있는 그대로 받아들이지 않는다'고 피해자 행세를 하며 화를 내고 싶은 충동이 들었다. 하지만 그 대신 지혜로운 친구에게 전화를 해서 진실을 말했다.

베키는 지혜로운 친구에게 부동산에 대해 아는 것이 별로 없어서 집을 사는 데 있어 몇 가지 실수를 했고, 지금 상태는 자신이 사랑을 받고 있는지조차 확신이 들지 않으며, 이런 상태에서는 어떤 비판이라도 위협적으로 다가온다는 사실을 인정했다. 베키는 이 모든 것이 아버지의 잘못이 아니라 자신의 문제라는 것을 알았다. 진실을 말하면서, 있는 그대로 받아들여지고 또 사랑받았다고 느끼자 마음속에 화는 사라졌다.

사람들이 우리에게 불친절하게 대하거나 비난할 때, 그 자체가 그들이 자신을 보호하는 행동이다. 그 보호하는 행동으로부터 우리는 또 스스로 보호하는 행동을 한다. 얻고 보호하는 행동으로는 사랑을 받고 또 행복을 느끼는 것은 불가능하므로, 어리석은 행동으로 인해 이런 악순환이 반복되지 않도록 주의해야 한다. 역설적이지만, 진정한 평온함은 얻고 보호하는 행동을 완전히 내려놓은 후 자신의 진실을 말하고 나서야 우리에게 찾아온다. 특히 자신이 저지른 실수들이나 약점에 대해 진실을 말했을 때, 비로소 우리는 진정한 평온함을 느낄 수 있다.

사랑을 받는다고 느낄 때 비로소 우리를 향한 비난들이 무엇을 나타내는지를 제대로 볼 수 있다. 이것은 겁에 질린 사람들이 더 깊은 공허함과 두려움으로부터 자신을 보호하고자 하는 노력인 것이다. 상대를 제대로 볼 수 있을 때 우리는 자신을 보호하는 행동을 멈추고, 상대를 있는 그대로 받아들일 수 있게 된다.

베키의 아버지는 나쁜 의도를 가지고 베키를 비판을 했던 것은 아니다. 그 자신도 조건 없이 사랑을 받지 못했기에, 누군가에게 자신이 아는 게 많다는 것을 보여 주고 또 조언해 주면서 순간적으로나마 자신의 가치를 높이고 또 외롭다는 감정을 줄일 수 있었던 것이다. 불행하게도, 베키의 아버지가 한 행동은 다른 사람들의 눈에는 잘난 체하며 비난하는 것으로 나타났기 때문에, 사람들에게 환심을 사고 싶었던 희망과는 점점 더 멀어지고 또 자신을 더 외롭게 만들었다. 하지만 베키는 진정한 사랑을 점점 더 받게 됨으로써 아버지가 비난조로 말을 하더라도, 그를 있는 그대로 받아들이며 사랑할 수 있게 되었다.

💕 사람들이 피해자 행세를 할 때

피해자로 존재한다는 것은 다른 사람들이 우리에게 이익이 되는 행동을 할 의무가 있다는 믿음으로부터 나온다. 이것은 두려움과 화의 합작품이라고 할 수 있다. 피해자 행세는 우리가 받아야 할 만큼 대접을 받지 못했다는 분노와 상대로부터 상처받을 것이라는 두려움에서 비롯된다.

피해자들은 "당신이 나에게 한 짓을 좀 봐.", "당신이 나에게 어떻게 대했어야 했는지 생각해 봐."라고 울부짖는다. 피해자들은 다른 모든 사람이 자신이 원하는 것을 우선적으로 생각해야 한다고 믿는다. 그리고 원하는 것을 얻지 못하면, 이는 매우 불공평하다고 믿는다.

로리와 필의 사례를 살펴보자.

로리와 필은 결혼을 한 지 10년이라는 세월이 흘렀고, 두 자녀가 있다. 그런데 부부 사이에 싸움이 계속해서 일어났다. 로리는 필에게 불평을 늘어놓기 시작했다.

"당신은 나와 전혀 시간을 같이 보내지 않아."

"무슨 소리야? 항상 같이 지내고 있잖아. 당신은 고마워하기는커녕 언제나 불만스러워하지."

필은 반박했다. 로리와 필은 서로 피해자 행세를 하고 있는 것이다. 로리는 자신이 필요로 하는 것을 필이 언제나 만족시켜 주기를 원하고, 자신이 원하는 만큼 최대한 함께 지낼 의무가 있다고 생각했다. 또한 필은 로리가 자신에게 언제나 고마워해야하고, 어떤 기대도 해서는 안 되며, 자신의 진심을 오해해서도 안 된다고 생각했다. 이 둘은 배우자가 기대를 충족시켜 주지 않을 때 서로 상처받은 것처럼 행동하는 선택을 매 순간 하고 있었다.

피해자로 존재할 때는 우리가 만나게 되는 모든 관계에서 심각한 어려움에 처한다. 피해자들은 세상 모든 사람을 상처를 주는 가해자로 바라보거나, 자신들을 위해 뭔가를 해 줘야 하는 사람으로 바라본다. 쉽게 말해, 자신들을 행복하게 만들어 주거나, 상처를 주는 도구로 보는 것이다. 그 결과, 이들은 관계라는 것 자체를 유지할 수 없다. 이는 우리가 도구와 관계를 형성하는 게 불가능한 것과 마찬가지다.

당신이 피해자 행세를 할 때 혹은 피해자 행세를 하는 사람을 만나는 순간, 그 상황을 해결하는 방법은 이것이다. 자신의 진실을 말하고 사랑을 받고, 상대에게 사랑을 주어야 한다. 거짓말을 할 때나 공격을 할 때와 같은 해결법이다. 사랑을 받으면서 동시에 피해자 행세를 하는 것은 불가능하다.

로리는 지혜로운 친구 두 명과 점심을 먹으며, 남편이 자신과 시간을 충분히 보내지 않는 것은 물론 애정 표현을 더이상 하지 않는다고 하소연했다. 친구들은 로리가 동정이 필요한 것이 아니라는 사실을 알았다. 그녀가 필요한 것은 자신을 제대로 보이고, 있는 그대로 받아들여지는 것이었다. 그래서 그녀에게 진실을 말했다. 로리가 화가 나 있으며, 이기적이고, 요구적이라고 말해 주었다. 로리는 그 말을 듣고 자신이 잘못한 것을 인정할 수 있었다. 그럴 수 있었던 이유는, 이 두 친구가 자신을 있는 그대로 받아들이고 또 사랑하고 있다는 것을 이전부터 느꼈기 때문이다. 이처럼 잘못된 행동을 하고 있음에도 불구하고 누군가에게 있는 그대로 받아들여지는 경험은 경이롭다.

로리는 지혜로운 친구들을 계속해서 만나며 자신의 진실을 말해 왔다. 그렇게 사랑을 충분히 받고 나서 몇달 뒤, 필에게도 진실을 말할 수 있었다. 지금까지 자신이 이기적이었고, 많은 순간 필에게 감사하지 않았다고 말했다. 필은 아내로부터 더이상 공격받지 않는다고 느꼈고, 도망칠 이유가 없어졌다. 그리고 둘의 관계는 부쩍 좋아졌다.

💙 사람들이 관계로부터 도망칠 때

사람들은 자신을 보호하기 위해 관계에서 도망친다. 신체적으로 멀어지거나 감정적으로 숨어 버리는 것을 모두 도망치기라고 한다. 술을 마시고 또 마약을 하는 것도 현실로부터 도망치는 행위다. 앞서 스포츠에 흥미가 없다는 것을 동료들에게 말할 수 없었던 엔드류는 거짓말과 동시에 도망치기를 했던 것이다.

그러나 얻고 보호하는 행동의 해결책은 모두 한결같다. 우리가 도망치는 것을 직면하고 진실을 말하고, 사랑을 받고, 있는 그대로 받아들여질 기회가 필요하다. 그리고 이 행동들을 실천하기 위해서는 상당한 믿음이 있어야 한다.

다른 사람들이 우리로부터 숨거나 도망치는 이유는, 겁에 질린 채 자신을 보호하기 위해서다. 우리가 그들에게 진실을 말하고 사랑을 주면, 다시 관계를 형성할 수 있는 가능성을 만들고, 서로 신뢰할 수 있게 된다. 이 관계의 가능성은 상대가 도망치는 것을 멈춰야 한다는 의무감을 주는 것이 아니다. 그저 그들 스스로 솔직한 관계를 맺고 싶다는 의지를 갖게 할 수 있고, 우리로부터 도망쳐야 한다는 두려움이 줄어들 수 있다.

자신의 진실을 말하고, 조건 없이 사랑을 받는 것만큼 행복한 경험은 세상에 없다. 그 행복을 경험하고 나면 돈, 힘, 칭찬, 섹스 혹은 다른 오락거리들로부터 얻을 수 있는 즐거움은 비교적 가치가 없는 것처럼 느끼게 된다. 더 나아가 사랑을 느끼면 느낄수록 주변 사람들에게 사랑을 돌려줄 수 있게 되니, 이들과 긍정적인 관계를 형성하게 되어 당신과 함께 지내는 사람들조차 얻고 보호하는 행동을 할 필요가 없게 된다.

한편, 때때로 당신이 주는 사랑에 긍정적으로 반응하지 않는 이들도 있을 것이다. 그동안 쌓인 상처들 때문에 너무 고통스럽고 두려운 나머지 자신을 지속적으로 보호하는 것이다. 삶에서 가장 필요한 진정한 사랑을 받는 순간조차 자신을 보호하고 마는 것이다. 그러나 당신이 계속해서 사랑을 받고 또 나누는 동안 어떤 이들이 부정적으로 반응할 수 있으나 당신에게 일말의 영향도 주지 못할 것이다. 당신은 언제나 행복할 수밖에 없다. 이처럼 다른 사람들에게 사랑을 나누며 산다는 것은 언제나 행복한 일이다.

이혼을 포함한 관계를 떠나기

삶을 진정한 사랑으로 가득 채우고, 이를 방해하는 모든 장애물을 최선을 다해 피한다고 하더라도 다양한 이유로 인해 때때로 관계를 끝내야 하는 경우가 있을 것이다. 그런 일이 왜, 어떻게 발생하는지를 이해할 필요가 있다.

관계에서 두 사람이 자신의 진실을 서로 말한다면, 사랑이 넘치는 관계를 유지할 수 있다. 하지만 어떤 이들은 너무나 오랜 시간 동안 공허하고 겁에 질린 나머지 자신의 진실을 말할 의지가 없거나, 진실을 말하는 것 자체가 불가능한 감정적인 장애 상태에 있을 수 있다. 우리에게 주어진 시간이 무한해서 만나는 모든 사람과 사랑이 넘치는 관계를 형성할 수 있다면 좋겠지만, 주어진 시간은 제한적이고 아주 소중하다. 그 시간 안에 할 수 있는 한 많은 것을 배우고, 사랑하고, 행복을 채워 가야 한다. 그러므로 살아가며 관계를 지속적으로 맺고, 유지하거나, 끝내는 선택을 해야만 한다.

그 과정에서 어떤 이들은 계속해서 거짓말을 하거나 자신을 보호하고, 불행한 삶을 선택할 것이다. 그러면 그들 스스로 그런 선택을 하도록 허용해야 한다. 우리는 이들을 여전히 있는 그대로 받아들이고, 이들의 행복에 관심을 가질 수 있다. 하지만 거짓말을 계속하는 사람과 진정한 사랑을 나누는 것은 불가능한 일이다. 진정한 사랑을 주고받는 것이 인생의 목표라고 본다면, 이들은 사랑이 넘치는 관계를 선택하지 않았으므로 이들과 시간을 계속 보내는 것은 비효율적이라고 할 수 있다.

만약, 내가 친구에게 진실을 말하기로 결심했는데 친구는 진실을 말하지 않는다면, 서로 다른 길을 가겠다고 결정을 한 것이다. 이 상황에서는 사랑이 넘치는 관계가 가능하지 않다. 친구가 다른 길로 가겠다는 결정을 했다면, 그 선택을 있는 그대로 받아들이는 것이다. 상대가 스스로 변하지 않는데, 변하기를 희망하는 것보다는 이 사람과 솔직한 관계가 아니라는 사실을 때때로 인정하는 편이 나을 것이다.

나는 여기서 누군가 거짓말을 하는 그 순간, 관계를 끝내라고 제안하는 것이 아니다. 사람들은 때에 따라 거짓말을 한다. 더불어 사랑을 주지 않는 상대와의 관계를 무조건 끝내라고 말하는 것도 결코 아니다. 우리는 가끔 일방적인 관계를 경험한다. 이는 어느 정도 필요한 경험이다. 사랑이 없는 상태에 있을 때 사랑을 채워야 할 필요가 있듯이, 돌아오는 것이 없거나 돌아오는 것을 기대하지 않고 누군가를 사랑해 주는 경험도 필요하다. 이것이 조건 없는 사랑의 정의다. 하지만 누군가 진실을 말하는 것을 습관적으로 거절한다면, 더불어 우리에게 공격적이며 우리 안에 있는 공허함과 두려움을 증폭시키는 사람이라면, 그 관계를 유지하는 것은 비효율적일 것이다. 더욱이 그런 관계를 계속 유지하는 것 자체가 사랑하는 법을 배우는 데 장애가 될 수 있다. 그렇기 때문에 그런 사람과는 관계를 끝내는 것이 최선이다.

하지만 상대와 함께 시간을 보내지 않겠다고 결정하더라도 상대의 행복을 위해 조건 없이 관심을 갖는 것은 가능하다.

조안의 사례를 살펴보자.

조안은 진실을 말하는 것을 배우면서 사랑을 느끼고, 사랑을 돌려주는 능력도 쌓아 가고 있었다. 하지만 가장 오래된 친구 두 명은 조안에게 진실을 말하는 것을 원하지 않았다. 지속해서 다른 이들의 뒷담을 하고, 화를 내고, 피해자 행세를 했다. 그리고 사람들로부터 인정받기 위해 상대를 조종했다. 진정한 사랑을 충분히 주고받는 데 익숙하지 않았기에, 이 친구들과 함께 시간을 보내고 나면 지혜로운 사람들과의 사랑의 경험이 어떠했었는지 잊어버리게 되고, 공허함과 두려움은 다시 찾아왔다. 그리고 얻고 보호하는 행동도 다시 하기 시작했다. 마침내 조안은 이 친구들과 함께 시간을 보내면서 행복을 경험한다는 것은 어렵다는 사실을 깨달았다. 조안은 이 친구들을 여전히 사랑했으며, 이들의 행복에 관심이 있었지만, 함께 시간을 보내는 것은 서로 도움이 되지 않는다는 사실을 알게 되었던 것이다.

그렇다면 상대가 진실을 말할 의향이 있는지 없는지, 사랑이 넘치는 관계를 함께할 의향이 있는지를 우리가 미리 알 방법이 있을까? 어떤 사람은 지금 이 순간은 그럴 의지가 없을지라도 이후에 마음을 다시 바꿀 수 있지 않을까? 이에 대한 해답은 오직 그들에게 우리의 진실을 지속해서 말하고, 그들에게 사랑을 주고, 진실을 말할 기회를 주는 것밖에는 대답을 찾을 수 없다. 대부분의 사람들은 처음에는 진실을 듣거나 자신의 진실에 직면하는 것에 저항한다. 만약, 사람들이 거짓말을 하거나 자신을 보호하는 행동을 할 때마다 우리가 관계를 끝내 버린다면, 우리 주변에는 아무도 남아 있지 않을 것이다.

또한 상대방이 지속적으로 거짓말을 했을 때, 관계를 지속할지 말지를 결정할 수 있는 사람은 우리 자신뿐이다. 관계를 포기하기 전까지 얼마나 많은 시간과 노력을 투자할 것인가? 이 질문에 대한 답은 우리가 충분히 사랑받고, 사랑을 돌려주는 방법을 배우고 나서야 비로소 대답할 수 있을 것이다. 그리고 스스로 많은 실수를 하고 나서야 충분히 배울 수 있다.

추운 겨울이었다. 나는 친구와 등산을 갔다. 높은 협곡 사이에 흘러내리는 차가운 물살을 거슬러 올랐다. 강물을 건너기 위해 수영도 해야 했다. 물은 얼음처럼 차가웠고, 올라가는 도중 몇 번이나 멈춰서 불을 지펴 다리의 감각을 되찾아야 했다.

우리가 등산을 위한 준비를 제대로 하지 않은 것만은 분명했다. 날씨를 대비한 따뜻한 옷도, 충분한 음식도, 필요한 장비들도 없었다. 지도조차 없이 등산을 시작했던 것이다. 우리에게 있는 정보는 따뜻한 여름날 이 산을 내려

왔다는 지인의 말뿐이었다. 그 당시에는 날씨가 이만큼 춥지 않았다. 지인은 우리에게 산을 오르다 보면 몸을 녹일 수 있는 작은 오두막을 찾을 수 있을 거라고 했다.

등산은 악몽처럼 느껴졌다. 강물은 듬성듬성 얼어 있었고, 물길을 거슬러 올라가는 방법은 팔다리로 얼음을 깨부수는 것뿐이었다. 우리는 매우 느릿느릿 강을 거슬러 올라갈 수밖에 없었는데, 온몸이 고통스러웠다.

이튿날도 오두막은 보이지 않았다. 배가 너무 고팠고, 온몸은 꽁꽁 얼어붙어 있었다. 식량도 떨어졌기에 오두막을 찾는 걸 포기해야 했다. 지친 몸으로 힘겹게 텐트를 치고 불을 지폈다. 그러나 작은 모닥불로는 추위가 해결되지 않아 덜덜 떨며 잠들었다. 불 가까이 누웠다가도 침낭이 불에 탈까 봐 잠에서 깨기를 반복했다. 끔찍한 밤을 보냈다.

다음 날 아침에 눈을 떴을 때, 우리 눈앞에는 믿을 수 없는 광경이 펼쳐졌다. 그렇게 찾아 헤매던 오두막이 강 건너편, 100m도 안되는 거리에 있었던 것이다. 딱 5분만 더 걸었더라면, 따뜻한 음식을 먹고 포근한 침대에서 잠을 잘 수 있었으리라.

인생은 이와 같다. 만약, 우리가 조금 더 사랑하고 또 조금 더 노력한다면, 말로 표현할 수 없는 보람 있는 관계를 형성할 수 있을지도 모른다. 한 발자국만 더 나아가면 되는 것이었는데, 포기를 한다면 얼마나 비극적인가? 그럼에도 불구하고 어떤 관계는 유지하는 것 자체가 불가능할 수 있다. 이럴 때는 끝내는 것이 바람직하다. 우리가 만나는 모든 사람과 함께 시간을 보내야 하는 의무는 없다. 우리에게 있는 시간을 가장 지혜롭게 사용할 방법을 매순간 선택해야 한다.

우리가 진실을 말하고, 진정한 사랑을 나누는 것에 대한 중요성을 이해하고 나서야 비로소 함께하고 있는 상대와 시간을 계속해서 보내는 것이 지혜로울지 빠르게 결정할 수 있다. 상대방이 사람들을 조종하고 또 진실을 말하는 것을 명백하게 저항하고 있다면, 무엇을 위해 상대방을 변화시키려고 애쓰겠는가? 그런 사람들을 만나게 되면 함께 시간을 더 보내기보다는 진실을 말하고 또 진정한 사랑에 관심이 있는 사람을 만나기 위해 관계를 떠나는 것이 최선일 것이다.

제프는 일 년 정도의 기간 동안 진정한 사랑을 배워 왔다. 지혜로운 사람들과의 모임에서 여자 친구 줄리아와 결혼을 생각하고 있다고 말했다. 지난 4개월간 연애를 했는데, 몇 가지 고민이 있어 이렇게 물었다.

"사실, 조건 없는 사랑인지 아닌지, 판단하지 못하겠어요. 특히 여자와 관계된 일이라면 더욱 그래요. 줄리아가 정말 맞는 사람인지를 어떻게 알 수 있죠?"

"그녀와 잠자리를 가졌나요?"

지혜로운 친구가 물었다.

"아니요. 과거의 경험들도 있고, 여기서 배운 것도 있어서 잠자리는 하지 않았어요."

"훌륭한 선택이었어요. 줄리아에 대해서 좀 더 말해 볼래요?"

"줄리아는 아름답고, 지적이고, 유머 감각이 있어요. 많은 재능을 가지고 있죠. 관심사도 비슷하고, 함께 있을 때 즐거운 시간을 보내요."

"아내에게 사랑받길 원하나요? 아니면, 아내와 즐거운 시간을 보내길 원하나요?"

"따질 필요도 없이 사랑을 받고 싶어요."

"그럼, 당신이 말한 모든 긍정적인 특성을 다시 생각해 보세요. 줄리아는 아름답고, 지적이고, 유머 감각이 있지요. 그녀가 가진 것들이 조건 없이 사랑을 주는 특성인가요, 아니면 당신을 즐겁게 해주는 특성인가요?"

"그 질문을 받기 전까지 그렇게 생각해 본 적이 없네요. 줄리아를 좋아하는 모든 이유를 고려해 봐도 조건 없는 사랑과는 아무런 상관이 없네요. 하지만 저는 그녀의 행복에 관심이 있어요."

"제프, 당신의 말을 믿어요. 저는 일 년 동안 당신과 대화를 해 왔어요. 당신은 여기서 사랑을 받고, 사랑을 돌려주고, 사람들의 행복에 관심을 갖는 것에 대해 배웠을 거예요. 이제 연인과의 만남에서도 사랑과 관심을 줄 수 있는 사람과 관계를 맺길 원하겠죠? 그렇지 않나요?"

"물론이죠."

"줄리아라는 사람이 당신에게 맞는 사람인지 아닌지, 내가 말해 줄 수는 없어요. 내가 신경 쓸 일이 아니니까요. 하지만 평생 함께할 파트너를 찾고 있는 사람이라면, 제안할 수 있는 게 있어요. 미래의 배우자를 찾을 때 가장 중요한 특성을 꼽자면, 바로 이걸 거예요. '이 사람은 자신의 잘못을 인정하는가?'"

"더 설명해 주세요."

"사람들이 자기 잘못을 인정할 수 있다면 자신의 진실을 말할 수 있다는 걸 의미해요. 진실을 말할 수 있다면 사랑을 받고, 사랑을 돌려주는 것도 배울 수 있죠. 자신의 잘못을 인정하지 못하는 사람은 아무것도 배우지 못해요. 자기 행동이 오로지 옳다고만 생각하는 사람이 뭘 배울 수 있겠어요? 하지만 잘못을 쉽게 인정하는 사람은 많은 것을 배울 수 있죠. 사랑이 넘치는 관계를 어떻게 만들 수 있을까, 하는 것도 포함해서 말이죠. 그게 당신이 찾는 것

아닌가요?"

"맞아요."

"줄리아에 대해 묻고 싶은 아주 중요한 질문은 이거예요. 줄리아가 뭔가 잘못했을 때, 어떤 일이 일어나나요? 예를 들어, 줄리아가 화를 내거나, 당신이 그녀의 의견에 동의하지 않았을 때 어떤가요? 당신이 그녀가 원하는 일을 하지 않았을 때는 어떻죠? 자신이 화가 난 것을 인정하나요? 혹은 자신의 잘못을 인정하나요?"

제프는 긴 한숨을 내쉬었다.

"그런 식으로 줄리아와의 관계를 바라본 적이 없어요. 그저 좋은 시간을 보내고 싶었어요. 줄리아는 자기 식대로 안 되면 짜증을 내거나 토라질 때가 있어요. 부끄럽지만, 저도 갈등이 일어날 것 같은 상황 자체를 피했어요. 그냥 져 주었죠."

"제프, 지금까지 당신이 배운 진정한 사랑을 줄리아에게 나누어 준 적 있나요? 자신의 진실을 말하거나, 있는 그대로 받아들여지는 느낌 같은 거 말이에요."

"네, 그런 내용에는 관심이 없어 보였어요. 과거나 현재에 한 실수들에 대해 말했을 때는 불편해 보였고요. 그리고 줄리아는 저와 자신이 한 실수를 나눈 적이 한 번도 없어요. 의견 차이가 발생하면 줄리아는 자신이 항상 옳다고 생각했는데, 저는 그녀가 그러도록 내버려 두었으니까요. 하지만 그녀의 매력적인 특성들을 보고, 여전히 좋은 관계를 맺을 수 있을 거라고 생각했어요."

"과거에 줄리아처럼 재미있고, 아름다운 여성을 만나 본 적 있나요?"

"그렇죠."

"그 여성들과 당신이 원했던 사랑이 넘치는 관계가 이루어졌나요?"

제프는 헛웃음이 나왔다.

"아니요. 무슨 말인지 이제 알겠네요. 다른 여자들과 했던 것처럼 줄리아와 또 같은 실수를 반복하고 있었군요. 재미있고 아름다운 여자와 결혼도 한 번, 이혼도 한 번 했죠. 전 와이프도 재능이 많았죠. 그리고 그녀를 만나는 흥미로움과 신남은 얼마 가지 않아 사라졌어요. 그럼, 저는 이제 어떻게 해야 하죠?"

"다가올 미래에 줄리아가 진실을 말하는 것에 관심을 갖고, 조건 없는 사랑에 대해 배우고 싶을까요?"

"아니요. 관심 없다는 걸 이미 명확하게 보여 주었어요."

"제가 당신이라면, 작별 인사를 하고 바람처럼 떠날 겁니다. 이별을 미루는 건 어느 쪽에도 도움이 되지 않으니까요. 하지만 이건 단지, 제 의견일 뿐입니다. 당신이 무엇을 해야 하는지 말하는 게 아니에요. 결정은 당신이 하는 겁니다."

제프는 가짜 사랑을 주고받는 또 다른 가식적인 관계는 필요하지 않았다. 그는 진실을 말하고, 사랑을 느끼고, 다른 사람들에게 사랑을 돌려주는 법을 더 연습해야 했다. 그래서 줄리아와의 관계를 끝내기로 결심했다. 줄리아에게 이별을 고하며, 모든 책임은 자신에게 있다고 말했다. 진지한 관계를 맺기에는 자신이 충분한 사랑을 줄 수 없다고 말했다. 어떤 이유로도 줄리아를 탓하지 않았다.

앞서 소개한 조안과 제프의 두 사례에서, 둘은 진정한 사랑을 충분히 경험하는 데 있어 도움이 되지 않는 관계를 떠나는 것을 선택했다. 우리 중 많은 이에게 유용한 방법이 될 수 있다. 하지만 오랜 시간을 함께하겠다고 약속한 상황에서는 다른 방식으로 접근해야 한다. 예를 들어, 떠나고자 하는 상대가 배우자나 가족 구성원일 때 그러하다.

결혼을 예로 들자면, 배우자는 평생 함께하겠다고 약속을 한 관계다. 상대가 거짓말을 하든, 공격을 하든, 피해자 행세를 하든, 도망치든 이미 상대와 평생을 함께하겠다고 약속을 한 것이다. 결혼은 다른 사람을 사랑하는 법을 배우는 데 있어 가장 훌륭한 기회를 제공한다. 나는 지금까지 정말 끔찍한 부부 관계를 경험하면서도 오직 결혼이라는 약속을 존중하기 위해 함께 있기로 선택하는 것을 봐 왔으며, 그중에서도 몇몇은 서로 진실을 말하고 사랑을 주고받는 관계로 변화할 수 있었다.

그러나 이미 언급한 바와 같이 관계는 두 사람이 독립적으로 내린 선택들의 자연스러운 결과다. 이따금 둘 중 어느 한 사람 혹은 두 사람 다 사랑 넘치는 관계를 포기하는 선택을 하기도 한다.

신시아의 사례를 살펴보자.

신시아의 남편은 술에 취해 매일 폭력을 가했다. 수년간 폭력을 견디며 병원에 실려 간 적도 있는 그녀는 이 상황에서 진실을 말하고 또 진정한 사랑을 찾는 것을 배우는 건 불가능하다고 여기며 남편을 떠나기로 결심했다.

그리고 남편과 이혼 후 다른 도시로 이사를 했다. 지혜로운 사람들과 함께하는 모임에 나가 진실을 말하는 것을 배웠고, 진정한 사랑을 난생처음으로 느낄 수 있었다. 진정으로 행복하다는 것이 어떤 것인지를 경험하고 나서야 그녀는 자신을 조건 없이 사랑해 주는 한 남자를 만나 결혼했다. 주변 사람들은 신시아가 폭력적인 남편을 떠나는 것이 옳았다는 것을 굳게 믿었다.

신시아가 이혼을 선택한 것은 모든 사람이 인정할 만큼 옳은 선택으로 보일지 모른다. 그러나 이 선택이 항상 옳은 것은 아니다.

마이클의 사례를 살펴보자.

마이클의 아내는 입을 열 때마다 화를 냈다. 잔인한 말들을 내뱉었으며, 비판적이고, 세상 모든 것을 향해 싫은 내색을 보이는 여자였다. 많은 시간 동안 마이클은 아내를 기쁘게 해주려고 했지만, 그 노력은 언제나 실패로 돌아갔다. 결국 마이클은 우울증을 경험하고 또 고혈압에 시달리게 되었다. 그러면서 아내에게 공격받는다고 느끼며 항상 두려워했다. 아내에게 진실을 말한다는 것은 상상조차 할 수 없었다. 그는 행복이 점점 더 멀게만 느꼈다.

마이클은 아내와 이혼을 하고 다른 도시로 이사를 했다. 그리고 지혜로운 사람들의 모임에 참여하며 진실을 말하는 법을 배웠고, 진정한 사랑을 난생 처음으로 느낄 수 있었다. 신시아처럼, 진정으로 행복하다는 것이 무엇인지를 경험을 할 수 있었다. 시간이 흐르고 얼마 후, 자신을 조건 없이 사랑해 주는 여성과 결혼했다.

대부분의 사람은 신시아의 상황만큼 마이클의 선택을 축하해 주지 않는다. 아내를 무책임하게 버리고 떠나 버린 그를 비난한다. 하지만 마이클이 받은 상처가 신시아의 폭력보다 명확히 드러나지 않는다고 해서 그 고통이 덜했다는 것을 의미하지는 않는다. 그는 병원 신세를 한 번도 진 적이 없지만, 그의 삶은 신시아와 유사하게 위협받고 있었다.

두 사람의 사례를 소개하며, 신시아의 남편과 마이클의 아내를 비난하려는 의도는 전혀 없다. 우리가 여기서 배워야 할 교훈은, 신시아의 남편과 마이클의 아내 두 사람 모두 인생에서 조건 없는 사랑을 받아 본 적이 없다는 것이다. 그 결과, 자신을 보호하며 가짜 사랑을 얻는 삶을 자연스럽게 선택했다. 그렇기 때문에 사랑이 넘치는 관계를 맺는 것이 불가능했다. 신시아와 마이클이 배우자를 떠날 때, 배우자들은 사랑이 넘치는 부부 관계를 만들고자 하는 의향이 없었다. 그렇기에 신시아와 마이클은 상대의 선택을 있는 그대로 받아들였다.

이처럼 진정한 사랑을 경험한 적이 없는 대부분의 사람은 자신의 진실을 말하는 것 자체를 시작하는 것조차 매우 어렵다. 있는 그대로 받아들여지거나 사랑받는 것도 마찬가지로 어렵다.

적의가 가득한 환경에서 무언가를 배운다는 것은 사실상 거의 불가능하다. 화를 내며 우리를 조종하려는 배우자와 함께 있는 순간도 그러하다. 어떤 사람이 무신경하고 불친절하다고 해서 상대방의 불행에 책임을 져야 할 의무는 없다. 그러나 사랑받지 못한 사람이 사랑을 느끼기 위해서는 비난받거나 손가락질당하지 않는 안전한 공간, 진실을 자유롭게 말할 수 있는 쾌적한 공간을 찾을 필요가 있다. 대부분의 사람들은 이혼을 하지 않고도 그런 공간을 찾을 수 있지만, 어떤 사람은 아니다.

신시아와 마이클이 무신경하고 불친절한 파트너와 함께 계속 산다면, 자신들이 진정한 사랑을 배우지도 못하고 또 더 이상 성장할 수 없을 거라고 판단했다. 하지만 그렇다고 해서 신시아와 마이클이 관계를 실패함으로써 짊어져야 할 책임으로부터 자유롭다는 의미는 아니다.

어떤 관계라도, 그 관계를 떠나는 것은 작은 일이 아니다. 이혼은 아주 중대한 결정이다. 가능한 한 나는 이혼하라고 제안하지 않는다. 두려움에 떨며 자신을 보호하느라 정신없는 와중에는 자신이 처한 상태가 어떠한지를 제대로 볼 수가 없다. 그리고 누가 혹은 무엇이 진짜 문제인지를 인지하지 못한다.

만약, 당신이 공허하다는 것을 느끼며, 화가 났으며, 불쾌하고, 상대를 비난하고, 문제를 회피하려고 하는 상태에 있다면, 성급하게 마지막 선택이나 중대한 결정을 하려고 하지 마라. 선택을 하기 이전에 진실을 말하고, 사랑을 받고 또 사람들에게 사랑을 주는 방법을 먼저 배워라. 만약, 신시아와 마이클이 이혼을 결정하기 이전에 진정한 사랑을 배우고 이를 오랜 기간 실천해 왔다면, 아마도 이 둘의 결혼 생활은 깨지지 않았을지도 모른다.

이처럼 우리는 누구의 미래도 확신할 수 없다. 당신이 더 사랑받는다고 느끼고 또 사랑을 줄 수 있게 되면, 상황을 더 명확하게 보고 또 부부 관계에서 무엇이 올바른 선택인지를 알 수 있을 것이다.

이혼을 고려하기 전에 다음 질문을 먼저 고려해 보라.

내가 할 수 있는 모든 것을 다 했는가? 아무도 할 수 없는 일을 당신이 했는지를 묻는 것이 아니다. 오직 당신이 할 수 있었던 일들을 했는가?

당신을 있는 그대로 받아들이고 사랑해 주는 사람들에게 자신의 진실을 말해 보았는가?

다른 사람들에게 사랑을 주는 법을 배웠으며, 그 방법을 부부 관계에 적용해 보았는가?

그게 아니라면, 그저 이 어려운 상황에서 도망치고 또 모든 잘못을 배우자의 탓으로 돌리고 싶어서 이혼을 선택하려고 하는가?

사랑을 주는 사람이 되기 위해 우리가 할 수 있는 모든 것을 하지 않았다면, 이 사람과 했던 실수는 다음에 만나게 될 사람과 반복하게 될 것이다. 그 관계 역시 실패할 가능성이 있다. 또한 지금 배우자에게 당신의 행복에 대한 책임을 돌린다면, 다음 배우자에게도 그럴 것이다. 우리 자신의 느낌과 행동에 대한 결과는 우리 스스로 책임져야 한다. 서로 사랑하겠다고 약속한 관계를 떠나는 이유는, 우리 스스로 사랑을 충분히 줄 능력이 없다는 것이 대부분이다.

당신이 생각하기에 가장 끔찍하다고 여기는 관계조차 변할 수 있다. 그렇기에 상대를 일시적으로 떠나 있는 시간이 필요할 수 있다. 이로써 안전하고 혼란이 적은 환경에서 사랑하는 법을 더 쉽게 배울 수 있기 때문이다. 진실을 말하는 것을 배우고, 사랑을 느끼고, 그 사랑을 간직한 채 다시 돌아와 상대에게 사랑을 주게 되면 관계에 극적인 변화를 가져올 수 있다.

지금까지 관계를 떠나는 것에 대해 이야기했지만, 무신경하고 불친절한 배우자 혹은 친구라고 할지라도 함께하는 것이 옳을 수 있다. 그들은 결코 진실을 말하지도, 사랑을 받지도, 우리에게 사랑을 돌려주지 않을지도 모른다. 하지만 우리가 그들을 여전히 사랑하는 법을 배움으로써 엄청난 행복을 경험할 수 있을 것이다.

이 책에서 제공하는 원칙들은 진정한 사랑을 찾는 길목에서 도움을 받을 수 있다. 진정한 사랑을 찾는 여행은 결코 끝이 없다. 아래에서 더 많은 정보를 찾을 수 있다.

- https://reallove.com
- 유튜브 채널 The Real Love Company

러브잉크에서 펴낸 **첫 번째** 책을 구입해 주시고,

읽어주신 독자 여러분께 감사의 마음을 전합니다.

책을 읽은 후 소감이나 의견을 보내 주시면 소중히 받겠습니다.

고맙습니다.

옮긴이 **최이규**

역자는 부모 교육 강사로 활동하고 있다.

현재 역자는 그레그 베어 박사에게 직접 코칭을 받고, 한국에서 최초로 리얼 러브 코치가 되기 위해 훈련받고 있다. '이 귀한 책을 나만 알고 넘어갈 순 없다. 우리나라에도 알려야지!'라고 결심하고 작가의 허가를 받아 직접 출판사를 열고 번역을 시작했다.

이 책을 읽게 될 많은 사람이 삶에서 역자와 마찬가지로, 마음의 평화와 행복감을 경험할 수 있기를 바란다.

리얼러브: 조건 없는 사랑을 찾고, 충만한 관계를 만드는 비밀

발행일	2022년 7월 25일 초판 1쇄
지은이	그레그 베어
옮긴이	최이규
디자인	최이진
발행인	UYAMA YIGYU
발행처	러브잉크

http://loveink.co.kr/

loveinkbook@gmail.com

경상남도 김해시 진영읍 진영리 623-1 103동 101호

Copyright © 러브잉크, 2022, *Printed in Korea.*